작은 회사의 마케팅은 달라야 한다

작은 회사의 마케팅은 달라야 한다

초판 1쇄 발행일 2020년 1월 31일
초판 2쇄 발행일 2020년 6월 15일

지은이 이연수 · 문인선
펴낸이 허주영
펴낸곳 미니멈
디자인 황윤정

주소 서울시 종로구 부암동 332-19
전화 · 팩스 02-6085-3730 / 02-3142-8407
등록번호 제 204-91-55459

ISBN 979-11-87694-15-1 03320

가격은 뒤표지에 있습니다.
잘못된 책은 바꾸어 드립니다.

이 도서는 한국출판문화산업진흥원의 '2019년 출판콘텐츠 창작 지원 사업'의 일환으로
국민체육진흥기금을 지원받아 제작되었습니다.

작은 회사의 마케팅은 달라야 한다

이연수·문인선 지음

minimum

INTRO

"나를 찾아줘."

"나를 알아봐 줘."

필자는 20년 이상 기자로 또 홍보마케터로 커뮤니케이션 범주 안에서 치열하게 살아왔다. 오랜 홍보업무에 지쳤던지라 평소 선망해오던 문화예술 분야에서 '여유 있고 우아하게 일할 계획'으로 사표를 내고 파주 헤이리예술마을에서 진행하는 아트 매니저 교육 과정에 다녔다. 과정 수료 후 신입 큐레이터로 전시 준비에 참여했는데, 거기서 30대 중반의 한국화 화가를 만났다. 그분은 미대 졸업 후 10여 년 동안 꾸준히 작업하며 매년 개인전을 열고 단체전에도 참여해 미술계에 이름을 알려가는 작가였다. 전시에 걸 그림들을 정리하다 보니 유독 눈에 들어오는 작품이 있었다. 싱그러운 초록잎이 캔버스 전체를 채운 그림인데, 자세히 보니 그 풀잎들 속에 신발 한 켤레가 살짝 숨겨져 있었다. 마치 숨은그림찾기처럼. 의미를 물었다.

"나를 좀 찾아달라고 절규하는 거예요. 풀잎 속에 숨어 있는, 잘 보지 않으면 눈에 띄지 않는 저 신발이 꼭 저 같잖아요"

화가로 살아오면서 늘 외롭고 불안하고 초조한 마음이었다고 했다. 열심히 해도 이 세상이 자길 알아봐 줄 것 같지 않은데, 대중의 관심과 미술계의 인정에 목말라 하는 자신이 한없이 초라해진다고 말할 때 그녀의 눈가에 눈물이 맺혔다.

이번에는 한 중소기업 대표의 이야기이다. 대기업에서 촉망받던 엔지니어였던 그가 창업한 지 10여 년이 지났다. 특허도 여러 개 출원하고, 해외 시장도 개척하며 사업을 키워가고자 앞만 보고 달려온 시간이었다. 스스로 개발자형 경영자임에 자부심을 갖고 일해왔다. 그런데 돌아보니, 조직은 정체되고 자금 사정은 매년 악화되고 주 고객인 대기업과 공기관의 은근한 갑질에 생채기만 남은 듯하다. 그 와중에 힘들게 개발 완료한 신제품이 이번에도 제대로 시장에서 평가받지 못한 채 사장될까 두렵다고 했다.

"지금 우리 회사에 가장 필요한 것은 터닝포인트예요. 정체에서 벗어날 원동력이 될 무엇 말입니다. 그게 홍보마케팅이지 않을까요? 우리가 누구이며 어떤 역량을 가지고 있는지 제대로 보여줘야 할 때입니다. 그런데 알면서도 당장 코앞에 떨어지는 일에 치이고 방법도 잘 모르니 계속 미루게 되네요. 이러다 영영 기회를 놓칠까 걱정입니다."

그 후로도 나는 또 다른 '화가'와 '중소기업 대표'들을 주변에서 많이 만났다. 그들은 이렇게 절규하고 있었다. '시장은 넓은데 내가 설 곳은 좁기만 하다. 그럼에도 나는 이 일을 사랑하고 앞으로도 계속해서 더 잘해내고 싶다. 세상이 나를 발견해주기를 바란다. 나도 한번 빛나고 주목받는 존재가 되고 싶다!'

박차고 나온 것이 무색하게 필자는 퇴사 1년이 채 되지 않아 홍보마케팅 회사를 떡하니 차렸다. 나는 다시 현장으로 돌아가고 싶었다. 아니, 그래야 할 것 같았다. 그들에게 해주고 싶은 말들이 많았다.

이 책은 홍보마케팅 1도 모르는 중소기업, 스타트업, 1인기업, 소상공인, 프리랜서, 예술가, 문화예술단체, 비영리재단, NGO 등을 위해 돈 적게 들고 효과 좋은 홍보마케팅 실전 노하우를 쉽게 담으려 노력한 결과물이다. 홍보마케팅에 대해 '어렵고 돈으로 하는 것, 외부 전문가가 해주는 것'이라는 소극적 태도에서 벗어나 "스스로 내 이야기를 펼쳐 보이겠다, 한번 해보자"라는 용기와 엄두를 낼 수 있도록 독려하고 싶었다.

이 책이 개인과 조직의 가치를 찾는 데 길잡이가 되고 정체된 내 일을 새롭게 볼 수 있게 하는 성능 좋은 '안경'이 되어주길 바란다. 홍보마케팅은 그 안경으로 내면을 들여다보고, 세상과 연결해서 나다운 차별점과 강점을 드러내는 과정이다. 이를 통해 당신이 하는 일의 가치, 명분을 공고히 하고 앞으로 계속 일을 할 수 있게 하는 원동력을 얻을 수 있을 것이다, 홍보마케팅은, 힘이 세다.

CONTENTS

PROLOGUE

홍보마케팅에 대한 오해와 진실

홍보마케팅은 세상이 발견할 수 있도록 나를 드러내는 방법이다. 내 장점과 특징을 세상이 잘 알아볼 형태로 재가공하여 보여주는 것이며 세상과 사람들에게 말을 건네는 대화의 기술이다. 그래서 홍보마케팅은 어떤 정해진 기술이나 노하우라기보다 세상을 보는 관점이자 생각하는 방식이다. '세상에 말 걸기'라는 홍보마케팅의 시작점에서 우선 우리가 이 개념에 얼마나 무관심하고 무지했는지 짚어보는 것도 의미 있다. 선입견이나 오해를 걷어내는 것이 상대를 이해하는 데 가장 중요한 마음가짐이니 말이다.

오해 1 홍보마케팅, 그런 거 안 해도 제품서비스만 좋으면 잘만 나가더라

기업이 아무리 좋은 기술과 상품, 서비스를 내놓아도 사람들이 알아주지 않으면 경쟁에서 이길 수 없다. 시장은 꼭 1등 제품만 성공하는 곳이 아니다. 최고가 아니어도 뭔가 차별화되는, 나만의 것을 가진 제품과 서비스가 고객의 마음을 사로잡는다. 구슬이 서 말이어도 꿰어야 보물이라 했다. 여러분이 가지고 있는 구슬을 어떻게 꿸지, 그 방법을 찾는 것이 홍보마케팅이다.

오해 2 홍보마케팅은 돈으로 한다?

"홍보 마케팅은 돈으로 하는 거지."

"다음에 회사가 안정되고 자금 여유가 생기면 해야지."

중소기업, 소상공인, 스타트업, 1인기업, 프리랜서, 비영리기관, 예비창업자들이 흔히 하는 생각이다. 그러나 단언컨대 홍보마케팅은 돈으로 하는 것이 아니다. 전략으로 한다. 홍보 매체가 다양해지고 소비자도 변했다. 누구나 미디어가 되는 1인 1매체 세상에서 홍보마케팅의 진입장벽이 낮아졌지만 동시에 그 어느 때보다 창의력과 기획력, 성실한 실행력이 중요한 시대가 되었다. 기존의 생각을 뛰어넘는 창의력을 바탕으로 적은 비용으로 할 수 있는 효과적인 홍보마케팅 전략, 그것을 찾아야 할 때이다.

오해 3 SNS가 대세라고 해서 우리도 다 만들긴 했는데, 그럼 된 거겠지?

"요즘 SNS 홍보가 대세라면서요? 우리도 홈페이지, 블로그, 카페, 인스타그램, 페이스북, 그리고 유튜브 계정도 만들었어요. 그런데 바빠서 운영은 잘 못해요."

홈페이지는 3년 전 고객 문의가 마지막 게시판 글이고, 인스타그램에는 막내 직원이 올린 회사 회식 사진이, 블로그는 스팸 광고로 도배되어 있는 식은 아닌가? 게다가 최근 만든 유튜브에는 회사 홍보 영상 한 건만 있다. 구독자 수는 12명이 전부.

요즘 대세 SNS 매체를 정말 대세로 만들기 위해서는 콘셉트 기획을 잘해서 성실하게 운영해야 한다. 내가 가진 콘텐츠를 가장 잘 드러낼 매체가 무엇인지 결정해서 그에 맞는 게시물을 꾸준히 올려야 한다. 제대로 관리되지 않는 온라인매체는 회사 이미지를 더 나쁘게 만들 수 있다. 숨 가쁘게 변해가는 디지털 시대, 분명 작은 회사와 개인은 더 큰 기회를 잡을 수 있다. 하지만 이것도 홍보마케팅적 시각으로 접근할 때 가능해진다.

오해 4 우리 회사나 단체같이 작은 존재에 언론이 관심을 둘까?

물론 관심을 받을 수 있다. '홍보거리'만 있다면! 언론홍보는 다윗중소기업, 스타트업, 1인기업, 프리랜서, 비영리재단, 예비창업자, 개인 등이 골리앗대기업, 유명인, 시장선점기업 등을 상대해 이길 수 있는 훌륭한 전술이다. 우리 조직의 기술, 제품, 서비스에 어떤 매체가 관심을 가질지, 어떻게 정보를 제공하면 취재와 언론보도로 이어지는지 알아야 한다. 언론에 보내는 연애편지가 바로 보도자료이다. 정확하고 매력적인 보도자료를 작성해서 딱 맞는 상대에게 날려 보내자. 이제 '중앙 일간지 신문과 공중파 TV만 미디어'라는 인식에서 벗어나 다양한 매체를 전략적으로 공략해야 한다.

오해 5 홍보마케팅은 잔머리와 술수로 한다?

홍보마케팅을 '여론 조작' '언론 접대' '잔머리와 술수' 정도로 여기는 경우가 많지만 절대 그렇지 않다. 홍보인은 기성 언론을 비롯해 수많은 인터넷 미디어와 1인 미디어, 개인들을 상대한다. 소셜미디어의 부상이 미디어 환경을 급속히 변화시켰다. 기자와의 관계는 일부이고 '공중公衆', 그야말로 모든 사람과의 관계로 확대되었다. 웬만한 술수, 임기응변으로는 아무것도 할 수 없다. 가장 강력하고 효과적인 무기는 '진정성'이다. 강점은 담백하게 드러내고 결점도 인정하며 개선 의지를 보임으로써 신뢰를 끌어내야 하는 시대이다.

오해 6 우리 회사 홍보마케팅은 담당자만 하면 된다?

홍보에 실패하는 조직들에는 한 가지 공통점이 있다. 바로 '홍보는 담당자만 할 일, 우리는 상관없다'라는 태도가 조직 내에 만연하다. 홍보마케팅 팀에서 자료 제공을 요구하면 '바쁘니 알아서 하라'고 하거나 자기 부서 일은 무조건 언론에 나지 않게 해달라고 한다.

담당자만 숨넘어가고, 나머지는 불구경이다.

반면 홍보마케팅을 잘한다고 평가를 받는 회사를 보면, 대표이사부터 전 직원이 중요성을 인식하고 전사적으로 관심을 두고 지원하는 분위기가 강하다. 조직이 발전하기 위해서는 전 구성원이 '홍보마케팅이 잘되어야 우리 회사가 잘된다'는 생각으로 필요할 때 적극적이고 일사불란하게 움직여야 한다. 물론 그 중앙에서 홍보마케팅 담당자가 진두지휘해야 함은 말할 필요가 없다. 우리 조직의 구성원 모두를 홍보 서포터즈로 만들 줄 아는 것, 그것이 유능한 홍보마케팅 담당자이다.

오해 7 내부 커뮤니케이션, 그게 뭔데요?

홍보마케팅에서 '적'과 '친구'는 모두 가까이에 있다. 바로 조직 내부에 있는 것. 소셜미디어 시대에는 외부 고객이든 내부직원이든 누구나 '소셜 고객'으로 통한다.

적극적인 내부 커뮤니케이션을 통해 직원들의 애사심을 높이면 그 누구보다 든든한 대변인을 두는 효과를 얻는다. 반면 사내 불통이 깊어지면 작은 이슈가 회사의 뿌리를 흔드는 위기로 커진다. 홍보마케팅의 제1 고객은 내부직원이다. 고객과 직원을 구분해 다른 태도로 접근하지 말고 일관되고 성의 있는 방식을 가져가는 게 핵심이다.

오해 8 위기는 천재지변과 같은 것, 그냥 당해야 하는 것 아닌가요?

불행하게도 조직의 위기 대처능력은 실제 위기가 닥친 순간에 이르러서야 평가된다. 홍보마케팅의 진가도 위기 때 발휘된다. 평상시 위기관리를 잘해야 진짜 위기에 봉착했을 때 수렁에서 조직을 건져낼 수 있다.

위기관리에 빠른 조직과 그렇지 않은 조직의 차이는 딱 한 가지, 바로 '준비하고 준비하라'는 태도가 있고 없고의 차이이다. 효과적인 위기 대처는 70%가 예방, 나머지 30%는 사후 위기관리 프로그램의 실행에 달려 있다. 그만큼 대비가 중요하다. 위기가 닥쳤을 때 외부에 신뢰감을 주기 위해 평상시 조직 이미지를 선하고 믿음직스럽게 만들어두는 것도 유용한 보험이 된다.

오해 9 홍보마케팅 효과를 입증해봐, 지금 당장!

'투자 대비 효과가 얼마인가?'라는 질문은 홍보마케팅을 계획할 때마다 담당자를 고민하게 만든다. 홍보마케팅을 통해 직접적 수익을 얼마나 만들어낼지 정확한 수치로 도출하기가 힘들기 때문이다. 브랜드 인지도나 호감도, 우호적 여론 형성, 부정적 이슈 관리 등을 어떻게 딱 떨어지는 숫자로 제시할 수 있을까? 홍보학자들도 홍보마케팅 효과 측정을 가장 어려운 연구부문으로 꼽는다.

홍보마케팅은 마라톤과 같다. 어느 정도 시간이 지나야 그 결과를 알 수 있을 때가 많다. 단번에 효과를 보이는 것이 아니라 가랑비에 옷이 젖어들 듯 은근하고 시간을 요하는 작업이다. 일희일비하기보다 긴 호흡으로 홍보마케팅을 대하자. 홍보 효과의 행간을 읽어내어 고객이나 이해관계자의 속내를 알아가는 것이 홍보의 어려움이기도 하지만 또 즐거움이기도 하다.

홍보마케팅에 대해 가진 막연한 두려움, 거부감 혹은 오해를 걷어내는 것만으로도 우리는 이 긴 항해에 중요한 한 걸음을 뗀 것이다. 인생에서 중요한 일의 대부분은 미리 알고 시작하기보다 과정에서 배워나간다. 홍보마케팅도 일단 시작하는 것이 중요하다. 그 항해가 힘들 수 있지만 분명 흥미진진한 성과를 얻으리라 확신한다.

홍보마케팅의 바다에 작은 배 하나 띄우고, 출발!

PART 1

왜 홍보 마케팅인가

홍보마케팅은 비즈니스 그 자체

'태산준령 앞에 호미 하나 들고 마주 서 있는 기분.'

《감옥으로부터의 사색》, 《강의》를 쓴 신영복 교수가 고전을 대할 때 이런 기분이 든다고 한 것이 떠오른다. 고전이라는 인류가 남긴 방대한 규모의 지혜와 까마득한 시간에 대한 경의와 겸허함으로 이해했다.

'홍보마케팅'이라는 단어 앞에서도 그런 기분이 든다. 홍보마케팅, 혹은 홍보는 영어 약어로 'PR'이다. 'Public Relations, 조직과 공중과의 관계'라는 그 의미에서부터 압도가 된다. 홍보마케팅에서 공중이란 고객, 언론, 주주, 지역사회, 정부, 최고경영자와 내부직원 등으로 그야말로 층층시하가 따로 없다. 이렇게 상대해야 하는 대상이 많은 만큼 상황도 불가항력, 예측불허일 때가 흔하다.

사람들에게 "홍보마케팅이 무엇인가?"라고 물으면 대개 "언론에 기사 내는 것" "광고 만들어 신문이나 TV에 내는 것" 등으로 말한다. 모두 맞다. 하지만 이는 홍보마케팅의 한 조각에 지나지 않는다. 우리는 단순히 홍보마케팅을 미디어와의 관계, 언론홍보에 한정 지어온 경향이 많은데 비즈니스 환경이 복합적으로 발전함에 따라 그 뜻이나 역할이 훨씬 커지고 있다.

사람들이 나를 알게 하는 것

미국의 마케팅 구루인 필립 코틀러는 저서 《퍼스널 마케팅High Visibility》에서 '높은 인지도high visibility를 가진 탁월한 개인이나 조직의 존재는 어떻게 만들어지는가?'를 이야기한다. 결론은 '나'를 '타인'이 알도록 하는 것이다. 홍보마케팅이 바로 그 역할을 한다.

몸집이 작은 회사라고, 이제 막 시장에 첫발을 내디디는 스타트업이라서 기죽을 필요는 없다. 크든 작든 이제는 비교적 동등한 출발선에 서게 되었다. 비싼 광고를 하고, 큰 마케팅 이벤트를 벌이는 홍보가 더 이상 만병통치약이 아니다. 고객들은 웬만한 작전이나 기교에는 넘어가지 않는다. 회사가 던지는 메시지를 넙죽 받아주지도 않는다. 깐깐하고 능동적이며 마음을 바꾸는 주기 역시 짧아지고 있다. 이들은 일방적인 설명이나 유혹이 아닌 공감을 해야 움직인다.

그래서 홍보마케팅이 더욱 중요해졌다.

시작부터 고려해야 하는 홍보마케팅

창업을 준비할 때를 한번 떠올려보자. 많은 것을 분석하고 따져보고, 자료를 모으고 목표를 세운다. 그러나 이때 홍보마케팅 계획도 같이 고민하고 세우는 경우는 많지 않다.

"지금은 사업계획서 마무리가 중요해. 회사를 어느 정도 안정시킨 뒤 홍보마케팅 계획을 세워서 시작해도 늦지 않아."

이렇게 일 순서를 정하는 것이 보통이다. 창업 관련 책을 보아도 아이템을 잡고, 유통채널을 정하고, 조직을 꾸려 사업에 착수하는 순서로, 홍보마케팅은 후반부에 배치되어 있는 것이 보통이다. 그래서 자연스럽게 창업 → 조직 안정화 → 홍보마케팅 순서로 생각하게 되었는지도 모르겠다.

기술이나 제품, 서비스를 론칭해서 시장에 내놓기 시작한 스타트업이나 업무 경계 없이 전사적으로 사업운영을 해야 하는 작은 회사, 1인기업, 소상공인에게 가장 중요한 것은 '얼마나 나를 제대로 잘 알리느냐'이다. 나를 알리는 단계to know에서 사랑받는 단계to love, 그리고 지금은 상대고객와 하나가 되는to be one 경지에 이르러야 시장에서 경쟁력을 가진다. 이 절체절명의 미션을 달성하기 위해서는 사업계획 단계에서부터 홍보마케팅 전략을 효과적으로 같이 생각할 수 있어야 한다.

홍보마케팅은 일부 정해진 매뉴얼에 따라 행위하는 게 아닌 비즈니스 그 자체이다. 그래서 사업 준비나 제품/서비스 기획 단계에서부터 누구에게 어떤 방식으로 다가갈지 고민해야 한다.

홍보마케팅의 시각으로 나와 우리 조직 바라보기, 그것이 바로 상대가 내게 원하는 바를 가늠해서 효과적으로 다가가는 첫걸음이 된다.

'홍보마케팅'이라는 태산준령 앞에 호미 하나 들고 막막해하고만 있을 수 없다. 온갖 만물이 피어나는 봄이 코앞으로 다가왔다. 진정성과 꾸준함으로 칼날을 벼린 호미로 우선 내 발밑 흙부터 고르고 다듬어보자. 그 땅에 씨를 뿌려 작은 싹을 틔워내는 것, 그것이 오늘 우리가 할 일이다.

가장 큰 무기는 팩트와 진정성

"우리의 역량이나 가능성을 제대로 보여줄 방법을 모르겠어요."

오랜만에 만난 벤처기업 대표의 얼굴이 어둡기만 하다. 소형풍력발전으로 국내외 특허를 받고 우수 논문도 많이 발표하며 최근에는 해외 진출도 타진 중이라 들었다. 그런데도 지명도가 낮은 중소기업으로 대기업, 공기업, 정부기관과 협업하면서 적잖이 마음고생을 한 것이 분명했다. 비즈니스 실적이나 인력구성 등 밖으로 보이는 것이 작은 회사는 제대로 목소리 내며 일하기 힘들다고 한다. 벤처기업은 잠재적 기술력과 가능성도 회사의 역량으로 인정받아야 하는데 말이다.

작은 회사의 고민, 어떻게 외부에 알릴 것인가

이 회사의 고민은 우리 모두의 고민이기도 하다. 어떻게 우리의 역량과 사업 내용을 외부에 알릴 것인가. 고객, 주주, 협업기관들, 사업의 인허가나 자금 지원을 담당하는 정부기관, 지자체, 공기업, 언론, 잠재고객, 일반대중들까지 기업이 상대해야 하는 이해관계자들은 참 많다. 대기업은 대개 홍보팀, 마케팅팀, 내부 커뮤니케이션팀, 위기관리팀이 따로 존재해 각자 자기 분야 일만 하면 된다.

하지만 중소기업, 스타트업, 소상공인, 1인기업, 프리랜서, 비영리단체 등은 대표가 이 모두를 소화해내야 하는 경우가 많다. 영업하고, 기술개발하고, 대외 커뮤니케이션도 담당하며 동시에 문제가 생기면 풀고 정부나 지자체, 지역주민과 관련된 일도 해결해야 한다. 자료를 뒤적여보고, 전문가를 찾아가 상담해보아도 문제가 단박에 풀리지 않는다. 늘 쫓기듯 일해도 당장 이번 달에 처리해야 할 일이, 지급해야 할 비용이 코앞에 쌓여 있기 일쑤이다.

필자: 그래서 더 홍보마케팅이 필요합니다. 작은 회사일수록 홍보하셔야 해요.

벤처기업 대표: 그 홍보마케팅이란 걸 어떻게 해야 잘하나요?

필자: 마인드와 무기를 가지셔야 해요. 홍보마케팅적 마인드와 효과적인 무기.

벤처기업 대표: 무기? 그게 뭐죠?

필자: 작은 회사를 위한 홍보마케팅의 무기는 바로 팩트와 진정성입니다.

범람하는 디지털 시대, 팩트로 주목받다

일부 언론이 여론 형성을 하던 시대를 넘어 개인이 모두 미디어가 되는 세상이다. 전문인만 홍보마케팅 기획을 할 수 있는 것도 아니다. '평민 콘텐츠'라는 말이 있을 정도로 지극히 평범한 우리의 일과 일상이 인기 콘텐츠가 되니 말이다. 더는 돈이 없어서, 전문 인력이 없어서 홍보마케팅을 못한다는 말은 구차한 변명이다. 아이디어와 실행력이 있다면, 얼마든지 홍보마케팅계의 스타로 등극할 수 있다.

그래서 홍보가 쉬워졌는가 하면 그건 또 아니다. 오히려 더 난감하다. 많은 선택지와 변수가 생겼으니 시도해야 할 경우의 수도 늘었다. 이런 혼란의 시대에 우리가 꼭 놓지 말고 붙들어야 할 것이 바로 팩트이다.

사실에 기반한 내용 자체를 담담히 알리는 팩트형 커뮤니케이션이 효과적인 이유는 고객, 소비자가 너무 많은 정보를 가지고 있고 똑똑해졌기 때문이다. 정보의 주권이 소비자에게로 넘어갔다. 넘쳐나는 정보로 인해 정보 불신도 커졌다. 아름다운 영상, 감각적인 카피, 감동 스토리가 대세를 이루었다가 최근에는 이런 방식에 식상해하는 사람 역시 많아졌다. 그러면서 '정확한 내용을 담담하게 알려주는 팩트 위주'의 커뮤니케이션이 주목받는 것.

특화된 기술이나 서비스를 제품으로 하는 중소기업, 스타트업은 본질 자체에 충실할 때 설득력을 얻는다. 본질에 천착하는 태도가 본연의 업무와 서비스에 더욱 매진하도록 만드는 힘이 된다. 편법과 작전, 술수로 상대의 눈과 귀를 잡는 것은 이제 '홍보마케팅 하수'나 하는 일이다. 시대에도 맞지 않고 먹히지도 않는다. 오히려 팩트로 정면승부하기, 이것이 고수의 전략이다.

팩트 중심 커뮤니케이션의 핵심은 진정성

팩트 중심 커뮤니케이션의 핵심은 과장보다 '솔직함' '거짓 없음'이다. 바로 진정성이 중요한 것. 기업이 전달하고 싶은 메시지를 잘 전하면 소비자가 설득당했던 시대는 끝났다.

진정성 있는 문화콘텐츠가 홍보마케팅에 얼마나 중요하고 효과적인지 보여주는 사례가 있다. 강원도 평창군 용평면 도사리 마을. 70가구 180여 명이 듬성듬성 모여 사는 이곳이 '자연밥상' 마을로 이름나면서 외지 사람의 발길을 모았다. 강원도 촌사람들은 춘궁기에 무엇을 먹었는지, 눈 오는 겨울밤 어떤 끼니로 추위를 이겨냈는지 등, 거기서 살아온 사람에게는 아무것도 아닌 이야기가 외지 사람들에게는 매력적인 스토리텔링이 되었다.

시골 사람의 집에서 뚝딱 만들어내는 건강밥상과 재미있는 이야기에 반해 사람들이 모여들었고 평창문화원은 산촌체험관을 열었다. 산촌만의 고유한 음식을 재현하고 관광자원화하자는 취지로 '산골음식으로 풀어보는 할머니

할아버지의 음식 보따리'라는 프로젝트도 시작했다. 이는 《자연은 밥상이다》라는 책으로 묶여 나왔고 같은 제목으로 사진전이 열리기도 했다. 이후에도 '도사리 자연밥상' '도사리 칠첩반상' '화전민 밥상' 등을 선보였다. 산골 밥상이라는 팩트에 진정성 어린 접근과 전개가 풍성한 홍보 아이템으로 포도넝쿨처럼 이어진 것.

언젠가 된장찌개를 끓이다 "홍보마케팅은 된장찌개이다"라고 혼잣말을 했다. 된장찌개는 우리나라 주부들의 수만큼 다양한 레시피가 있다. 입맛에 따라 시원하게 혹은 강된장으로 빡빡하게 만들고 고기를 넣어 진하게 끓여내거나, 멸치 육수와 몇 가지 채소로만 담백하게 요리하기도 한다. 어떤 스타일이든 맛있는 된장찌개가 되기 위해서는 꼭 지켜야 할 전제조건이 있다. 맛 좋은 장과 신선한 재료, 그리고 정성이 들어가야 한다는 것.

홍보마케팅도 마찬가지이다. 늘 새로운 일의 연속이다. 조직이 홍보마케팅에 가진 인식 정도나 담당자의 역량에 따라서도 천차만별의 결과를 낸다. 그런 만큼 '팩트 중심'과 '진정성'이라는 두 가지 원칙을 지키는 것이 중요하다. 어떤 레시피로 끓여내든지 맛있는 된장찌개가 되기 위해서는 좋은 재료와 정성이 필요하듯 말이다.

오늘 여러분의 홍보 된장찌개는 어떤 맛인가?

팩트형 홍보마케팅 전략을 알아보자

REAL 전략

제품이나 서비스 자체를 담백하게 보여주는 방식. 배달의민족 '넌 오늘 치킨이 땡긴다'라는 광고가 그 예이다. 지글지글 기름에 튀겨지는 치킨이 화면을 가득 채운다. 누구나 아는 그 맛, 그 모습을 화면에서 보는 것인데도 꽤 신선하게 받아 들여진다. 아이돌이 출연해서 정말 맛있다는 듯이 눈을 감고 "음~" 하며 호들갑 떠는 광고보다 오히려 식욕을 자극하고 뇌리에 딱 박힌다는 평을 얻었다. 음식 광고라면 음식을 제대로 보여주자는 뚝심이 느껴진다. 다른 요소는 넣지 않고 제품이나 서비스에만 집중하는 것, 이것이 바로 팩트의 힘이다.

TEST 전략

실제 제품력을 테스트로 보여주는 방식. 크리에이티브한 아이디어를 곁들이면 금상첨화이다.

REVIEW 전략

실 사용자의 후기를 보여주는 방식. 단순히 좋은 점만이 아니라 리얼한 소비자의 목소리를 담아내는 것이 중요하다. 유명모델을 앞세워 완성도 높은 영상으로 만든 화장품 CF보다 일반인이 자기 방에서 직접 제품을 써보며 장단점을 말해주는 유튜브 영상이 더 큰 효과를 거두는 사례가 속속 나타나고 있다. 이미 화장품, 패션, 출판, 키즈용품, 장난감, 식음료, 게임 등의 산업에서는 유튜브 크리에이터나 인플루언서를 기용한 리뷰 마케팅에 주력하고 있다. 리뷰 콘텐츠는 상대적으로 저비용 제작이 가능하고 동영상 플랫폼 등에 자유롭게 올리는 등 제작과 배포가 용이한 것도 큰 장점으로 꼽힌다.

콘텐츠가 우리를 홍보하게 하라

"어떻게 우리 존재를 알려서 단골고객을 만들지?"

중소기업, 스타트업, 1인기업, 소상공인, 프리랜서, 비영리단체, 예비창업자가 똑같이 하는 고민이지만, 큰 기업이나 공기관도 사실 그다지 다르지 않다.

'시장에서 주목받고 충성 고객 창출하기.'

시대에 따라 그 방법이나 활용 매체가 조금씩 변해왔을 뿐, 이는 생산자의 영원한 바람이자 숙제이다. 디지털 시대, 기업과 소비자의 관계는 한층 가까워진 듯 보인다. 잠재고객과 기업이 직접 소통하고 거래하는 일이 이제 일상이다. 또 누구나 1인 미디어가 될 수 있으니 몇몇 언론기관에 의존하기보다 직접 나서서 우리 회사와 상품을 수십 개의 채널을 통해 알릴 수 있다. 그렇다면 지금 관심받기가 더 쉬워졌을까? 이 질문에는 다들 고개를 갸웃하게 된다.

'관심'은 21세기 희소자원

똑똑해진 소비자는 다양한 방법과 채널을 통해 자신의 관심거리를 충족시켜 나간다. 디지털 시대에 '관심attention'은 희소자원이 되었다. 희소하니 가치도 크다. 그런데 돈을 많이 들인다고 그 희소자원을 획득할 수는 없다. 저비용으로 만든 조악한 영상물 하나로도 대박을 칠 수 있다.

요즘 소비자들은 TV 광고 속 아이돌도 좋아하지만 정작 물건을 구매할 때는 내가 구독하는 유튜브 크리에이터의 추천을 따른다. 이런 경향은 화장품, 게임, 가전제품, 음식, 헤어스타일, 영화, 연극, 책 등 거의 모든 소비 장르를 망라한다. 이렇게 콘텐츠의 세계에서는 대중이 추종하는 셀럽이 따로 있다. 유행에 민감하지만 그렇다고 남이 하는 것을 그대로 따라 하지 않는다. 가격이나 품질만큼 가성비와 가치도 따져야 하니까. 그들은 상품의 생산자나 서비스 제공자에게 당당히 요구한다.

"왜 이것을 사야 하는지 나를 설득해보세요. 쉽고 재미있고 감동적으로!"

홍보마케팅은 타인과 관계를 만들어가는 과정이다. 소통하고 친해지고 지속적으로 친분을 나눠야 한다. 호갱님도, 고객님도 아닌 '친구'가 되어야 한다. 친구가 된 생산자와 소비자는 단순히 돈과 상품혹은 서비스을 주고받는 사이가 아니다. 신뢰가 쌓이면 우리 회사의 다른 제품도 기꺼이 구매해주고 아예 홍보대사를 자처하기도 한다. 충성도 높은 단골이 탄생하는 것이다.

친구가 되는 방법? 이야깃거리를 가지고 자주 만나기

홍보마케팅을 통한 '고객과 친구되기'는 어떻게 하는 것일까? 우리가 친구를 사귈 때와 유사하다. 낯선 사람과 친구가 되려면 우선 공유할 이야깃거리가 있어야 한다. 재미있고 유익한 대화를 나누다 보면 서로를 이해하게 된다. 친한 사이에서는 매일 만나도 할 얘기가 많다. 1년에 한두 번 보는 사이보다 오히려 자주 보는 관계일 때 할 얘기가 넘쳐난다.

친구 간의 대화거리가 바로 '콘텐츠'이다. 그리고 자주 만나서 이야기를 나눌 수 있도록 '콘텐츠에 최적화된 채널'을 갖는 것이 핵심이다.

그런데 좋은 콘텐츠란 어떻게 만들어질까?

'스펙 말고 스토리' 스토리는 힘이 세다

스펙 위주의 메시지는 곧 밑천을 드러내기 마련이다. 스펙은 더 뛰어나고 강력한 존재가 나타나면 바로 폐기된다. 사람들에게도 별다른 감흥을 일으키지 못한다. 스토리라면 어떨까? 스토리는 나만의 것, 세계 유일한 것으로 경쟁하지 않아도 된다. 스토리는 영원히 그 가치를 지킬 수 있고 타자와 공감하며 나누고 재생산된다. 스펙이 일방적으로 타자에게 공지하고 이해를 강요하는 '자기중심적'이라면 스토리는 타자를 부드럽게 설득하여 이해시키고 공감하게 하며 더불어 타자의 이야기도 끌어내는 '타자중심적'이다.

홍보마케팅에서 '스토리텔링'은 선택이 아니라 필수이다. 비싼 돈을 주고 광고하는 것보다 감동적인 이야기 하나가 얼마나 더 많은 언론을 끌어들이고, 사람들 입에 오르내리게 하는지 잘 알기 때문이다. 영업은 마케팅이 성공적이면 필요성이 없어지고 마케팅은 브랜딩이 잘 구축되면 저절로 굴러가게 된다. 결국 마케팅의 궁극적 목적이 브랜딩인데, 그 브랜딩 구축에 가장 효과적인 것이 바로 스토리를 활용한 홍보마케팅 전략이다.

최고가 아니어도 좋아, '자기다움'으로 승부하라

소시지 핫도그 생산회사인 장순필푸드는 B급 정서와 아재식 유머코드로 온라인에서 화제가 되었다. 소시지 제품 패키지 상단에 '대한민국 소시지 판매 1위'라고 적혀 있는데 그 밑에 자그마한 글씨로 '하고 싶다'를 덧붙이는 식이다. 회사의 바람을 담은 애교와 익살이 웃음을 안기면서 입소문을 탔다. 어떤 제품에는 '개발의 변'을 넣어 제품이 만들어진 계기를 설명했다. 일례로 핫도그 상품에 손 글씨로 된 편지글이 있다.

"다섯 남매 중 막내인 저는 두 살 터울인 승필이 형과 항상 시골 초등학교를 같이 다녔습니다. (…) 문방구 앞에 쭈그리고 앉아 핫도그를 온종일 쳐다보고만 있었지요. (…) 승필이 형은 부모님께 육성회비를 잃어버렸다고 거짓말을 하고 어린 동생인 저를 위해 핫도그를 사주었습니다. 그 핫도그 맛을 잊을 수가 없습니다. 그 아련한 추억을 담아 세상에서 가장 맛있는 핫도그를 만들어보고 싶었습니다."

카피라이터를 꿈꿨다는 장순필 대표의 어눌하지만 정감 가는 이야기는 어른 세대에게는 어린 시절 추억을, 젊은 세대들에게는 복고적 재미를 주며 타 식품회사와는 차별화되는 스토리를 쌓아가게 하고 있다.

온라인에서는 공식적이고 위엄 있고 젠체하는 화자보다 소박하지만 개성 있게 '내 이야기'를 하는 작은 화자들이 더 사랑받는다. 업계 1위가 아니어도, 유일이 아니어도 나다운 소재로 꾸준히 말을 거는 것, 이것이 콘텐츠로 사랑받는 방법이다.

일상적인 것도 좋아, 경험을 공유하라

부산 해운대에 있는 작은 갤러리 '아리랑'의 S 대표는 인스타그램에 일상 사진을 많이 올린다. 집을 나서기 전 그날의 착장 컷, 일본 출장 중 들른 이자카야 음식 컷 하나, 혹은 전시회 준비 중으로 분주한 갤러리 창문 너머 해운대 바다뷰 한 컷 등. 스타일리시하고 개성 넘치는 패션이나 해운대 바다가 슬쩍 보이는 전시장 컷 등이 그녀의 갤러리를 한번 방문해보고 싶게 만든다. 자세히 보면 그냥 찍은 패션이나 음식 컷이 아니다. 사진 한쪽으로 슬며시 그림 한 점, 조각 작품 한 점이 스치듯 보이면서 더 매력적으로 다가온다.

아트 작품뿐 아니라 가구, 식기, 리빙페어 참가기, 풍경 사진, 커피 사진 등을 통해 갤러리와 S 대표의 감성을 보여준다. 보통 갤러리나 갤러리스트에게서 느껴지는 거리감을 좁히면서 싹싹한 언니 같은 친밀감을 주는 것이 이 갤러리의 전략이다. 일상적이고 작은 경험을 나누는 방식이 썩 잘 먹히고 있다. 이처럼 상품과 서비스를 일방적으로, 직접적으로 들려주기보다 슬쩍 한번 돌려서 친밀하고 거리감 없게 다가가는 것이 콘텐츠 고수의 방식이다.

시선보다는 마음을 사로잡아라

홍보마케팅에서 필요악으로 꼽혔던 것이 노이즈 마케팅으로, 어쨌든 눈길을 끌고 보자는 전략이 있다. 한때 유행했던 '압구정 사과녀' '홍대 바나나녀' 등이 그것. 처음에는 마케팅 수단이라는 것을 몰랐기 때문에 사람들이 흥미를 갖고 자발적으로 공유했지만, 곧 사실이 밝혀지면서 대중의 외면을 받았다. 시선을 끄는 데 급급한 노이즈 마케팅은 장기적으로 회사나 상품에 부정적인 이미지를 씌워 손해를 끼친다. 자극적인 스토리보다 참신하면서도 선하고 감동적인 이야기를 만드는 것이 더 효과적이다.

회사의 존재 이유철학, 가치를 공유하라

내 사업의 목적이 무엇인지 분명히 알고 다른 사람에게도 설명할 수 있는가? '무엇을 하는가What'보다 '왜 하는가Why'가 콘텐츠의 시작점이 된다. 막연히 성공하기 위해서, 사회에 좋은 일을 하기 위해서 말고 회사의 존재 이유와 철학을 명확히 메시지화해보는 것이 좋다. 그리고 지속해서 그 가치를 고객과 나누는 방법을 찾아야 한다. 홈페이지나 블로그에 칼럼을 쓰거나, 그 가치를 모토로 온오프라인 이벤트를 만들고, 사용설명서가 아닌 상품기획 의도서를 상품에 붙이는 식으로 콘텐츠화할 수 있다.

회사의 'Why'를 공유하는 것은 내부 결속력을 다지고 회사 정체성을 강화하는 데도 큰 도움이 된다.

착한 콘텐츠가 이긴다, 진정성의 힘

요즘 소비자들은 브랜드가 사회 가치에 반한다고 생각하면 곧바로 다른 걸 선택한다. 검색에 익숙한 세대는 클릭 몇 번이면 알고 싶은 정보 대부분을 찾아낼 수 있어서 회사의 잘못된 정책과 행위를 가린다고 가려지는 시대가 아니다. '착한 기업'이 '강한 기업'이 되는 시대이다. 미국의 대형 드럭스토어인 CVS는 헬스케어 중심으로 비즈니스 전환을 꾀하면서 담배 판매를 중단했다. 이처럼 회사의 목적에 부합하는 핵심 가치가 무엇인지 파악하고 그에 맞게 커뮤니케이션 정책을 세워 공유해야 가치를 창출할 수 있다.

칭찬은 고래도 춤추게 한다고 했다. 홍보마케팅에서는 콘텐츠가 우리의 고객이 움직이게 한다. 이야기로 쓰인 개성 있고 착한, 그리고 우직하게 지속되는 콘텐츠의 마법! 그 힘을 믿어보자.

해설자가 아닌 가치 창조자가 돼라

"여러분은 자기가 홍보마케팅하는 대상을 얼마나 잘 알고 있는가? 또 그 대상을 진심으로 사랑하는 마음을 가졌는가?"

첫 번째는 표면적으로 드러나 있는 성향, 형태, 기능을 넘어 그 속의 가치를 보는 눈을 가졌는가에 대한 질문이다. 그리고 두 번째는 홍보마케터에게 요구되는 기본 마음가짐을 묻는 질문이다.

새로운 의미와 가치로 재구성하라, 내가 아닌 상대방의 시각에서

누군가를 사랑하게 되었던 기억을 떠올려보자. 처음에는 그 사람에 대해 몇 가지 사실팩트만 기억한다. 키, 얼굴 생김새, 옷차림, 직업 등으로 말이다. 그러다 마음이 가고 자주 만나게 되면서 휴일에는 무엇을 하는지, 불안할 때는 어떤 습관이 나오는지, 또 앞으로 꼭 이루고 싶은 꿈은 무엇인지 등을 알게 된다. 친구와 가족들이 "어떤 사람이야?"라고 물어올 때 "눈 두 개, 코 하나, 입 하나인 얼굴을 가지고 있어" "연봉 3,000만 원어치 일을 하는 사람이야"같이 대답하지는 않을 것이다. 대신 이렇게 말하지 않을까?

"그는 둥근 얼굴에 깊은 눈매를 가지고 있어서 속 깊은 소년처럼 보여. 이를 드러내고 웃을 땐 씨익 하는 소리가 들리는 것처럼 시원하지."

"열정이 넘쳐서 늘 남보다 먼저 더 많이 일해. 그래서 성격이 급해 보인다는 오해도 받아."

이처럼 사랑하는 사람에 관해서는 '팩트 이상'을 말한다. 로맨틱한 연애사를 원하는 친구들에게는 다정한 성격을 강조하고, 미래 사윗감을 점치는 부모님에게는 사회적 능력이나 책임감을 강조하지 않을까. 이렇게 대상의 가치를 발견하고 단장해서 사람들에게 전달하는 것, 이것이 연인, 아니 홍보마케팅 담당자가 해야 할 중요한 임무이다.

팩트 너머 가치 찾기

고객을 찾아내고 유지하기 위한 핵심은 '가치'이다. 내 상품이나 서비스가 표면적 의미를 넘어 어떤 가치를 가지고 있느냐에 대답할 수 있어야 한다. 이 가치가 우리를 시장에서 남달라 보이게 하고 고객의 눈길을 끌고 마음이 움직이게 한다. 즉 고객이 우리 상품을 사야 할 이유가 되는 것이다.

가치 확인은 스스로에게도 큰 의미가 있다. 단순히 가게 주인, 작은 회사 사장으로 안주하게 하지 않고 더 큰 가치를 향해 비전을 세우고, 목표를 추구하게 하는 지표가 되기 때문이다. 또 그 가치를 구현하기 위해 조직관리, 상품개발, 홍보마케팅 전략도 일관성 있게 해나갈 수 있다.

우리 조직과 내 일에 대한 가치 찾기, 이때 필요한 것이 홍보마케팅적 시각이다. 홍보인은 여론과 시장의 트렌드를 읽고 내 일이 갖는 의미와 방향성을 찾는 사람이다.

'나 자신' 들여다보기로 시작한 홍보마케팅 활동의 방향은 '상대방'으로 향한다. 제품이나 서비스 구매를 강요하는 대신 가치 있는 무언가를 제공함으로써 고객의 호감과 구매의욕을 높이는 체계를 구축하는 것, 그것이 홍보의 묘미이다.

상대의 잠재욕구를 발견하고자 노력하는 것도 새로운 가치를 만들어내는 좋은 방법이다. 우선 해당 제품이 속한 카테고리에서 끄집어낼 수 있는 새로운 의미를 생각해본다. 소비자가 잠재적으로 원하는 이러한 숨은 욕구를 찾아내는 능력이 홍보인에게 필요한 통찰력이다. 홍보인은 상품이나 서비스의 기능과 장점을 설명하는 해설자가 아니다. 왜 그런 기능이 나와야 하는지, 그래서 어떤 가치가 새롭게 생기는지를 알리는 '가치 창조자'가 되어야 한다. 제품이나 서비스에서 습관적으로 그 이면에 숨은 가치와 콘셉트를 보려 노력해야 한다. 발견할 수 없다면, 만들 줄도 알아야 한다.

그러려면 기존 관점에서 벗어나려는 시도가 필요하다. 유사 아이템끼리 비교해서 개선하는 차원의 소극적 접근은 지양하자. 홍보에서 벤치마킹은 잘해야 '기본 유지'일 뿐이다. 일상적이고 예측 가능한 범위에서 벗어난 메시지나 이미지가 심적 감흥을 증폭시킨다. 그 과정에서 소비자의 인식을 바꾸고 그래서 행동하게 하는 것이 '구매로 이어지는' 가치 창출의 과정이다.

사랑하면 보인다

홍보마케팅에서는 평범한 상품을 특별하게 만드는 가치를 발견해야 한다. 가치 발견은 결코 녹록한 작업이 아니다. 하루하루 업무를 처리하고 거래처를 늘려가기 바쁜 작은 회사에게는 너무 이론적인 이야기로 다가올 수도 있다. 뻔해 보이는 이 작은 물건, 혹은 단순한 서비스에서 어떤 가치를 찾아낼 수 있을까 싶어 한숨부터 나오기도 한다. 하지만 회사를 운영하고 홍보하겠다고 마음먹었다면 이 작업은 피할 수 없는 관문이다.

기자를 만나기 전에, 홍보물을 만들고 SNS에 게시물을 올리기 전에 혹은 잠재고객을 만나기 전에 가장 먼저 해야 할 숙제이다. 이 가치 발견에 대한 진지한 고민이 없으면 어떤 홍보마케팅 전략도, 홍보물 제작도 효과적이지 않다. 지금 돈과 시간을 들여서 하는 일들이 일회성으로 그치느냐, 아니면 목표가 확실한 긴 여정에 효과적인 한 걸음이 되느냐의 차이를 만들기 때문이다.

내 손에 쥐어진 상품을 열심히 공부하고, 유사 시장 현황도 파악하며, 각종 소비자 현황 자료를 들여다보고 '가치'라는 보물찾기를 해야 한다. '내 것'만 보지 말고 내 것이 포함된 '사회'와 '세계'와 '사람들'에 대해 호기심을 갖고 끊임없이 관찰해야 한다. 결국, 홍보는 사람에게로 향하는 것이니까.

마지막으로 이 보물찾기에 유용한 주문을 하나 소개한다.

"사랑하면 알게 되고 알면 보이나니 그때 보이는 것은 전과 같지 않으리."

우리가 홍보 대상 제품이나 서비스, 조직과 사랑에 빠져야 하는 이유이다.

새로운 가치를 창조한 사례

김밥, 쇼 비즈니스가 되다

'김밥 파는 CEO'로 알려진 스노우폭스 김승호 회장은 미국뿐 아니라 유럽, 한국 등에 1,500여 개의 도시락 판매장을 가진 사업가이다. 그는 미국에서 연거푸 사업에 실패하다 마지막으로 치열하게 시작한 김밥 사업을 통해 우뚝 섰다. 미국 델리나 슈퍼마켓에서 그의 'Grab n Go' 매장은 스시 매장과 달리 전문 셰프 복장을 한 직원이 사람들 앞에서 김밥 만드는 모습을 연출해 차별화했다. 고객들은 신선도를 확인할 수 있을 뿐 아니라 김밥이 만들어지는 신기한 과정을 재미있게 지켜볼 수 있었다. 김밥 만드는 주방을 오픈하고 제작 과정을 보여준다는 발상은 어떻게 떠올렸을까? 바로 김승호 회장이 자기 일을 단순한 김밥가게가 아닌 더 큰 가치, 즉 쇼 비즈니스로 생각했기 때문이다. 그는 "구멍가게도 비전이 있어야 한다"고 강조한다.

골목길 작은 미용실, 갤러리로 사랑받다

연희동의 미용실 '비컷'은 내부 곳곳은 물론 외부 쇼윈도에도 커다란 그림을 걸고 조명을 밝힌 곳으로 유명하다. 미용실 겸 '윈도 갤러리'인 셈인데 단순히 머리를 하는 곳을 넘어 예술을 경험하고 즐기는 문화공간으로 가치를 갖게 된 것이다. 외적인 아름다움뿐 아니라 내면의 아름다움까지 가꾸는 곳이라는 맥락적 연계성도 있다. 수많은 대형 프랜차이즈 미용실에 비해 규모나 인지도가 낮은 이곳은 남다른 가치와 그에 기반한 차별성으로 언론의 주목을 받았다. 아주 우아한 방법으로 말이다.

운동화가 아니다, 워킹화다

프로스펙스는 운동화가 아닌 '워킹화'라는 새로운 콘셉트를 들여와 일상생활에서도 운동화를 신도록 제안했다. 이것이 좀 더 캐주얼하고 건강하게 도시생활을 하고자 하는 사람들의 가치와 맞아떨어지며 큰 성공을 거뒀다. 사회문화적 배경에 따라서도 가치는 새롭게 정립되어야 한다.

B급을 외치며 최고가 되다, 〈매거진B〉

스스로 B급 문화를 지향한다고 외치며 탄생한 잡지 〈매거진B〉. 타 매체들이 만년필 중에는 몽블랑, 가방 중에는 샤넬을 선망하고 다루려 한다면, 이 잡지는 라미 만년필과 포터 가방을 다룬다. 굳이 대단해 보이려 나서지 않아도 진정한 가치를 알아봐 주는 사람들이 찾는 브랜드를 다루는 것. 자칭 B급이라지만 이 잡지를 구매하는 사람들은 브랜드보다 나만의 취향을 중시하는 트렌드 세터들이다.

껌이 아니라 구강의약품입니다, '롯데 자일리톨 껌'

롯데의 자일리톨은 껌을 구강의약품으로 전환시켜 대성공을 거두었다. 건치 가족 모임, 인터넷을 통한 입소문, 핀란드 엄마들의 자일리톨 껌 애용 사례, 치과 납품 등을 언론보도화함으로써 기존의 값싼 껌을 특별한 가정 의약품으로 만들었다. 껌을 기호식품이 아닌 유사 의약품으로 인식시키면, 즉 기존 관점에서 벗어나면, 껌과 소비자 간에 새롭고 밀접한 관계가 형성된다. "껌 좀 사주세요"보다 "당신의 치아 건강을 값싸고 맛있는 방법으로 해결하는 법을 알고 싶은가요?"라며 멋지게 유혹했다.

죄책감 대신 명분을 제공해 성공한 '햇반'

1996년 출시된 햇반은 즉석밥 시장의 대표주자이다. 버버리, 포스트잇처럼 이제 브랜드명이 일반명사를 대체할 정도이지만 처음부터 성공했던 것은 아니다. 처음에는 '편리한 밥'으로 가치를 창출하려 했지만 대실패. 이 콘셉트가 가족에게 밥을 직접 하지 않고 사준다는 주부들의 죄책감을 키웠기 때문이었다. 이후 집에서 해준 것처럼 '맛있는 밥'을 강조해 마케팅에 성공했다.

PART 2

홍보 지능을 높이면 홍보가 쉬워진다

홍보마케팅 기획에 유용한 정보 찾기

홍보지능이라는 것이 있을까? 지능intelligence의 사전적 의미는 '문제 해결과 인지적 반응을 나타내는 개체의 총체적 능력'이다. 여기서 주목할 단어는 '문제 해결'이다. 즉 특정 업무나 분야에 적응해 의미를 이해하고 합리적인 문제해결 방법을 알아내는 지적 활동 능력이 지능이다. 홍보마케팅에서도 바로 그 문제 해결 능력, 홍보지능이 요구된다.

홍보지능을 높이는 비법은 정보에 있다

필자는 10여 년 전 뉴욕에서 2년 정도 지냈다. 낯선 도시에 도착하니 최대한 빨리 이 도시를 파악해야겠다는 '생존본능'이 꿈틀댔다. 뉴욕 곳곳에서 무슨 일이 벌어지는지, 뉴요커에게 요즘 무엇이 이슈인지, 또 어디 가야 맛있는 식사를 할 수 있는지, 공연이나 전시 소식은 어디서 찾아야 하는지 등이 궁금했다. 짐을 풀기도 전에 반즈앤노블Barnes&Noble 서점으로 달려갔다.

이리저리 둘러보다 잡지 코너에서 〈New York〉이라는 잡지를 발견했다. 격주로 발행되는 이 잡지는 뉴욕의 사회, 문화, 정치, 생활을 다루는 종합 라이프스타일 출판물로 뉴욕과 뉴요커를 엿볼 수 있는 심도 있고 재기발랄한 기사가 가득했다. 그날 바로 구독신청까지 했다. 덕분에 뉴욕에 온 지 한두 달 만에 웬만한 뉴요커만큼 뉴욕 소식을 꿰고 있는 사람이 되었다.

일상생활이나 사업을 하면서 가장 고심하는 것 중 하나가 '어떻게 좋은 정보를 짧은 시간 안에 획득하느냐'이다. 낯선 곳을 여행하거나, 사업계획을 세울 때, 혹은 퇴사를 한다면 무엇을 하며 살까 고민할 때 정보 수집에 갈급하게 된다. 돈과 시간을 들여 추진하는 홍보마케팅 계획을 세울 때도 마찬가지이다. 이 계획이 제대로 먹힐지, 올바른 정보에 기반하고 있는지, 정확하게 타깃팅이 되었는지, 시장은 바로 읽고 있는지, 예산은 적절히 잡혔는지 고민에 빠진다. 시장조사를 할 때 전문 마케팅 기관이나 빅데이터 연구소 등에 의뢰하면 좋겠지만 이는 비용 때문에 쉬운 일이 아니다. 비싼 '물고기'를 매번 사서 먹을 수 없다면 '물고기 잡는 법'을 체득하여 나만의 정보 획득 알고리즘을 구축해가야 한다.

스마트폰 클릭 몇 번으로 얻는 공짜 빅데이터

사람들은 저마다 필요한 정보를 구하는 방법이 다르고, 오랜 경험으로 체득한 나름의 정보 취득 알고리즘을 갖고 있다. 이중 가장 보편적으로 쓰이고 빠르며 쉬운 정보 취득 방법은 바로 이것 아닐까?

'휴대폰을 든다, 인터넷에 접속한다.'

빅데이터는 이런 식으로 인터넷 환경에서 생성되는 유저들의 데이터를 수집, 저장, 관리, 분석하여 새로운 가치를 추출하는 기술이다. 소비자 행동 패턴을 어느 정도 가늠할 수 있는 만큼 빅데이터를 얼마나 잘 분석하고 사용하느냐에 사업의 미래가 달렸다고들 한다. 디지털 인사이트 미디어 〈디아이투데이〉와 모바일리서치 전문업체 '오픈서베이'가 마케팅 담당자를 대상으로 설문한 자료에 따르면 빅데이터를 기반으로 마케팅 전략을 수립할 때 가장 도움이 되는 것이 무엇인가에 대한 질문에 '정교한 타깃팅' '마케팅 효과 극대화'의 장점을 1, 2위 순위로 꼽았다.

포털사이트는 내게 필요한 유의미한 빅데이터를 손쉽게, 또 무료로 얻는 보물창고이다. 네이버는 국내 온라인 검색량의 80%를 차지하는 만큼 웬만한 시장조사는 네이버로 가능하다. '네이버 광고'는 원래 유료광고를 집행하는 광고주들을 위한 사이트지만, 무료 개인회원도 일부 서비스를 이용할 수 있다.

네이버 회원 가입과 별도로, 네이버 광고 사이트에 다시 회원 가입을 하여 로그인한 후 오른쪽 상단 '광고시스템' 메뉴를 누르고, 화면에 들어가 왼쪽 상단의 '도구' 메뉴를 눌러 '키워드 도구'로 들어간다. 원하는 키워드를 입력한 후 조회하기를 누르면 연관 키워드 조회 결과를 확인할 수 있다. 여기에서 광고주들이 홍보하고 싶은 검색 키워드본인들의 제품이 속한 산업군, 서비스, 타깃 소비자 관련가 PC와 모바일에서 어떤 검색 추이를 갖는지 알 수 있는데 꼭 광고 집행을 위해서가 아니어도 온라인 시장조사 용도로 유용하게 이용할 수 있다.

예를 들어 '요가 매트'를 치고 조회하면, 해당 검색어에 대해 일정 기간 동안 월별, 기기별PC/모바일 검색 추이가 나온다. 많이 검색된 월month을 확인하고 성별, 연령별 검색 추이도 알아본다. 또 내가 관심 있어 하는 검색어를 치면 연관 검색어도 여러 개 뜨는데 이를 보면 사람들이 내 검색어와 관련해서 어떤 것에 관심 있는지, 실제로 온라인상에서 어떤 검색어로 들어오는지 알 수 있다. 필터 기능을 활용해 여러 각도로 검색 추이를 확인해보면 좋다. 이 자료를 근거로 특히 검색 추이가 높은 시기를 홍보마케팅 시점으로 정할 수 있다. 무료로 이용 가능한 빅데이터 사이트와 검색어 관련 내용은 6장 참조

아날로그도 힘이 세다

업계 전문잡지나 학술지는 정제되고 신뢰도 높은 정보의 보고로, 짧은 시간 안에 심도 있고 검증된 정보를 취득할 수 있다. 전문잡지를 과월호부터 최신호까지 몇 권만 훑어보아도 업계의 이슈, 용어, 핵심인물, 전망을 가늠할 수 있다.

얼마 전 대학교수로 재직 중 모 공기관 이사장으로 자리를 옮겨간 분에게서 급히 연락이 왔다. 본부와 산하기관을 방문하며 업무보고를 받고 방침을 내려야 하는데 막막하다는 것이었다. 그 분야 전공자이긴 하지만 정작 현장의 소리나 관련 정책은 속속들이 알 수 없었기 때문인 듯했다. 업계 전문지 6개월~1년 치를 훑어보라는 조언을 했다. 후일 그분에게서 "잡지를 본 뒤 취임사의 방향도 잡고 현장부서의 업무보고를 받는데 자신감도 생겼다"는 말을 들었다.

뉴스 시청과 신문 정독도 도움이 된다. "요즘 시대에 웬 신문?"이냐고 반문하거나 뉴스라면 인터넷으로 충분히 보고 있다고 생각할 수 있다. 하지만 온라인 기사들은 단편적이고 화제성 위주로 포털사이트가 큐레이션해주거나, 혹은 내가 이전에 본 뉴스를 기반으로 '빅데이터가 알아서' 보여주는 '나의 관심 뉴스'들로 한정된다. 홍보마케팅 기획을 할 때 중요한 대상은 '나'가 아니라 '다른 이'들이다. 종합일간지나 경제지를 1~2개 정독하며 뉴스가 어떻게 속보로 이어지고, 스트레이트 기사짧은 길이의 정보성 기사가 해설기사, 인터뷰 기사로 어떻게 펼쳐지는지 감으로 아는 것이 나중에 언론홍보를 할 때 큰 도움이 된다. 많이 읽어야 쓰기도 느는 법. 좋은 보도자료 작성을 위한 기본을 다지는 방법이기도 하다.

정기적으로 대형서점 나들이도 해본다. 온라인으로 보는 것과 달리 종이책이라는 물성이 주는 자극이 분명 있다. 시대가 요구하는 트렌드를 굵게 읽을 수 있다. 나와 관련 있는 분야의 책은 정기적으로 검색해서 어떤 신간이 나오는지 훑어보며 아이디어를 얻는 것이 좋다. 직접적 연관 분야가 아니어도 '자기계발' '취미' '경영' '인문학' '예술' '잡지' 등 다양한 분야를 훑어보며 홍보마케팅의 감을 다듬어볼 수도 있다.

직접 체험하고 스스로 소비자 되어보기

데이터나 뉴스를 볼 때 주의할 점이 있다. 숫자와 그래프, 전문가 의견에 함몰되지 말 것. 즉 타인의 정보에만 의지해서 기획하면 현장에서 맞지 않는 탁상공론이 될 위험이 있다. 아무리 공신력 있는 기관에서 제시한 데이터라 해도 다양한 해석과 관점을 적용하기 때문에 나에게는 맞지 않을 수 있다. 이 함정에 빠지지 않으려면 스스로 현장형 정보 수집가가 되어야 한다.

현장에 가보고, 서비스나 제품을 직접 체험하고, 스스로 소비자가 되어 나만의 데이터를 모아본다. 특정 제품/서비스, 고객층, 홍보마케팅 방법 등을 많이 고민하고 공부해왔다면 정보 안테나가 예민하게 세워져 있을 것이다. 그 상태에서는 현장에서 느낀 두근거림과 흥분, 새로운 발견과 변화 감지 등이 참신한 아이디어로 연결될 가능성이 크다. 지금 해결해야 하는 프로젝트와 얼핏 관련 없어 보이는 내용, 장소라 해도 기회가 되면 적극적으로 경험하려 노력해본다. 무관해 보이는 것들이 조합돼 기존에 없던 새로운 발상이, 기획이 탄생하는 일이 종종 있다. 어떤 아이템이나 아이디어가 흥미롭게 느껴지면 '지금 하는 프로젝트 홍보마케팅에 활용할 수 없을까?'라고 역으로 궁리해보는 것도 홍보지능을 높이는 데 효과적이다.

우리 제품이나 서비스를 소비자가 어떻게 느끼고 어떤 니즈를 가졌는지 확인하여 그에 맞는 홍보기획을 하기 위해서는 스스로 소비자가 되어보는 것이 가장 확실한 방법이다. '현장에 답이 있다'라는 말이 홍보마케팅에서도 꼭 맞다.

알짜배기 정보는 내부에서 나온다

홍보마케팅 일에는 이해관계자가 많다. 계획을 세우고 실행할 때 염두에 두어야 할 대상이 많다는 의미이다. 고객타깃고객, 잠재고객 등, 경영진, 주주, 언론, 투자기관, 정부기관, 지자체, 지역사회 등 사업과 관련한 모든 기관, 개인, 단체 등이 폭넓게 이해관계자로 포함된다. 그 누구도 소홀히 대할 수 있는 상대가 아니다.

여기에 또 하나 중요한 이해관계자가 있는데 바로 우리 회사 내부인, 즉 상사나 부하직원, 동료들이다. 1인기업이면 대표 본인이 중요한 이해관계자이다. 이들은 우리 회사, 제품 서비스를 가장 많이 알고 생각하는 사람들이다. 1차 고객으로서 칭찬도 불평도 구체적으로 제시할 수 있다. 또 그들의 업무 자체가 홍보마케팅 차원에서 보면 귀한 뉴스거리일 때도 많다.

업무의 시작은 내 주위를 살피는 것에서부터 시작해야 한다. 우리 조직원들이 어떤 일을 하고 있고, 어떤 정보가 필요하며, 회사에서 바라는 내 역할과 업무가 무엇인지 수시로 확인한다.

공식적 · 비공식적 기회를 만들어 동료들과 대화하는 시간을 많이 갖고 "요즘 하는 일 중 자랑할 만한 것홍보할 만한 아이템 없나요?"라고 먼저 다가가는 태도를 보인다. 대표이사만 우리 조직의 대표선수가 아니다. 좋은 뉴스거리로서의 잠재력을 가진 실무자와 업무는 홍보 담당자가 발굴하고 육성해야 한다. 즉 CEO를 스폰서로, 동료를 서포터즈로 만들어야 홍보마케팅에 성공한다. 이렇게 평소에 관계를 잘 쌓아두면 회사 내부에서 부정적 사건이 발생할 가능성을 낮추고, 사건이 났을 때도 대처하는 능력을 높일 수 있다.

빅데이터부터 뉴스, 책, 현장경험, 여기에 옆자리 동료 챙기기까지 홍보마케팅할 때 고려해야 할 정보들이 참 많다. 퐁퐁 샘솟는 호기심과 날카로운 분석력, 여기에 긍정적 의미의 오지랖까지 겸비해야 함을 의미한다. 홍보인은 언제나 자신의 정보 촉수를 섬세하고 폭넓게 다듬어가는 데 게을러서는 안 된다.

홍보마케팅 아이디어 만드는 여섯 가지 노하우

우리는 열심히 빅데이터를 찾고, 트렌드를 읽으려 노력한다. 거액의 비용을 내고 전문 데이터 분석기관을 고용하고, 발품 팔고 공부하며 직접 데이터를 분석하기도 한다. 그런데 정작 어렵게 정리한 데이터들을 잘 활용하지 못할 때가 많다. 그야말로 '트렌드 읽기'로만 그치는 것. 홍보마케팅 기획서에 화려한 그래프와 도표로 선보이고 나서는 실행과는 잘 연관 짓지 못하기 일쑤이다.

빅데이터와 트렌드는 '읽는 것'이 아니라 '해석하는 것'

우선 빅데이터가 활용되는 과정을 알아보자. 크게 수집, 해석, 시각화의 세 단계로 구분된다.

> ❶ **데이터 수집** 필요한 데이터를 빠른 시간 내에 검색, 선별해 확보하는 능력
> ❷ **데이터 해석** 목적에 맞는 분석방법을 사용해 데이터에서 의미 있는 결과를 도출하는 능력
> ❸ **데이터 시각화, 메시지화** 데이터를 다른 사람이 이해할 수 있도록 그래프나 차트 등으로 시각화하고 콘셉트가 담긴 메시지로 재가공하는 능력

❶번의 데이터 수집은 비교적 용이하다. 우리는 자기 브랜드에 대한 고유한 데이터, 노하우 등을 어떤 형식으로든 축적하여 가지고 있다. 그러나 ❷,

❸번은 데이터를 읽는 사람의 역량에 따라 차이가 생긴다. 즉 어떻게 해석하고 행간을 읽어내는지에 따라 달라진다. 특히 ❸번 데이터 시각화, 메시지화는 더욱 그러하다. 데이터 속에 숨겨진 맥락을 발견해서 자사 제품/서비스의 가치와 연결할 줄 아는 통찰력이 중요하게 작용하기 때문이다. 빅데이터를 인문사회적으로 해석해내고 그것을 대중이 공감할 수 있는 흥미로운 '홍보마케팅거리'로 만들어낼 때 빅데이터가 비로소 제 기능을 했다고 볼 수 있다.

빅데이터 자체를 홍보의 전면에 내세우거나 빅데이터를 기반으로 언론과 대중의 관심을 불러일으킬 홍보마케팅 아이디어를 만들 수도 있다. 빅데이터와 트렌드를 조사하는 단계에서부터 이 데이터가 무슨 의미가 있는지, 우리의 제품/서비스 가치와 어떻게 연계되는지 고심해보자.

빅데이터를 기반으로 홍보마케팅 아이디어 만들기 여섯 가지 노하우

빅데이터와 트렌드 속에서 자신만의 특별한 것을 찾아라

특별한 무언가를 찾아내려면 자신이 지금까지 생각해온 틀을 과감하게 벗어나야 한다. 우리 회사 소개서에 있는 문구 밖에서 생각해볼 것. 뉴스의 앵글, 다시 말해 독자와 시청자의 앵글에서 보았을 때 자신이 속한 회사나 조직에서 어떤 것이 특별한지 찾아내는 능력이 홍보인의 역량이다. 그 역지사지의 특별함을 찾아낼 때 빅데이터와 트렌드 조사가 큰 힘을 발휘한다. 회사를 둘러싼 시장, 회사가 가진 특별한 기술이나 특징, 회사문화, CEO가 가진 이력 등이 사회문화적으로 어떤 의미가 있는지 연결해본다.

단편 기사가 아닌 트렌드 변화를 짚는 기획보도로 언론의 취향을 저격하라

언론은 트렌드 변화를 주시한다. 생활, 패션, 직업, 레저 등 다양한 측면에서 현재 일어나고 있는 변화나 앞으로 예상되는 미래의 변화를 짚어주는 기사를 독자들이 좋아하기 때문이다. 중소기업이나 공공기관이 발표하는 보도자료를 보면 단순한 '새소식'이 많다. 신제품 출시, CEO 임명, 영업실적처럼 단편적이고 일시적인 뉴스만을 짧게 알리는 식이다. 이런 뉴스는 당일에 단신 뉴스로만 가치가 있다.

회사의 신제품이나 새로운 기술개발을 홍보하고 싶다면 최근의 트렌드 변화를 앞세우는 것이 좋다. 유행이나 기술의 변화 속에서 이 제품과 서비스가 지닌 의미를 강조하는 식이다. 혹은 우리 회사 소식만 고집하지 말고 업계의 유사 회사 소식이나 서비스, 혹은 반대 사례를 같이 넣어 기사를 키우는 것도 좋은 방법이다.

대중에게 흥미를 유발하라

호기심을 유발하지 못하는 기사는 아무리 좋은 내용이어도 주목받기 어렵다. 흥미로운 기사는 제목만 보아도 읽고 싶게 만든다. 내용을 선정적으로, 자극적으로 쓰라는 말이 아니라 좀 더 폭넓은 독자에게 어필하도록 주제 선정이나 자료 인용에 있어 사회적 관심도와 화제성을 고려하라는 의미이다. 같은 보도자료라 해도 사실만 나열하기보다 그 사실이 대중에게 무엇을 의미하는지 빅데이터와 트렌드에 기반해서 접근해야 언론과 독자의 관심을 끌 수 있다.

신제품이나 새 서비스는 혁신성을 어필하라

최근 종합일간지마다 경제 섹션을 강화하고, 온라인 전문 미디어가 많이 생기면서 작은 회사, 1인기업들도 소식을 실을 수 있는 매체가 많아졌다. 신제품 정보는 소비자에게 중요하고 언론도 잠재광고주 확보 차원에서 적극적으로 다루는 부분이다.

막연히 '세계 최초, 국내 최고라고 하면 뉴스가 되겠지'라는 생각은 잘못이다. '세계 최초'라 하더라도 기존 제품과 비교해 무엇이 혁신적인지 제대로 설명하지 못하면 뉴스 가치를 인정받지 못한다. 이 신제품, 새 서비스가 어떤 혁신성을 가졌으며 일반인의 생활에 어떤 영향을 가져올지 빅데이터와 트렌드에 기반해서 넓은 시각으로 접근해본다.

사람들은 '사람 이야기'를 좋아한다, CEO 스스로 뉴스거리가 돼라

사람 이야기는 재미있다. 아무리 정확하고 의미 있는 수치와 데이터를 들이밀어도 사람 이야기 앞에서는 힘을 못 쓸 때가 많다. 언론이나 독자들은 제품 정보에는 별 관심이 없을지 몰라도 베스트셀러가 된 제품을 탄생시킨 주인공의 인터뷰는 열심히 들여다본다. 마이크로소프트의 빌 게이츠, 애플의 스티브 잡스, 스타벅스의 하워드 슐츠, 테슬라의 엘론 머스크, 페이스북의 마크 저커버그, 알리바바의 마윈 같은 인물 스토리가 없었다면 이들 회사의 영향력과 브랜드는 지금과는 많이 달랐을 것이다.

회사의 대표는 싫든 좋든 전면에 나서야 한다. CEO는 활동의 절반을 홍보마케팅에 써야 한다는 말이 있다. CEO는 회사의 제품만큼이나 언론의 뉴스거리로 가치가 높다. 특히 기술력이나 혁신적인 서비스 등으로 승부를 걸어야 하는 중소기업, 강소기업, 1인기업은 대표 스스로 홍보거리가 되는 전략을 과감히 또 적극적으로 써야 한다.

제품과 서비스, 기관이 겨냥하는 잠재고객들이 어떤 라이프스타일을 지향하는지, 회사 내부에 재미있는 이력을 가진 직원이 있는지, 제품과 서비스 탄생에는 어떤 이야기가 있는지 살펴보자. 제품과 서비스에 관련된 빅데이터 중 사람들의 성향, 욕구, 변화하는 라이프스타일 등을 해석하여 하나의 새로운 트렌드로 제시하는 것도 흥미로운 방법이다. 사람 탐색, 이야기 수집이 성공적인 홍보기획의 강력한 동인이 된다.

실체를 만들어 가시화하라

수치와 개념으로 이루어진 빅데이터와 트렌드를 홍보에 사용하기 위해서는 이벤트나 서비스, 메시지 등으로 실체를 만들어 가시화해야 한다. 구글이 자신의 빅데이터력을 보이기 위해 플루 트렌드 서비스를 하고, '사람인'이 사람인매칭연구소로 단박에 'AI를 활용하는 구인구직 회사'라는 브랜드를 구축한 것처럼 말이다. 스니커즈는 빅데이터를 활용한 이벤트로 매출 상승의 효과를 톡톡히 누렸다.

이처럼 빅데이터와 트렌드가 지닌 의미를 어떻게 물리적으로 가시화할지를 고민하는 것이 홍보의 역할이다.

빅데이터 홍보마케팅 적용 사례

구인구직 매칭플랫폼 사람인매칭연구소

'사람인'은 2014년부터 국내 업계 최초로 AI와 빅데이터를 활용한 구인구직 서비스를 제공해왔다. 여기서 주목할 것은 서비스 내용이 아니라 서비스를 드러내는 방법. 사람인은 방대한 데이터를 분석하는 업무를 맡은 내부 연구소를 홍보마케팅의 전면에 내세웠다. 지속적으로 연구소를 소비자에게 알렸고 TV 광고도 연구소를 테마로 만들었다. 즉 빅데이터 수집 · 활용에서 한발 나아가 이를 어떻게 시각화해 홍보할지 잘 보여주고 있다.

구글의 플루 트렌드(Flu Trend)

구글은 보통 사람들이 감기에 걸리면 병원이나 약국을 가기 전 관련 단어를 검색하는 점에 착안해 2009년부터 검색 정보와 위치를 기반으로 미국의 감기 바이러스 확산 상황을 중계하는 플루 트렌드 서비스를 제공했다. 2013년 플루 대유행 시기에 140%의 오류를 범하는 실패를 저지르면서 결국 구글은 이 프로그램을 안락사시켰지만 실생활에서 발견되는 빅데이터를 어떻게 해석하고 활용할지 잘 보여주었다.

초콜릿 바 스니커즈의 헝거리듬(Hungerithm)

데이터 규모가 작아도 유의미한 전략을 만들도록 도와주는 것이 진정한 빅데이터 아이디어이다. 호주 스니커즈의 헝거리듬은 작지만 큰 데이터의 힘을 보여준 사례. '배고플 때 넌 네가 아니야'라는 광고문구로 유명한 스니커즈는 저녁식사 '후'보다 '전'에 트위터 분위기가 퉁명스럽고 무뚝뚝하다는 것을 알게 되었다. 2016년 호주 스니커즈는 편의점 세븐일레븐과 공동으로 트위터 메시지를 분석하여 사람들의 '불쾌지수'에 따라 스니커즈 가격을 할인해주는 캠페인을 했다. 트위터 코멘트를 분석하고 데이터화하여 불평불만, 안 좋은 기분을 나타내는 코멘트들이 많아질수록 할인폭을 높였다. 이 행사로 호주 현지 매출이 67% 증가했으며 미국 광고 잡지사 애드위크는 이를 그해 가장 멋진 온오프라인 캠페인 중 하나로 선정했다.

홍보마케팅은 타이밍이다

'인생은 타이밍'이라는 말을 많이 한다. 공부에 몰입할 타이밍, 연인에게 고백할 타이밍부터 직장생활을 떠나 창업할 타이밍, 회사 규모를 확장할 타이밍, 신제품을 출시할 타이밍, 혹은 폐업할 타이밍 등 말이다. 홍보마케팅에서도 타이밍은 중요하다. 홍보마케팅 일을 하는 사람들은 타이밍에 반응하는 신체 리듬 같은 것이 생긴다. 계절이 바뀌거나 사람들 사이에 회자되는 화젯거리가 있으면 이와 연계할 이벤트나 메시지를 자연스레 떠올린다.

사람들이 무엇을 이야기하고 좋아하는지, 어떤 사건에 관심 있는지 분석하고 해석해서 우리에게 유리한 시점에 참신한 방법으로 대중에게 이야기를 거는 것이다.

홍보는 현재 상황을 분석하고 나를 알릴 타이밍을 아는 것

홍보마케팅에 있어 딱 맞는 타이밍 잡기란 쉽지 않다. 다분히 전략적이어야 하는데, 상황을 단순히 아는 것을 넘어 조각조각 발생하는 상황들을 잇고 붙여서 해석할 줄 알아야 하기 때문이다. 이 상황이 우리에게 유리한지 아닌지, 긍정적으로 만들기 위해 어떤 일을 해야 하는지 판단해야 한다. 홍보지능이 제대로 발휘되어야 하는 순간이다.

외부에서 발생하는 상황들을 잘 읽어 판단하기 위해서는 기준점이 필요하다. 그렇지 않으면 순간순간 맥락 없는 단편적 판단을 할 우려가 있다. 그 기준점이 되는 것이 바로 연간 홍보마케팅 목표와 큰 틀의 계획이다. "지금 이 상황이 나의 홍보마케팅 목표에 부합하는가?"를 상기해본다. 즉 연간 홍보 목표를 살피며 방향성을 잃지 말아야 함을 의미한다.

연간 계획에 따라 분기별, 월별 실행 계획도 수립해본다. 계획을 세울 때는 그 시점의 특성이나 특별 이벤트 등을 함께 고려해서 '시점을 활용한 홍보마케팅'을 기획한다. 홍보마케터는 '최소 한 분기 정도는 앞서서 산다'라는 마음으로 사고하는 습관을 갖자. 미리 시기별 홍보 계획을 세워야 딱 필요한 순간에 실행할 수 있다.

최적의 홍보마케팅 타이밍 찾기는 경험치와 빅데이터를 활용한다. 자사 홈페이지와 SNS 채널의 방문객 추이 분석을 시작으로 다양한 SNS 동향, 커뮤니티에서 주목되는 이슈들, 언론 동향, 트렌드 변화, 검색 키워드 분석 등 제품/서비스와 관련한 데이터를 여러모로 살핀다. 빅데이터뿐 아니라 이미 우리 제품과 서비스를 활용하는 단골고객이나 특정 지역의 소비자 동향을 집중 파악해 얻는 '스몰 데이터'도 중요하다. 어느 시점에 사람들의 검색이 많은지, 어떤 라이프스타일의 변화가 감지되는지를 홍보마케팅 계획과 연계함으로써 화제성과 주목성을 높일 수 있다.

타이밍을 아는 것은 '실기失期'하지 않는 것

기자나 홍보인은 '물먹다'라는 말을 많이 쓴다. '다른 사람에게 속는 등 당하거나 허탕 치다'는 의미인데 기자에게는 낙종, 홍보인에게는 제대로 홍보마케팅 활동을 하지 못하거나 다른 기업이 선수 친 경우를 자조적으로 말하는 것이다. 홍보 일을 하다 보면 기가 막힌 타이밍을 잡기보다 적절한 타이밍을 놓쳐버리는 실기가 더 무섭게 느껴진다.

위기관리가 대표적으로 제때 사과를 하지 않거나, 부적절한 메시지를 내보내서 더 큰 화를 불러일으키는 예를 우리는 수없이 봐왔다. 최악의 위기관리로 가장 흔한 유형이 바로 늦장 대응, 즉 실기이다. 내부에서 아무 일도 하지 않는 것은 아니다. 숨 가쁘게 회의하고 준비하지만 밖에서 보면 '침묵'일 뿐인데, 이는 적당한 시기에 액션을 하지 않았기 때문이다. 타이밍을 놓친 것이다.

'홍보마케팅 담당자는 한 분기 이상 앞서 사고하고 실행해야 한다'는 것도 실기를 최소화하기 위함이다. 홍보 계획을 현실화하기 위해서는 기획, 조사, 사전준비, 실행에 드는 물리적 시간이 필요하다. 조직이 클수록 거쳐야 할 보고라인도 길다. 내부조직이 어떻든, 어떤 단계를 거쳐야 하든 그것은 내부사정일 뿐, 홍보마케팅은 결과로 말해야 할 때가 많다. 그렇다면 이 모든 절차와 과정에서 발생하는 시간을 계산해서 미리 이행함으로써 적절한 시기에 실행되게 해야 한다. 홍보마케팅 담당자는 스스로 치밀한 스케줄 관리자가 되어야 한다. '물먹는' 것을 최소화하기 위해서 말이다.

우리 회사의 홍보마케팅 타이밍은 언제가 좋을까?

모든 회사나 조직의 대표가 갖는 질문이다. 신제품이나 서비스를 출시할 때, 상장을 앞두고 투자를 유치할 때, 혹은 매출이 너무 저조해서 무엇이라도 해야 할 때 이 질문이 떠오른다. 이에 대한 답, 즉 가장 적절한 우리 회사의 홍보마케팅 타이밍은 바로 이것이다.

"회사의 미션과 비전을 분명히 알고 있을 때!"

외부에서 발생하는 예상밖 상황에 흔들리지 않고 홍보마케팅 방향성을 지켜가기 위해서는 회사의 큰 목표를 명확히 해야 한다. 즉 미션과 비전이 분명

할 때 전체적인 홍보마케팅 방향성을 정하고 이번 비즈니스가 전달하고자 하는 메시지도 유기적으로 연결할 수 있다. 홍보 따로, 비즈니스 따로가 아니다. 홍보마케팅은 회사의 철학과 방향을 알기 쉽고 매력적인 메시지로 전환해서 친절하게 시장에 알리는 방법이니 말이다.

그리고 "홍보마케팅의 최고 타이밍은 실행하는 그 순간!"이다. 아무리 좋은 기획이나 계획도, 화려하고 치밀한 홍보마케팅 계획서도 실행되지 않으면 한낱 종잇조각에 지나지 않는다. 반대로 내 머릿속에 있던 아이디어 하나, 메모지 한 장이 제대로 실행되어 큰 성과를 내기도 한다. 매출이 오르고 언론홍보가 되고 충성 고객층이 확대되는 건 계획이 '실행된' 덕분이다.

성공률 높은 기획을 하기 위해, 좋은 판단을 하기 위해 우리는 끊임없이 노력한다. 시장과 트렌드를 읽고, 소비자 동향, 위험요인 파악, 경험치를 수치화한다. 그러나 아무리 경험이 많은 홍보마케터도 실행에 앞서서는 불안감에 사로잡힌다. '과연 이 기획이 시장에서 먹힐까? 시점상 적절한가? 언론의 시선을 끌 수 있을까?' 100% 확신했던 계획도 예상보다 저조한 결과를 가져올 때가 많다. 홍보마케팅은 시장과 사회의 변동에 따라 많은 변수를 갖고 있으며 담당자가 이를 완전하게 통제할 수 없다.

이러한 특성을 인정하고 받아들이자. 모든 실패 요인을 예상하고 대비하면서 일을 하겠다고 하면 타이밍을 놓치고 만다. 최선을 다해 상황을 파악하고 잠재 실패 가능성을 최소화하되 적절한 시기에는 과감히 실행해야 한다. 그래도 실패할 수 있다. 한 번 실패한 뒤 그것이 트라우마가 되어 새로운 기획을 하는 데 두려움을 갖지 않도록 단단히 마음먹자. 실패 후 좌절하기보다 '실패를 통해 더 단련되고 배운다'라는 용기와 맷집이 필요한 일이 바로 홍보마케팅이다.

타이밍을 잘 잡은 홍보마케팅 사례

〈고독한 미식가〉를 패러디한 청하

일본 인기 드라마 〈고독한 미식가〉 시즌 7중 한 에피소드는 한국에서 촬영했다. 주인공이 서울의 숯불갈비 식당을 찾은 소식이 알려진 뒤 해당 식당은 손님들로 인산인해를 이룰 만큼 인기가 있었다. 이 틈을 놓치지 않은 업체가 바로 롯데주류 청하. 화제의 식당을 찾아가 드라마 주인공의 뒷모습을 패러디한 유머러스한 사진을 찍어 자사 페이스북에 올렸는데 한 손에 청하를 들고 있는 센스가 돋보였다. 당시 〈고독한 미식가〉의 한국 촬영이 화제였던 시점이라 자연스레 사람들의 시선을 끌었다. 굳이 완성도 있는 제작물이 아니어도 시점에 딱 맞고 메시지만 분명하다면 그야말로 초저예산으로도 굉장한 효과를 올릴 수 있는 홍보마케팅 사례이다. 이것이 바로 타이밍의 힘!

'투스카니 의인' 현대자동차

미담 뉴스에 우연히 자사 제품이 노출된 뒤 이를 순발력 있게 활용하여 홍보 효과를 올린 사례가 있다. 현대자동차가 바로 그 주인공. 제2서해안고속도로 하행선에서 코란도 운전자가 의식을 잃었는데 이를 본 투스카니 운전자 한 모 씨가 앞질러가 고의로 교통사고를 내 멈춰 세웠다. 처음 보도가 되었을 때 한 모 씨는 '고의사고 의인'으로 불렸다. 이후 한 씨가 투스카니를 타고 있었다는 점에 주목한 현대자동차가 단종된 투스카니 라인을 잇는 신형 벨로스터를 선물한 것이 알려지면서 그는 '투스카니 의인'으로 불리기 시작했다. 언론에서도 다소 부정적 어감이 있는 '고의사고 의인'보다 '투스카니 의인'을 선호하면서 이후 고유명사처럼 불리는 효과를 얻었다. 현대차의 발 빠른 전략으로 브랜드 화제성과 호감도에서 큰 성과를 거둔 사례로 기억된다.

착한 홍보의 힘
호감이 전략을 이긴다

'착한 홍보'가 대세이다. 기업이 생산하는 제품/서비스, 대표자 혹은 기업 자체의 선한 행위와 이미지를 적극적으로 알림으로써 고객과 대중의 호감을 사는 홍보마케팅 활동이 눈길을 끈다. 기업과 조직의 평판이 매출과 투자에 직접적으로 영향을 주는 사례들도 속속 나오고 있다. '착한 기업이면 좋다'고 생각했던 것이 실제 재무적 데이터로도 증명되고 있는 것.

착하면 좋다 X, 착해야 성공한다 O

착한 홍보로 성과를 올린 대표적인 사례가 '갓뚜기'로 불리는 오뚜기이다. 닐슨코리아에 따르면 오뚜기의 국내 라면시장 점유율이 2015년 20.4%에서 2017년 25.6%로 성장했다. 오뚜기는 2016년 창업자 함태호 명예회장의 별세를 계기로 각종 미담이 재조명받았다. 무엇보다 SNS에 오뚜기를 '갓뚜기'라고 부르며 구매 사진을 올린 젊은 층의 활동이 큰 역할을 했다. 미담이 SNS를 타고 더 멀리 날아가는 시대이다.

LG그룹은 2018년 구본무 그룹회장의 별세를 통해 평소 소탈하고 온화했던 회장 이미지와 잡음 없는 권력 승계 모습 등이 어우러져 "역시 LG"라는 칭송을 받았다. 며칠 동안 애도와 미담을 담은 언론보도가 쏟아져 돈으로 환산할 수 없는 기업 브랜드 홍보 효과를 얻었다. 또 당시 진행 중이었던 기업 감사도 '문제없음'으로 조기 종결되었다.

SK그룹은 2018년부터 사회적 가치를 화폐단위로 전환하는 더블보텀라인Double Bottom Line을 도입해 화제를 모았다. 이는 기업의 경영성과를 평가할 때 전통적인 숫자 외에 기업이 창출한 사회적 가치를 따로 표시하는 방식으로 인건비와 세금, 협력사 지원, 환경 개선 등 착한 일에 쓴 돈을 이익과 동일하게 취급하겠다는 것이다. SK는 중고자동차 사업을 정리하는 대신 공유차 투자를 늘린다고 발표했는데, 이는 중고차 사업이 수익성은 좋지만, 사회적 측면에서 부정적 요소가 많아 내려진 결정이었다.

반면 '나쁜 회사'의 이미지로 발목을 잡힌 사례도 많다. 남양유업은 2013년 '대리점 갑질 파문' 이후 사회적 이슈가 있을 때마다 재거론되는 등 제대로 주홍글씨를 새겼다. 이후 기업에 큰 문제가 없었다는 법적 판결이 있었음에도 2015년 국회에서 이른바 '남양유업 방지법대리점거래 공정화법'이 통과되었고 관련 언론기사가 수십 개 보도되면서 계속 회사 이미지에 타격을 받았다.

이런 분위기는 작은 회사나 소상공인도 피해갈 수 없다. 대형마트 제품을 재포장해 직접 만든 유기농 쿠키인 것처럼 속여 판 M쿠키는 부정여론에 시달리다 급기야 문을 닫았다. M쿠키는 제과제빵을 전공한 부부가 아기의 태명을 상호로 정하고 '정직하고 안전한 제품을 만들겠다'는 슬로건으로 홍보하면서 젊은 엄마들에게 큰 인기를 끌었다. "비싸도 내 아이에게는 좋은 것을 먹이고 싶다"는 소비자의 욕구를 착한 홍보로 충족시켰던 것. 스토리와 명분을 앞세워 자사 제품의 장점을 극대화해 알린다는 홍보마케팅 전략으로 더할 나위 없이 좋은 사례였다.

단, 그 사실이 진실되지 않은 거짓일 때는 '착한 홍보'가 더 큰 타격이 되어 돌아온다. 믿었던 만큼 사람들은 엄청난 배신감을 느끼고 이는 재무적 손실은 물론 조직의 존폐에까지 영향을 미친다. '착한 홍보'의 또 다른 얼굴이다.

착한 홍보를 이끄는 원동력은 '착한 소비'

2013년 닐슨이 발표한 〈기업의 사회공헌 활동에 대한 글로벌 소비자 보고서〉에서는 돈을 좀 더 지불하더라도 환경보호와 사회에 긍정적인 영향을 주기 위해 노력하는 기업 제품을 구매하겠다고 응답한 수치가 50%였다. 같은 조사에서 이 항목은 2014년 55%, 2016년은 66%로 눈에 띄게 증가했다.

CEO를 평가하는 잣대도 바뀌었다. 〈하버드비즈니스리뷰〉는 2015년 10월 '올해 최고의 CEO'를 발표했는데, 당시 누가 1등이냐보다 전년도 '최고의 CEO'로 뽑혔던 아마존의 제프 베저스가 87위로 추락한 사실이 더 화제가 되었다. 아마존의 재무평가는 여전히 1등이었으나 2015년 조사에 처음 포함된 비재무적 기준인 '환경' '사회' '지배구조' 등이 80위권 밖이었기 때문. 이 발표 이후 아마존의 브랜드 가치가 크게 하락한 것은 두말할 필요도 없다.

이처럼 '착한 홍보' '착한 마케팅'은 '착한 소비'와 깊은 관계를 맺고 있다. 소비의 주체로 떠오른 Z세대1020세대, 밀레니얼 세대2030세대는 온라인 여론에 민감하고, 스스로 여론을 주도하는 데 능하다. 이들이 등 돌리면 기업 활동이 위기에 처한다. 이들에게는 상품, 서비스의 품질만큼 '못된 기업이냐 착한 기업이냐'가 중요하다. 상품과 기업에 대한 신뢰와 투명성, 그리고 진정성을 소비하기 때문이다.

이에 따라 기업의 규모와 상관없이, 경제적 활동뿐 아니라 사회적 활동을 통해 착한 소비자들의 관심을 받기 위해 노력하고 착한 방법으로 구매를 유도하는 홍보마케팅 접근인 '코즈Cause 마케팅'이 중요한 전략으로 떠올랐다.

'착한 홍보'에 당신의 업業과 철학을 녹여라

'착한 홍보'를 통해 회사의 성장을 견인하고 이를 오래 지속시키기 위해서는 어떻게 해야 할까? 다소 모순적으로 들리겠지만 철저히 '계산적'이고 '전략적'

이어야 한다. 모 재벌그룹 회장이 즐겨 행하는 연말연시 연탄 나르기 봉사 모습이 좋아 보여서 그대로 따라 한다든지, 노골적으로 선행 사진을 매장에 걸어두는 식으로는 오래가지 못하고 홍보마케팅 효과도 미미하다.

사회복지공동모금회는 작은 가게가 수익금 일부를 매월 기부하면 '착한 가게' 현판을 달아주는 사업을 2005년부터 시작했는데 2018년 7월 말 기준으로 2만 5,000여 개의 착한 가게가 탄생하며 큰 관심을 모았다. 그런데 2018년 이후 신청가게 수가 이전 시기 연 평균 증가세에 훨씬 못 미치고 '착한 가게' 현판을 받았다가 스스로 떼어버린 가게 수도 2019년 최고치에 달했다고 한다. 경기 침체, 최저임금 인상 등으로 가게 수익이 줄어 기부 부담이 늘었고 천편일률적인 '착한 가게' 현판 달기가 그다지 가게 홍보에 효과가 없으면서 점점 매력을 잃어가는 것으로 해석된다. 돈 주고 명성을 사는 것 아니냐는 비판적 시각 역시 대두되었다.

착한 홍보가 지속적으로 성과를 내기 위해서는 우리 회사 업業의 특성을 나타내는 '기획'이 필요하다. 대표자의 사회공헌 철학이 녹아 있으면서 사회적 니즈가 강한 착한 홍보 아이템을 개발해서 차별화해야 한다.

'착한 홍보'는 분명 힘이 세다. 매출과 고객을 부르고, 브랜드 가치를 올리며 대표자의 기업철학을 마음껏 드러낼 장이 된다. 그러지만 진짜 착한 것이 아니라 '착한 척'하면 반드시 역풍을 맞게 되니 진정성을 가지고 접근해야 한다. 선한 의도를 가지고 의욕적으로 시작했다 흐지부지되면 소비자에게 더 큰 실망감을 줄 수 있다. 전문가들에 따르면 기업 캠페인은 최소 7년 이상 해야 소비자에게 진정성 있게 다가선다고 한다.

전략적이고 참신한 착한 홍보 사례

독일 청소장비 기업 '카처'의 세계문화유산 청소

글로벌 청소장비업체인 카처는 본업인 청소 능력을 뽐내며 화제성을 불러일으키는 봉사 활동으로 세계문화유산 청소를 기획, 실행했다. 1980년 브라질 리우 예수상 청소를 시작으로 이집트 피라미드 청소 등을 했으며 서울 N타워도 카처의 손길을 받았다. 이집트 멤논의 거상을 청소할 때 "3000년 만에 첫 목욕을 한다"는 재미있는 언론보도가 수회 나오며 세계적 이목을 끌었다.

일본 편의점 '로손' 건강검진버스 주차 서비스

일본 곳곳에 있는 국민 편의점 브랜드 로손은 2013년부터 지역 시청과 연계해 로손 주차장을 건강검진 장소로 활용한다. 시 당국이 건강검진 버스를 특정일에 로손 매장으로 보내면 주민들이 검진을 받는 방식. 주민들은 멀리 떨어진 보건소까지 찾아가지 않아서 좋고, 로손은 이미지가 좋아지는 데다 건강검진 차량을 찾은 주민들이 편의점에서 구매까지 하는 경우가 많아 일석삼조의 효과를 거두고 있다.

매일유업 환아용 특수 분유 생산

매일유업은 1999년부터 20년째 손해를 감수하며 신진대사에 이상이 있는 환아들을 위한 특수 분유를 생산해오고 있다. 신생아 5만 명 중 한 명의 아이가 고통받는다는 선천성 대사이상질환 환아를 위한 분유로 "단 한 명의 아이도 소외당하여서는 안 된다"는 김복용 매일유업 창업주의 유지를 이어오고 있는 것.

일 잘하는 홍보마케터의 다섯 가지 역량

전형적인 홍보마케터 상은 무엇일까? 유행과 트렌드에 예민한 촉, 뛰어난 말솜씨와 친절한 행동, 말끔하고 호감 가는 용모, 마당발이라 불리는 넓은 인맥 보유자 등이 떠오른다. 부정적인 이미지들도 있다. 잔머리와 술수에 능하고, 자랑과 떠벌리기 잘하며, 아부가 앞서고, 오지랖 넓고 이익에 민감해서 손해 보는 일은 안 하려는 성향들이다. 이는 맞기도 하고 틀리기도 하다. 일이라는 것이 사람의 성향과 분위기를 만드는 경향이 있는데, 사람을 많이 만나고 수없이 쏟아지는 정보를 받아들여 새로운 기획을 하며, 늘 다른 사람을 '설득'하고 '예상 못한' 일의 연속이 일상이 된다면 앞에서 말한 성격이 어느 정도 다 필요할 듯하다.

하지만 몇 가지 스테레오 타입으로 규정하는 것은 역시 부적절하다. 홍보마케팅 분야는 관련 전공자가 처음부터 그 직군에 종사하기보다 사회에 나와 여러 분야에서 일하다 필요를 느껴 관심을 두고 일하게 된 사람이 더 많다. 중소기업, 1인기업, 스타트업, 소상공인, 비영리단체와 예술가, 프리랜서 등은 경영 활동의 중요한 부분으로 대표 스스로가 홍보마케팅을 해나가야 한다. 일상경영, 생존전략으로써 홍보마케팅이 필요한 것이다.

홍보는 언론 기자들만 잘 상대하거나 SNS를 잘하는 것만으로 되는 것이 아니다. 내 콘텐츠제품/서비스와 회사 소개, 개인 홍보 등를 세상과 연결하는 방법을 모색해야 한다. 이렇게 홍보마케팅은 업의 종류나 형태를 떠나 다양한 배경과 역량을 지닌 사람들이 해야 하는 '공통업무'이다. 성향이나 전공 여부보다는 각자의 상황이나 업무에서 발생하는 홍보마케팅적 문제를 잘 풀어나갈 수 있는 문제 해결자가 되어야 하는 것. 원하든 원하지 않든 우리 모두 홍보마케팅 능력을 갖춰야 한다. 일 잘하는 홍보마케터가 갖춰야 할 다섯 가지 역량을 알아보자.

기획력 노력하는 정보 수집가

포털사이트에 '기획력'이라는 단어를 치면 관련 뉴스가 수없이 뜬다. 크고 작은 행사와 마케팅 판촉은 물론 정책, 경제경영, 교육 등 분야를 망라해 기획과 기획력이 언급된다.

홍보마케팅을 단순화해 정의하자면 '새로운 가치를 창출하여 이를 메시지로 만들어 상대를 설득하는 일'이다. 사람들의 이목을 끌고, 나아가 그 메시지를 좋아하게 만들기 위해서는 참신하고 매력적인 메시지 생산 능력이 있어야 한다. 단순히 지식과 정보를 전하는 것이 아니라 같은 정보에서 '새로운 무엇'을 발견할 수 있는 기획력이 필요한 것.

홍보인은 내가 홍보하는 상품을 다양한 각도에서 바라보며 새로운 기삿거리를 찾을 줄 알아야 한다. 꼭 기자를 통한 언론홍보가 아니어도 기획력과 '기자적 자질'이 필요한 순간이 많다. 취재와 기사 작성, 콘텐츠 가치 판단, 수용자에게 내용 전달, 일상적 소통 등 SNS, 유튜브 채널 같은 미디어를 통해 우리는 이미 이런 '기자 활동'을 하고 있다.

좋은 기획자는 노력형 정보 수집가

새로운 가치를 창출하는 기획하는 힘은 어떻게 가질 수 있을까? 창의적인 천재의 번득이는 기발함만이 해답은 아니다. 좋은 기획자는 '노력형 정보 수집가'이다. 정보와 트렌드를 모으고 사람들의 기호와 성향을 관찰하여 자신만의 방식으로 데이터화한다. 좋은 아이디어는 한순간에 떠오르는 것이 아니다. 시간을 들여 보고 듣고 정리해온 정보들이 의식적 · 무의식적으로 쌓이다 맥락적으로 꿰어지며 콘텐츠가 된다. 마르지 않는 호기심으로 관찰하고 수집하고 기록하자. 기획을 자신과 무관한 것으로 떼어놓고 생각하지 말고 적극적으로 받아들여 새로운 가치를 창출하고자 하는 노력이 중요하다.

표현력 글쓰기와 말하기 능력

홍보마케팅에 있어 글쓰기는 핵심 능력이다. 기획한 것을 제대로 전달하는 방법 중 가장 일반적인 것이 '글'이다. 홍보마케터는 제안서, 보고서, 보도자료, 기획 기사, 인터뷰 기사, 칼럼 기고, 기사 제안 이메일, 사보, SNS 게시물 등 매일 수많은 형식과 목적의 글을 쓴다. 단순 정보를 전달하는 것이 아니라 내가 원하는 바를 상대가 하도록 설득해야 하는 글들이다.

디지털 시대에 더 필요한 글쓰기 능력

온라인매체가 중요 홍보 채널이 되고, 직접 대면보다 간접 접촉이 많아지는 요즘이야말로 글이 중요한 시대이다. 웹상에서의 글쓰기로 의견을 표현하고 공유할 일도 많아졌다. 홍보마케팅에서 일상적으로 요구되는 글쓰기는 회사가 전하고자 하는 메시지, 신제품이나 새로 출시된 서비스의 핵심 기능을 매끄럽게 정리하기이다. 블로그, 페이스북, 인스타그램, 카드뉴스 같은 소셜미디어 게시글은 직접 고객에게 전달하는 글인 만큼 상대의 눈높이와 관점에서 써야 한다. 보도자료와 기획기사는 기자와 편집국 간부를 거쳐 보도되기에 뉴스 가치가 높고 설득력이 있어야 한다. 기사화하려는 메시지를 인상 깊게 제시하되 최대한 자료와 사실을 중심으로 간결하게 쓰고, 이해하기 쉽게 구성하는 것이 요령이다. 이외에도 고객이나 상대사에 보내는 업무 메일, 사업제안서, 결과보고서, 회의록 등도 그 사람의 업무역량을 고스란히 드러내고 비즈니스에 있어 중요한 역할을 하는 만큼 어느 것 하나 허투루 할 수 없다.

글쓰기 능력을 높이는 왕도는 없다. 많이 읽고 많이 써보는 것이 비결이다. 보도자료를 잘 쓰기 위해서는 언론기사를 많이 보고 유사업종이나 상황의 보도자료를 따라 써본다. 광고 전단지 문구도 허투루 보지 않고 형식을 살펴보았다가 내 상품 전단지 작성 때 참고해보는 열의가 필요하다. 평소 꾸준히 글쓰기를 연습하고 단련해서 익숙해지도록 하는 것이 홍보마케팅 DNA를 갖춰가는 방법이다.

생각을 정리해서 글로 써보면 말도 잘한다

홍보마케팅에서 글쓰기만큼 중요한 것이 말하기이다. 우리는 보고나 PT, 연설, 강연 등 공식적으로 다중을 향해 말을 하는 것빅토크은 물론 전화통화, 회의, 사무실에서 가볍게 나누는 수다, 우연히 만난 지인과 나누는 인사 등 일상 속 대화스몰토크를 하며 소통한다.

공식적이고 정제된 언어로 이뤄지는 빅토크는 대개 준비된 자세로 임한다. 화젯거리를 정리하고, 말하는 방법을 연구하며, 연습도 한다. 하지만 일상에서 다양하게 이뤄지는 스몰토크는 하찮게 생각하거나 따로 공부하지 않아도 능숙히 할 수 있다고 쉽게 생각한다.

그러나 홍보마케팅 능력은 스몰토크에서 나눠진다. 무심코 흘러가듯 진행되는 대화의 순간에도 스스로를 적절히 드러낼 줄 알아야 한다. 말을 잘하기 위해서는 크고 작은 화젯거리를 스스로 정리해보는 습관을 갖는 것이 좋다. 주어진 상황에서 특정 주제를 조리 있게 말하려면 평소 체계적 · 논리적으로 생각하는 습관을 몸에 익혀야 하고, 그것을 글로 정리해 말로 해보는 것이 크게 도움이 된다. 생각의 정리는 정돈된 말을 가능하게 하고 이것은 글쓰기에 직결된다.

말하기와 글쓰기는 서로 깊이 연관되어 있다. 말 잘하기는 무턱대고 자랑하기나 무조건 자기 낮추기식 겸손이 아니다. 상대가 알고 싶어 하는 부분을 정해진 시간 안에 잘 전달하는 것, 그것이 홍보마케팅에서 말 잘하는 사람이 갖춰야 할 조건이다.

소통력 분석력으로 설득하라

홍보마케터는 끝없이 상대를 설득한다. 상상력과 기획력으로 도출한 아이디어를 가지고 의사결정을 하기 위해서는 업무 관련 파트너, 투자자, 소비자, 내부 조직원, 그리고 스스로를 설득해서 공감을 끌어내야 한다. 때로는 조직의 '대변인' '입'이 되어 공중 앞에 서기도 한다. 이처럼 직간접적으로 사람을 많이 만나야 하는 업무인 만큼 소통 능력이 필요하다. "그 사람과는 잘 통해"라는 말에는 여러 능력이 복합적으로 들어가 있다.

마냥 사람이 좋다고 소통이 잘되는 것은 아니다. '상대가 필요로 하는 것을 제공할 수 있는' 능력을 기반으로 할 때 소통이 원활해진다. 기자, 주주, 고객 등과 만나 유의미한 소통을 하기 위해서는 업무 분야에 대한 폭넓은 이해가 바탕이 되어야 한다. 데이터와 자료 분석에 능통한 실무자가 되어야 하는 이유는 단지 의견 청취나 정보 교류 때문만은 아니다. 분석력이 높으면 사람들의 행동을 이끌어내는 동인을 찾을 수 있다. 특정 제품이나 서비스의 판매를 늘리려면 사람들이 어떤 점을 좋아하는지 또 어떤 부분의 개선을 원하는지 파악해야 한다.

이처럼 필요한 데이터, 자료, 동향, 사례 등을 평소 잘 이해하고 있어야 상대는 당신을 전문가로 인정하여 정보를 교류하는 파트너로 생각할 것이다. 타당한 근거와 논리를 제시할 수 있어야 설득이 가능하다.

학습력 '변화'를 학습하라

새로운 미디어가 속속 등장하고 급변하는 홍보마케팅 환경 속에서 발 빠르게 적응하는 능력이 요구된다. 환경의 변화에 맞게 콘텐츠를 제작해내는 능력도 지속해서 업그레이드해가야 한다. 그러기 위해서는 새로운 것을 두려워하지 않고 빨리 배우는 학습 능력이 필요하다.

소셜미디어 활용, 트렌드 해석 능력

홍보마케팅 담당자는 현재 많이 이용되는 소셜미디어 플랫폼을 잘 알아야 한다. 각각의 소셜미디어 플랫폼의 기능을 최대한 활용해 메시지를 효과적으로 전해야 하기 때문이다.

페이스북, 인스타그램, 유튜브, 카카오톡, 카카오스토리, 트위터, 밴드 등 각 소셜미디어 플랫폼은 소통방식과 공유하는 메시지 형식이 조금씩 다르다. 콘텐츠의 큰 줄기를 정하고 이를 주원료로 삼아 플랫폼마다에 맞는 형식과 디테일을 정해가는 전략을 세우는 것이 좋다. 소셜미디어는 직접 그 속으로 들어가 경험하며 몸으로 익히는 것이 가장 효과적이다.

정보력이 강하고 최신 트렌드나 사회경제 동향, 요즘 유행하는 것들을 잘 아는 사람이 홍보마케팅에서 주목받는다. 업계, 시장 트렌드를 항상 연구하고, 담당 브랜드는 누구보다 잘 아는 전문가가 되자. 사회적 트렌드나 변화에 대한 인사이트는 다양한 사람들과 교류할 때 더 잘 보인다. 내 업종, 지인들로만 구성된 네트워크로는 폭넓은 정보나 아이디어를 얻기 힘들다. SNS를 통하면 시간과 공간의 제약 없이 교류의 장을 넓힐 수 있다.

공감력 사회 이슈에 민감하라

홍보마케팅을 포함한 모든 비즈니스 활동은 결국 고객을 움직여 상품/서비스를 사게 하는 것이다.

고객, 소비자, 대중 등 '상대'가 중요하다. 비즈니스 환경이 생산자 중심에서 소비자 중심으로 전환된 만큼 상대에 대한 깊이 있는 이해는 단순히 좋은 사람이 되는 것을 넘어 사업적으로 중요한 전략이 된다. 홍보 커뮤니케이션은 다양한 입장의 사람을 대상으로 하므로 사회적인 영향을 많이 받고, 변수도 많이 작용한다.

담당자는 세상과 사회에 늘 눈과 귀를 열어두고, 기존에 계획했던 홍보마케팅 전략이 현재 사회 분위기와 맞지 않는다면 과감하게 포기할 줄도 알아야 한다. 그래야 단기 이익을 좇아 공익에 반하는 홍보마케팅 활동을 펼쳤다가 더 큰 손해를 자초하는 일을 막을 수 있다.

젠더 문제, 빈부격차, 세대 간 갈등, 노사문제, 지역 불평등, 인구문제, 환경 등 우리 시대에 존재하는 담론에 대한 이해 없이 홍보마케팅을 실행할 수는 없다. 무신경하게, 아니 무지하게 이벤트를 진행했다가 사회적 비판을 받는 사례를 심심찮게 목격하곤 한다. 반면 소탈하지만 진정 어린 공감으로 다가갈 때 사람들은 기꺼이 그 브랜드를 구매하고 스스로 홍보해준다. 착한 홍보, 진정을 담은 공감이 있어야 성공한다.

홍보마케팅형 DNA로 무장한다는 것은 결국 사회적으로 성숙하고 문제 해결 능력이 있는 개인으로의 성장과 닿아 있다. 잭 니콜슨과 헬렌 헌트가 주연한 영화 〈이보다 더 좋을 순 없다As good as it gets〉에 나왔던 유명한 대사가 오버랩된다.

"당신이 나를 더 좋은 사람이 되고 싶게 만들었어."

홍보마케팅을 잘하는 것과 좋은 사람이 되는 것, 결코 다른 이야기가 아니다.

PART 3

홍보 마케팅, 다 계획이 있다

홍보 바다의 나침반
연간 홍보마케팅 계획

어떤 일을 함에 있어 가장 중요한 것은 계획이 아닐까? 사업을 시작할 때 길잡이가 되어주는 것이 바로 사업계획서이다. 상품개발에는 개발 계획서, 직원을 뽑고 관리하는 데는 인사관리 계획서가 있다.

홍보마케팅에도 계획이 필요하다. 길게 보고 잡는 연간 계획, 분기별 계획, 월간 혹은 주간 계획 모두 필수이다. 멀리 넓게 보는 전략 계획서, 또 아주 디테일하고 촘촘하게 짜인 실행 계획도 있어야 한다. 사업하기도 바쁜데 언제 이런 계획을 다 세우냐 싶고, 경영 계획이 있는데 따로 홍보마케팅 계획이 꼭 필요할까 의문이 들 수도 있다. 그러나 홍보마케팅 계획은 꼭 필요하다. 망망대해 항해를 나서면서 지도 없이 떠나지 않는 것과 같은 이유이다.

홍보마케팅 담당자 정하기

우선 누가 담당할지 정한다. 담당자가 따로 있으면 좋겠지만 소규모 사업장에서 홍보 전문가를 별도로 채용하기란 쉽지 않다. 홍보마케팅 담당의 제1 조건은 '회사나 제품 서비스에 대해 잘 알고 있을 것'이다. 이런 취지하에 열에 아홉은 아마 회사나 단체의 대표가 직접 해야 할 것이다. 홍보마케팅은 회사의 역사부터 제품, 기술, 서비스 등을 잘 알고 있는, 무엇보다 회사에 대한 애사심이 높은 사람이 맡아야 원활하게 일이 굴러간다.

홍보마케팅 담당자 업무 중 가장 기본이면서 중요한 일은 언론사를 비롯한 외부기관으로부터 오는 연락을 잘 받는 것이다. 업무별로 거래처, 바이어, 고객전화는 담당 업무자가 정해져 있다. 그러나 좀 애매한 관계자들이 있다. 잠재 투자자가 될 수 있는 기관, 언론인, 정부기관, 지역주민단체 등이 그들이다. 이 경우 회사에 홍보마케팅 담당자가 있다는 사실만으로도 꽤 체계적이며 적극적으로 소통하는 회사라는 긍정적인 인상을 주게 된다. 홍보 담당자의 역할은 회사에 이슈가 생기거나 우환이 생겼을 때 더 빛을 발한다. 언론사에서 전화가 걸려왔을 때 적절하게 대응하고 대외적으로 공식적인 코멘트를 해야 하는 위기상황 때 회사의 '입', 즉 소통 채널이 되어줄 사람이 바로 홍보 담당자이다.

경영 계획 수립만큼 중요한 연간 홍보마케팅 계획 세우기

'올 한 해는 무엇으로 수익을 올릴까?' 모든 비즈니스인들의 고민이다. 그러면서 정작 홍보마케팅 계획은 나중으로 미루기 일쑤이다. "나중에, 상품이 나온 뒤에, 일단 판매해보고 반응이 시원찮으면 그때 계획해보지" 하며 말이다.

홍보마케팅은 타이밍이 중요하다. 홍보마케팅 계획은 경영 계획과 같이 세우는 것이 타이밍을 놓치지 않는 전략이다. 신상품 출시나 기술 발표, 투자 확정 등의 회사 경영상 중요한 이벤트를 중심에 둔 사전홍보, 주요 상황 발생 시 집중적으로 해야 할 홍보마케팅, 사후평가 등을 미리 고려해서 계획을 잡아본다. 판매가 중요한 경우 연휴, 휴가 시즌, ○○○데이, 주요 축제 기간 등도 미리 꼽아보고 그 전후로 홍보마케팅 계획을 세우는 것이 효과적이다.

홍보마케팅 실행 프로세스 네 단계 'RACE'

홍보마케팅을 하려는 데 무엇부터 시작하고 어떤 순서로 가야 할지 막막하다면 크게 네 단계로 범주화해본다. 일반적으로 잘 알려진 홍보 실행 프로세스는 조사Research, 기획Action, 커뮤니케이션Communication, 평가Evaluation 순으로, 이들의 앞자를 따서 RACE로 부른다. 큰 틀을 머리에 넣어두면, 일 순서잡기가 수월해진다.

조사는 우리 회사나 상품군을 둘러싼 환경조사를 하는 것이다. 즉 문제와 기회를 파악하는 단계이다. 환경분석은 마케팅, 경영, 커뮤니케이션 등 여러 부문에서 제기하는 많은 툴이 있다SWOT, SPT 등. 어떤 것이 좋다, 혹은 몇 개 이상은 중복으로 봐야 한다는 식의 정해진 기준은 없다. 책에 쓰인 형식을 그대로 따라 해야 한다는 강박에서 벗어나 보자. 머릿속에 맴맴 돌던 내용을 종이 위에 한 번 적어보는 것으로도 큰 수확이 있다. 자신의 사업에 맞게, 스스로 데이터를 쌓아가는 것이 중요하다. 자신과 직간접적으로 연관성이 높은 고객, 주주, 경쟁사, 시장에 대한 데이터를 스스로 축적하고 분석하면서 다음 계획에 반영해보려는 노력이 필요하다.

기획은 조사 결과를 토대로 홍보마케팅 목표를 정하는 것이다. 누구를 대상으로 홍보마케팅을 펼칠지, 어떤 메시지 전략을 가지고 접근해야 하는지, 전달할 매체는 대체적으로 무엇을 활용해야 할지의 대략적인 계획을 포함한다.

이어서 목표 달성의 실행 단계가 커뮤니케이션이다. 세부 홍보마케팅 프로그램의 실행을 의미한다.

평가는 프로그램이 의도한 대로 집행되었는지 살피며 다음 단계에서 피드백될 사항들을 점검하는 과정이다.

열심히 환경분석하고 시장조사를 하더라도 전략 수립은 간단하지 않다. 문제의 원인은 아는데 마땅한 해결책을 찾지 못하거나, 조사 결과와 전략이 연

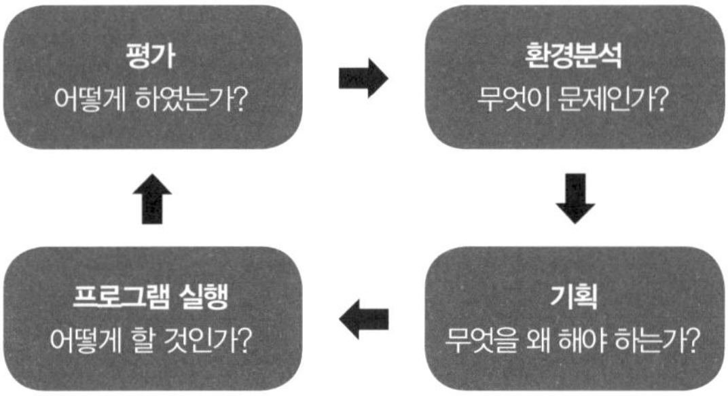

결되지 않아 따로 놀기도 한다. 중요한 것은 일단 실행해봐야 한다는 것!

계획이라는 것은 앞으로 일어날 일에 대해 예상하고 세우는 것이라 100% 정확할 수 없다. 시행해가면서 수정해야 할 일도 많다. 처음부터 완벽한 계획을 수립하려 애쓰다 포기하지 말고 다소 미흡해도 계획서를 작성한 뒤 실행하며 계속 보완해가는 것이 낫다. 뛰어난 작가도 초안은 완벽하지 않다고들 한다. 그래도 그 초안이 있어야 퇴고를 하고 방향을 바꿔 새롭게 만들고 해서 완성도 높은 작품을 만들어내게 된다.

Action, 홍보 실행 계획 세우기

홍보마케팅 실행 절차인 RACE 중 실질적인 홍보 실행 계획을 수립하는 Action 단계는 비전 확인–홍보마케팅 목표 정하기–타깃 정하기–메시지 만들기–수단과 방법 정하기–시점 나누기–중간 점검의 순으로 전개된다.

비전 확인

머릿속에 화살표 하나를 떠올려볼 것. 이 화살표의 끝에는 회사나 단체가 나아갈 비전, 미션, 가치관과 같은 큰 목표가 자리한다. 화살표 위에는 그 비전으로 나가기 위한 단계별 목표가 적힌다. 내가 회사를, 가게를 창업해서 이렇게 힘들게 일하는 이유는 단순히 돈을 벌기 위함만은 아닐 것이다. 비전과 미션을 이뤄가는 과정이다. 이 업을 통해 이루고 싶은 가치와 삶의 목표를 명확히 알면, 회사 블로그에 홍보 게시물 하나를 올리는 것도 태도와 내용이 달라진다. 지금 이 게시물을 올리는 이유와 전략이 큰 가치와 목표에 기반을 둔 것이어야 하니 말이다.

홍보마케팅 목표 정하기

구체적으로 올해 홍보마케팅 목표를 세워본다. 목표는 구체적으로 수치화해 잡는 것이 좋다. 연간 매출액이나 고객 확보 수, 사업장 확장 계획, 투자 유치 계획, 중요 기술개발 계획 등을 나열해보자. 달성 가능하고 측정 가능한 정량적 목표가 실행력을 높인다.

타깃 정하기

환경조사를 해서 목표를 설정했다면, 이제 대상을 확실히 한다. 홍보마케팅 화살을 누구에게 쏠지를 정하는 것이다. 불명확하고 광범위한 대상을 향해 마구 화살을 날려 소중한 예산을 낭비할 수 없다. 핵심 타깃이 있어야 그 대상에 적확한 메시지를 만드는 것이 가능하고 그들이 잘 오는 길목, 즉 홍보채널홈페이지, 블로그, 인스타그램, 페이스북, 신문, 잡지, 오프라인 이벤트 등을 찾아나설 수도 있다.

메시지 만들기

홍보마케팅 목표를 세우고 실행하는 데 있어 '화살'이 되는 것이 메시지이다. 즉 홍보마케팅 전략을 구체화하여 대상에게 보내는 콘텐츠이다. 회사 소개를 원할 때는 회사 업태나 비전을 드러내는 메시지를, 신상품이나 새 서비스를 홍보한다면 이것을 단박에 알 수 있게 하는 상세설명서를 만드는 과정이다.

메시지를 만들 때 가장 염두에 두어야 할 것은 '타깃 대상은 아직 우리 회사나 서비스에 대해 전혀 모른다'라는 전제이다. 우리에게는 쉽고 익숙하다고 전문용어로 메시지를 만들거나, 하고 싶은 내용을 다 담느라 마냥 길어져서는 안 된다. 메시지는 타깃메인 고객, 이차 고객이나 매체별신문기사용, 블로그, 오프라인 행사용 등로 약간씩 내용과 형식이 달라지지만 전반적으로 핵심 메시지는 하나여야 좋다. 이는 회사 소개서는 물론 보도자료, 온오프라인 홍보채널, 행사 기획 시 행사 타이틀 등 다방면으로 사용된다.

메시지 전달의 수단과 방법 정하기

이제 메시지를 내보낼 수단과 방법을 찾아야 한다. 즉 내 고객이 좋아하는 채널을 찾아 메시지를 그 채널에 잘 맞도록 가공하여 얼마나 자주 내보낼지 고민하는 것이다. 홍보 매체라 하면 전통적인 4대 매체TV, 신문, 라디오, 잡지나 최근 대세가 된 온라인 채널홈페이지, 블로그, 페이스북, 인스타그램, 유튜브 등 등을 말한다.

예전에는 물건을 먼저 만들고 그 물건을 팔 유통을 찾는 방식이었다면 이제는 유통망을 먼저 결정한 뒤 거기에 맞는 형식의 물건을 만들어낸다. 홍보마케팅에서는 더욱 그런 전략이 필요하다. 먼저 어떤 홍보채널을 중점으로 이용할지 결정하고 거기에 맞도록 콘텐츠를 생산해야 비용을 아끼면서 효과를 볼 수 있다.

시점 나누기 – 세부 실행 목표로 나누기

연간 홍보마케팅 계획은 분기, 월별, 주간으로 쪼갤 수 있다. 목표가 구체적이고 세분될수록 실행력이 높아진다. 연간 홍보마케팅 계획을 수립한 뒤 그 계획을 계속하여 점검하면서 실행 시점을 잘게 나누어간다.

중간 점검

계획 진행 상황을 점검하는 중간 점검 시점과 방법을 애초 계획 수립 때 정해 둔다. 상 · 하반기, 혹은 분기별로 나누어도 좋고 좀 더 세밀하게 월간, 주간으로 정해서 간략히 보고서로 정리해본다. 머릿속으로 짐작만 하지 말고 글로 정리해보면 더욱 명확해진다. 정리하면 왜 결과가 당초 계획과 다른지, 그래서 앞으로 무엇을 더 해야 할지 보인다. 이것이 홍보마케팅 실행력을 탄탄하게 만드는 귀한 정보가 된다.

길을 잃었을 때 가장 좋은 방법은 일단 멈춘 뒤 온 길로 다시 가는 것이라 했다. 홍보마케팅 성과가 잘 나지 않는다고 새로운 계획을 세워 무작정 시행하기보다 기존 계획서를 꺼내보는 것이 시간과 비용을 아끼는 전략이 된다. 길을 잃었을 때 찾아갈 수 있도록 나뭇가지에 작은 리본을 매어두는 것이 바로 계획서와 중간 점검이다. 충분히 시간을 들여 작성할 가치가 있다.

구체적 목표 정하기 사례

(bad) 브랜드 인지도 제고와 이를 통한 신규고객 창출 및 매출 향상

흔히 홍보마케팅 계획서에 쓰이는 목표 문구인데 추상적인 단어의 나열이라 손에 잡히는 느낌이 적다. 제한된 예산과 인력, 시간 안에서 성과를 내기 위해서는 좀 더 현실적이고 확실한 목표 설정이 절실하고 효과적이다. 비전을 고려하고, 삶의 가치관을 녹여내되, 단순해서 입에 딱 붙는다면 더 좋다.

(good) 월 홍보비 300만 원으로 3개월 내 신규고객 300명 만들기 – 〈300 프로젝트〉

이런 목표라면 어떨까? 머릿속에 각인시켜 수시로 떠올려보기 쉽다. 연간 홍보마케팅 목표 정하기는 연간 경영 목표나 매출 계획 잡기와 동떨어진 것이 아니다. 세운 경영 목표를 어떻게 달성해갈지 구체적 방법을 모색하는 것이 바로 홍보마케팅 계획이다.

실행력을 높이는 홍보마케팅 계획 세우기

'요즘같이 하루가 다르게 바뀌는 홍보마케팅 환경에서 어떻게 연간 계획을 세워? 그러다 더 좋은 게 나와 기껏 세워둔 계획이 구닥다리가 되면 어떻게 해!'

홍보마케팅 계획을 세울 때의 걱정거리이다. 그럼에도 계획을 미리 세우는 것은 중요하다. 계획을 상세히 정하는 것은 그만큼 우리가 여러 상황을 미리 가늠하고 목록화해 앞으로 닥칠 일을 예상하고 문제 발생 시 대응력을 높인다는 의미이다. 미래가 불안할 때는 일어날 수 있는 경우의 수를 떠올려 시각적으로 나열해보는 것만으로도 두려움을 크게 극복할 수 있다.

계획을 세우는 또 하나의 목적은 실행력을 높이기 위함이다. 아무리 참신하고 기발한 계획도 제대로 실행되지 않으면 헛된 종잇조각에 지나지 않는다. 실행력을 높이는 홍보마케팅 계획은 어떻게 짜야 할까? 또 어렵게 세운 홍보계획이 잘 실행되게 하기 위해서는 어떤 점을 고려해야 할까?

실행 계획은 목표의 70% 선으로 느슨하게

"이건 홍보마케팅 계획에 없던 항목이잖아요? 그 항목으로는 예산 편성이 안 되어서 집행이 어려워요."

기업이나 단체 등에서 홍보마케팅을 할 때 이 문제로 자주 예산팀과 부딪친다. 홍보마케팅 계획전 해에 수립했던 중 일부를 변경하거나 추가하려 할 때 이를 다른 부서에서는 계획 수립이 잘못되었다고 해석해서 질타하곤 한다.

예전에는 계획에 따라 결과물을 내는 것이 최고의 미덕이었지만 점차 급변하는 환경에서 일하는 방식도 달라지고 있다. 그때그때 소비자의 관심에 대응하기 위해서는 홍보마케팅 계획에 관한 판단이나 실행시간을 단축해가야 한다. 빠르고 기민하게 시시각각 변화하는 시장환경에 맞춰 유연하게 일하는 애자일agile 접근법이 홍보마케팅에서도 중요하게 검토된다. 특히 중소기업, 1인기업, 소상공인, 프리랜서 등 조직이 작고 소통체계가 효율적인 회사에서는 유연하고 민첩한 접근방식이 효과적이다. 목표는 뚝심 있게 밀고 나가되 실행 계획은 상황에 따라 바뀔 수 있음을 염두에 두자.

계획 변경을 실패로 여기지 않아야 한다. 큰 틀의 홍보마케팅 목표를 세운 뒤 실행 계획은 그 목표치의 70% 선으로 다소 느슨하게 세우는 것이 좋다. 30% 정도는 상황에 따라 바꾸거나 삭제 · 추가하는 때를 대비하는 것.

모니터링과 공유로 순발력을 키워라, 리얼타임 홍보력

홍보마케팅의 경우, 기존 방식대로 1년 정기 계획을 짜놓고 실행할 경우 변화하는 대중의 니즈를 제대로 반영하지 못한다는 위기의식이 커지고 있다. 계획 당시에는 핫한 소재였을지라도 몇 달이 지나 실행을 할 때는 이미 지난 이슈가 되곤 한다. 빠르게 움직인다 해도 홍보 계획 짜고, 보고하고, 승인받고, 실행하기까지 시간이 소요되다 보면 시기를 놓치기 일쑤이다.

'어떻게 하면 기획에서 실행까지 시간을 줄여나갈 것인가?'는 모든 조직의 고민이다. 특히 소셜미디어를 주요 채널로 삼는 홍보마케팅에서는 '리얼타임'으로 계획이 기획되고 실행된다. 소비자 변화나 그때그때 관심이 높은 주제를 브랜드 관련성을 고려해 콘텐츠로 녹여내는 감각이 요구된다.

소셜미디어상에서 무슨 일이 벌어지는지, 우리 제품/서비스의 주요 타깃들은 지금 어디에 관심을 쏟고 있는지 미시적으로 또 거시적으로 읽을 줄 알아야 한다. 이를 위해 다방면에 걸친 꾸준한 모니터링이 체질화되어야 한다. 매일 접하는 뉴스, 광고, 트렌드를 우리 제품/서비스와 연관 지어보거나 홍보마케팅으로 연계한다면 어떻게 활용할지 상상해보는 식으로 감각을 키우자. 소비자들과 실시간 대화를 하고 모니터링하며, 이를 내부와 공유해서 콘텐츠로 전환시키는 식으로 프로세스를 구축해간다.

사장님 머릿속에만 있는 계획 vs 조직원이 공유하는 계획

홍보마케팅 계획의 실행력을 높이기 위해서는 위험요소나 장애를 줄여야 한다. 이 홍보마케팅 계획이 최근 상황에 들어맞는지, 실제로 소비자나 대중의 기호를 충족시킬지, 사회적으로 민감한 이슈에 반하는 내용을 담고 있어서 오히려 악영향을 가져오지는 않을지, 이 계획이 우리 회사 조직력으로 감당할 수 있을지 등 고려해야 할 리스크 요소들이 많다.

리스크를 줄이는 방법은 '공유'하는 것이다. 사장님 머릿속에 있는 계획을 밖으로 끄집어내 조직원들이 공유하고 검토해야 한다. 카카오의 경우 사안에 따라 카카오톡, 마이크로 블로그인 카카오아지트, 오픈 톡 등을 활용해 각자 진행 중인 업무를 공유하는 문화를 회사 차원에서 강력히 만들고 있다. 경영진과 구성원이 함께하는 전체 미팅 T500목요일 오후 5시 개최에서 주요 경영 상황을 공유한다. 조직에 대한 신뢰도를 높이고 토의로 의견 수렴을 함께함으로써 추진 중인 프로젝트의 성공적인 진행률을 높여나가는 전략인 것.

홍보마케팅은 최종 결과물이 나오기까지 지속적인 수정 보완 과정을 거쳐야 하는 만큼 구성원이나 이해관계자들 간 업무 공유와 피드백이 없으면 진

변화에 대응하는 애자일(agile) 방식

더 빠르고 효율적인 업무 프로세스를 위한 IT 개발자들의 고민이 2001년 2월 애자일(agile) 선언문으로 발표되었다. 문서작업과 설계에 집중하던 것에서 벗어나 실제 실행에 집중하고, 정해진 계획만 따르기보다 환경변화에 유연하게 대처하는 방식이다. 이후 20여 년이 지난 지금 애자일은 소프트웨어 개발을 넘어 여러 산업 분야로 범위를 넓혀가고 있다. 최근에는 특히 홍보마케팅 분야에서 빠르게 변화하는 소비자 관심에 대응하기 위한 유연한 접근법으로 주목받는다. 흔히 비교되는 워터폴(waterfall. 단계별로 흐르는 프로젝트) 방식이 완성 시점에서 통으로 결과를 보여준다면, 애자일은 초기에 대략적인 업무 계획을 수립한 후 시장과 고객의 반응을 확인하며 프로젝트를 수행하는 식이다.

카카오

2017년 출시한 AI 스피커 카카오미니는 개발 6개월 만에 시장에 나왔는데 발매 방향 설정에는 4개월밖에 걸리지 않았다. 빠른 출시가 가능했던 것은 '방향성을 잡으면 일단 프로토 타입(시제품)을 만들고 보완해가는 애자일 개발로 진행'했기 때문으로 업계는 분석하고 있다.

현대카드

현대카드는 애자일을 키워드로 전면적인 조직개편을 단행했다. 기존 다섯 단계 조직체계를 '본부–실–팀'으로 단순화하고 자율팀 체제를 도입한 것. 자율팀은 인력 구성은 물론 팀의 신설과 폐지까지 모두 실장이 재량권을 가지고 수직적 보고체계는 단순화 · 수평화한 것으로 알려졌다.

행 자체가 불가능하다. 홍보물을 제작하거나 프로모션 행사를 기획하고 소셜 미디어 활동을 하는 등 다양한 '액팅'의 발화가 되는 첫 아이디어는 한두 사람의 주도자주로 조직 대표나 홍보마케팅 담당자에게서 나오지만, 실제로 수행하고 이어 나가는 데는 조직력이 필요하다. 이때 가장 중요한 것이 내용의 공유와 공감이다. 프로모션 행사를 기획할 때 잠깐 고용하는 아르바이트에게도 단순히 해야 하는 일만 설명하기보다 왜 이런 행사를 하는지, 어떤 의미가 있는지, 어떻게 준비해왔는지를 알려주고 동참을 유도하면 퍼포먼스 결과에 분명 차이가 있다. 사장님의 머릿속에 있는 계획을 관계자들이 잘 알고 진심으로 공감해야 하는 이유이다.

무조건 빠르게가 아니라 지속가능한 보폭으로

실행력을 높이는 홍보마케팅 계획을 세우는 데 가장 중요한 요인은 홍보마케팅 실행자들의 역량이다. 변화에 열려 있는 마인드로 문제를 해결해가고자 하며 긍정적이고 적극적인 태도를 보이는 것이 중요하다. 어떤 홍보마케팅 계획도 한 치의 변화 없이 그대로 실행될 수는 없다. 내부 의지와는 상관없이 외부 변화를 받아들여야 하고, 실행에 관여하는 관계자들도 다양하기 때문이다. 이런 업무의 특성을 이해하고, 기꺼이 변화를 감당하고 문제를 해결해가겠다는 적극적인 태도로 임하는 실행자들의 역량이 발휘되도록 해야 한다. 변화를 감당한다고 무조건 계획을 빠르게 수행하려 하기보다 각자 조직의 성격과 특성을 고려하여 자신들만의 속도와 방법을 찾아나가야 한다.

지속가능한 보폭으로, 서로에 대한 신뢰와 공감을 바탕으로, 예민하게 변화를 감지하는 홍보 촉수를 키우는 것, 이것이 바로 실행력을 높이는 홍보마케팅 계획 세우기의 핵심이다. 다시 '사람의 힘'에 그 답이 있다.

리얼타임 홍보마케팅 기획의 좋은 예 나쁜 예

(good) 2013년 미국 슈퍼볼 정전과 오레오 트위터 광고

2013년 슈퍼볼 경기에서 34분의 정전사태가 발생했는데 이때 오레오가 재치 있는 광고를 트위터에 실어 큰 광고 효과를 냈다. 오레오 회사인 나비스코사와 홍보업체 360i는 정전 중 오레오 쿠키의 트위터 계정에 "정전? 문제없다. 당신은 어둠 속에서도 덩크할 수 있다(어둠 속에서도 오레오 쿠키를 우유에 찍어 먹을 수 있다는 중의적 의미)"는 문구가 담긴 광고를 게재한 것. 초유의 정전사태에 당황한 슈퍼볼 팬들은 각자 자기의 핸드폰을 들여다봤는데 이때 트위터에 올라온 재기발랄한 광고가 눈에 띄었다. 오레오는 슈퍼볼 중계 중 온라인 이슈에 대응하기 위해 15명의 소셜미디어 팀을 준비시켰다고 한다. 10분 이내로 어떤 상황에도 대응할 수 있도록 카피라이터, 기획자, 디자인 아티스트 등이 대기 중이었다. 즉 운으로 보이는 대박 성공도 준비된 자에게 찾아오는 것임을 증명한 사례이다.

(bad) 2018 평창 동계올림픽 롯데푸드 의성마늘햄 전략

브랜드 관련성과 타이밍이 잘 맞아떨어졌다 하더라도 조심해야 할 점이 있다. 바로 진정성이 있느냐 없느냐의 문제. 2018년 평창 동계올림픽에서 은메달을 딴 컬링 여자팀 'Team Kim'은 의성 출신으로 유명했다. 이를 활용해 롯데푸드가 자사 인스타그램에 여자 컬링 선수를 패러디한 의성마늘햄 광고를 게재했는데 화제가 된 만큼 비난 여론도 높았다. 의성마늘이라는 지역명과 특산물을 자사 제품 이름으로 쓰고 있지만, 의성 출신 여성 컬링팀과는 아무 연관성이 없었던 것. 그런데 마치 관련성이 있는 것처럼 발 빠르게 활용하여 '컬링 인기에 편승한 숟가락 얹기' '얌체 마케팅'이라는 눈총을 받았다.

나만의 특별한 킬러 콘텐츠 찾기

'우리 회사 혹은 나에 대해 무엇을 홍보할 것인가? 언론과 대중이 주목할 만한 우리만의 특별한 것은 무엇일까?'

올해는 우리 회사를 적극적으로 홍보하겠다고 마음먹었다면 무엇을 주요 콘텐츠로 제시할지, 우리 회사의 어떤 면을 부각시킬지 '홍보거리'를 찾아내야 한다. 신제품 홍보마케팅이든 중장기 회사 브랜딩을 계획 중이든 모두 홍보거리가 필요하다. 언론과 고객, 대중들이 관심을 두고 주목해줄 '나만의 특별한 것', 킬러 콘텐츠를 찾아야 한다. 특별한 무언가를 찾아내려면 우선 자신이 지금까지 생각해온 틀, 지식의 범위, 고정관념 등을 뛰어넘어야 한다.

'특별함'을 찾는 정보 수집가 되기

홍보마케팅 담당자는 자신이 홍보하는 대상의 전공자나 전문가가 아닐 때가 더 많다. 예를 들어 정밀기계를 생산하는 회사의 홍보마케터가 반드시 기계공학 전공이어야 할 필요는 없다. 중요한 것은 전문 지식을 홍보마케팅적 감각으로 재해석해서 창의적으로 메시지를 만들고 전달하는 능력이다. 조직과 개인의 독점적이고 전문적인 지식과 성과를 고객, 언론, 대중 등과 공유 가능하게 만드는 것이 홍보마케팅의 역할이다. '내 관점'이 아니라 '상대의 관점'에서 기획되고 진행되어야 한다.

대중과 언론의 관심을 끌 만한 흥미롭고 독창적인 홍보마케팅 아이템은 어떻게 생길까? 이는 번쩍하고 섬광처럼 떠오르는 아이디어가 아니라 많은 정보를 수집하고 이 정보를 조합하는 과정을 거쳐 '만들어지게' 된다.

한 회사나 어떤 제품/서비스를 홍보마케팅하는 업무가 주어졌다고 가정해보자. 그러면 대상에 대한 특별하고 차별화된 가치를 찾아내야 하는데 이는 대상에 관한 많은 연구와 관찰을 바탕으로 한다.

기업을 둘러싼 시장 현황, 그 기업만이 가진 특별한 기술이나 특징, 눈길을 끄는 조직문화, 기업 대표CEO가 가진 독특한 이력 등을 자세히 살펴본다. 개발, 영업부문 책임자를 만나 이야기해보고, 제품과 관련된 세미나와 박람회에 참가하고, 관련 뉴스나 논문을 찾아보는 등 다양한 정보 수집 채널을 스스로 개발해간다. 그다음 영역을 수용자 입장으로 확장한다. 제품과 서비스가 어떻게 사용되고 해석되는지 수용자의 입장에서 이해하는, 즉 이 제품/서비스를 둘러싼 일반적이고 사회적인 정보의 수집이 중요하다. 새로운 사회현상, 라이프스타일 트렌드 등과 제품이 어떻게 연결되는지 관계성을 찾아내보자.

창의적으로 브레인스토밍하기

창의적인 브레인스토밍은 기획의 초기 단계에 꼭 필요한 과정이다. 홍보마케팅팀은 물론 개발팀, 재무회계, 대관 업무부서정부기관, 주주사 업무 담당, 고객 서비스팀, 인사, 총무 등 다양한 부서가 모일수록 좋다. 각자 업무 분야에서 제품이나 서비스에 대한 정보와 기대를 나누고 의견들을 종합적으로 모아본다.

예를 들어 최근 접수되는 고객불편사항의 경향과 빈도, 주주사 분위기, 매출 변동 사항, 판매처와 거래처 동향, 내부직원 중 관련 분야에 대해 특허나 책을 낸 소식 등 예상 못한 정보들이 쏟아질 수 있다.

다양한 분야의 사람들이 모여 자유롭고 편안한 분위기에서 정보와 아이디어를 나누다 보면 도출된 정보가 질서정연하게 연결되면서 창의적인 메시지로 모이곤 한다. 홍보마케팅 담당자는 회사 안 소식을 빨리 캐치해야 한다. 그러기 위해 공식적이든 비공식적이든 브레인스토밍 자리를 만들어 정보를 수집하는 능력을 키우는 것이 중요하다.

파워 인터뷰하기 – 타깃고객과 기자에게 직접 물어보기

우리 회사 제품/서비스, 대외 이미지를 가장 직접적이고 확실하게 들을 수 있는 대상은 바로 고객이다. 외부 의견을 적극적으로 듣는 것은 스스로를 파악하는 데 도움이 된다. 소규모라도 타깃고객을 대상으로 심층 설문조사를 진행해 의견을 취합해보자. 이때는 제품이나 서비스 자체 평가보다는 그것으로 무엇을 하는가에 초점을 둔다. 이 제품과 서비스를 통해 고객의 삶이 어떻게 변화되었는지, 제품이 구체적으로 어떤 도움을 주는지 등을 인터뷰한다. 이후 설문 대상의 폭을 넓혀 설문조사 툴네이버폼, 구글 닥스, 서베이몽키, 오픈서베이 등을 사용해 다수 고객의 의견을 수렴해보는 것도 좋다. 설문조사 결과를 통해 고객 선호도, 회사 이미지를 파악하여 강점은 더욱 강화하고 단점은 보완해간다.

'요즘 우리 업계에서 어떤 기사가 먹히는지'는 기자에게 물어보는 것이 가장 확실하다. 우리 회사에 관해 기사를 쓴 적이 있는 기자나 친분이 있는 기자를 대상으로 안부 인사 겸 업계 동향 정보 교환 자리를 갖자. 단 용무 없이 불쑥 찾아가거나 바쁜 시간에 전화하는 일은 실례가 되니 주의할 것. 회사 소식이나 업계 동향을 기자에게 이야기하면서 기자의 관심사를 물어보는 식은 상호 정보 교류의 자리가 되니 서로에게 유용하다. 이야기 중 기자가 흥미로워하는 부분을 잘 캐치해서 정보를 보강한 뒤 홍보마케팅 아이템으로 만들 수 있다.

좋은 홍보거리는 '생기는 것'이 아니라 '만드는 것'이다. 그것은 열과 성을 다해 관찰하고 질문하고 공부하는 홍보인의 눈에 잘 보이는 존재들이다. 관심을 두고 정보를 수집해가다 보면 연관 정보와 관계자들이 나타나고 이것이 좋은 홍보마케팅의 기회로 이어진다. 아인슈타인이 상대성이론을 완성할 수 있었던 것이 고등학교 때부터 물리학에 대한 의문을 수십 년 동안 품고 있었기 때문인 것처럼 말이다. 내 안에 있는 특별함을 찾는 홍보마케팅의 여정, 힘들지만 유익한 그 길에서 우리는 기분 좋은 우연과 기회를 만나게 될 것이다.

홍보마케팅 아이템 발굴을 위한 브레인스토밍 시 논의해볼 회사 관련 질문

다음 질문들은 자체만으로도 기삿거리가 될 수 있으며 몇 개 사항을 연계해 참신한 기획 기삿거리로 만들 수 있다. 생소한 분야는 관련 부서와 협의하고 자료를 요청하자.

기업 성장, 경영전략, 브랜딩

v 새로운 웹사이트, SNS 계정을 오픈하거나 기존 웹사이트를 리뉴얼했는가?
v 새로운 회사 및 자회사를 신설했는가?
v 발표할 만한 매출 및 주요 성과가 있는가?
v 회사 창립 기념거리가 있는가? (예: 창립 10주년, 20주년…)
v 신규 사무실 개소나 사무실 이전 계획이 있는가?
v 회사명을 변경했는가?
v 브랜드를 리뉴얼했는가?
v 전략적 제휴나 업무협정을 체결했는가?
v 새로운 경영진 및 인사이동이 있었는가?
v 소유권이 전환되는가?
v 회사의 재편 소식이 있는가?
v 주식을 공개했는가?
v 벤처 캐피탈, 크라우드 펀딩 등 사업자금 및 신용을 확보한 바 있는가?
v 최근 진행한 연구가 있는가?
v 발표할 만한 새로운 업계 통계 자료가 있는가?
v 최근 기업 운영에 변경된 것이 있는가?
v 새로 직원을 채용했는가? 혹은 주요 인물이 회사를 떠났는가?
v 신입사원을 채용할 계획인가?

∨ CEO가 흥미롭거나 논란의 소지가 있는 발언을 한 적이 있는가?
∨ 최근 직원이 책을 출간했는가?

제품, 판촉 활동

∨ 신제품 혹은 향상된 제품을 출시했는가?
∨ 무료 배송이나 운송 요금의 변경이 있는가?
∨ 제품명이 변경된 것이 있는가?
∨ 신제품의 생산 프로세스를 소개할 수 있는가?
∨ 회사의 신제품, 서비스, 가격 및 프로모션에 특이사항이 있는가?
∨ 새로운 콘테스트나 경품 행사가 있는가?
∨ 연휴 특별 세일이나 프로모션이 진행될 예정인가?
∨ 기존 제품의 독특하고 새로운 용도가 있는가?
∨ 추천 보상 등의 새로운 프로모션 캠페인을 진행할 계획인가?
∨ 무료 상담, 체험행사나 샘플 이벤트를 진행하는가?

시장 동향, 리더십

∨ 새로운 시장조사, 연구조사, 여론조사가 있는가?
∨ 고객을 위한 기업 제품 관련 유용한 팁이 있는가?
∨ 산업에 변화가 있는가? 그 변화가 기업에 어떤 영향을 주는가?
∨ 기업의 시장이 변화했는가? 시장의 변화는 어떠한 영향을 주는가?
∨ 산업이나 시장전망은 어떻게 보는가? 앞으로의 변화에 대응방안은 무엇인가?
∨ 기업 혹은 직원의 수상 경험이 있는가?
∨ 무료 교육, 전자책, 뉴스레터를 발간하였는가?
∨ 기업 관련 감동적인 이야깃거리가 있는가?
∨ 업계 예측, 시장 분석 정보가 있는가?
∨ 교육적인 온라인 이벤트를 진행하는가?

- 산업에 영향을 미치는 새로운 기술 동향은 어떠한가?
- 유익한 업계 관련 정보가 있는가?
- 산업의 중요 과제에 대해 전문가의 의견을 제시할 수 있는가?
- 산업의 흔한 오해에 대한 진실을 밝힐 수 있는가?
- '밸런타인데이 선물 열 가지' '소셜미디어 마케팅 전문가의 열 가지 실수' 등 자사나 자사 제품 관련 노하우와 팁을 전할 수 있는가?
- 현재 사회적으로 이슈가 되는 사안과 제품 및 비즈니스를 연관 지을 수 있는가?
- 무료 세미나를 진행하는가?

고객 사례

- 중요한 고객의 사례나 후기가 있는가?
- 주요 고객 획득 성과가 있는가? (예: 100번째 고객, 1만 명 고객 확보 등)
- 유명인이나 공인의 제품 구입을 홍보할 수 있는가?
- 최근 확보한 주요 고객이 있는가?

지역행사, 사회공헌 활동

- 자선 이벤트에 참여한 적이 있는가?
- 지역 이벤트나 팀을 후원하는가?
- 기부한 적이 있는가?
- 영감을 주는 이야깃거리가 있는가?
- 인턴십 프로그램을 진행하는가?

행사, 이벤트

- 기업이 주최하거나 참가하는 이벤트가 있는가?
- 세미나를 개최하는가?

- v 성공적으로 개최했던 이벤트 사례가 있는가?
- v 트레이드나 전시회에 참가하는가?
- v 온라인 이벤트를 개최하는가?
- v 연휴 특별 이벤트 등 시점별 특별 이벤트를 진행하는가?
- v 새로운 캠페인을 진행할 계획이 있는가?
- v CEO 혹은 임원이 컨퍼런스에서 연설이 예정되어 있는가?

위기관리 커뮤니케이션

- v 소유권이 전환되는가?
- v 회사를 재편하는가?
- v 소송당한 적이 있는가?
- v 소송에 대해 어떻게 대응하고 있는가?
- v 회사나 업계 비판에 어떻게 응답할 수 있는가?

(참조: 〈뉴스와이어〉(www.newswire.co.kr) '뉴스가치를 높이는 방법' 중)

'믹스&매치' 기법으로 시너지 효과 내기

"우리 회사 매출이 지난해보다 저조해요. 우리도 SNS 홍보라는 걸 해야겠죠? 아는 기자에게 기사를 써달라고 할까요? 아무래도 반짝 효과를 보려면 판촉행사나 광고가 좋겠죠? 회사 소개 자료도 오래됐는데…. 뭐부터 해야 할까요?"

사장님의 다급하고 절실한 마음이 그대로 느껴진다. 이 질문에 대한 답은 "말씀하신 것 모두 다 하시면 가장 효과가 좋습니다"이다. 그러면 어이없다는 반응이 돌아오기 일쑤인데 예산이 넉넉하지도, 이 업무에 필요한 인력이나 정보도 가지고 있지 않은 경우가 대부분이기 때문이다.

"지금 당장 모든 것을 하라는 말씀은 아닙니다. 광고, 언론홍보, 온라인 채널 운영, 프로모션 이벤트, 홍보물 제작 등 한 가지 방법만 한정 짓지 말고 여러 수단들을 모아 섞는 '믹스&매치' 발상이 필요하다는 의미입니다."

고객과 만나는 방법은 수십 가지, 그래서 필요한 통합적 접근

미디어 환경의 변화로 홍보와 광고, 마케팅 영역 간의 경계가 무너지면서 통합되는 추세이다. 즉 매스미디어에서 흥미롭게 본 것을 포털사이트나 SNS 등을 통해 검색해서 구매하거나 혹은 인스타그램에서 유명세를 얻은 인플루언서가 공중파 예능에 나오고 자신의 브랜드를 론칭하는 식이다. 생산자가 내보내는 메시지를 수동적으로 받아들이기보다 스스로 찾고 선택해서 깐깐히 따져보는 소비문화가 자리 잡으면서 브랜드 체험, 소비자의 자발적인 참여가 중요한 시대가 되었다. 1인 미디어 시대가 열리면서 주류 · 비주류 미디어를 나누는 것도 의미가 없어졌다. 공중파에 나오는 비싼 광고보다 1인 크리에이터가 만드는 유튜브 개인방송에서의 상품 노출이 더 큰 효과를 내는 시대이다. 대중의 커뮤니케이션 방법도 언어적인 것에서 시각적인 것으로 바뀌었다.

불특정 다수에게 쏟아붓듯 행하던 대중마케팅에서 이제는 핀셋으로 찍듯 개별화, 세분화, 일대일 홍보마케팅으로 선호 형태가 옮아가고 있다. 홍보마케팅이라는 것이 대중과 소비자가 즐겨 찾는 길목에서 행하는 행위라고 한다면, 이제 그 길목들이 너무나 다양하고 수시로 변한다. 홍보마케팅이 한 가지 방법이 아니라 통합적으로 실행되어야 하는 이유이다.

홍보마케팅은 '1문제 1정답'의 수학 공식이 아니다. 상황별, 시점별 솔루션이 달라져야 한다. 한 회사에서 매년 실시하는 프로모션 캠페인도 매번 다른 접근방식, 새로운 홍보마케팅 수단이 동원되어야 한다. 반면 하나의 훌륭한 '홍보거리'는 광고, 언론홍보, 이벤트, 홍보물 등에 동시에 쓰일 수 있어서 몇 배의 시너지 효과를 내곤 한다.

예를 들어 신제품 출시를 앞두고 믹스&매치 홍보전략을 세운다고 가정해보자. 홍보마케팅을 수행할 수단은 크게 보면 다음과 같다. ▲온라인 홍보 ▲오프라인 홍보 ▲언론홍보 ▲이벤트 기획 ▲광고. 이 틀마다 1개 이상 실행 계획을 채워넣어 통합적으로 홍보마케팅 계획을 수립한다. 실행 계획을 세워가다 보면 어떤 것은 더 많은 후속 계획으로 확장하고 또 어느 것은 간소화하며 전체 계획의 균형을 맞춰갈 수 있다. 홍보마케팅할 상품/서비스의 성격과 상황에 따라 유연하고 창의적으로 구성하는 기획력이 필요하다.

목표 수립 모든 홍보마케팅 활동의 시작은 목표 정하기부터 시작된다. 측정 가능한 목표를 세우고 타깃 대상, 기간, 예산, 투입인력 등을 구체화한다.

온라인 홍보 이미 보유한 홈페이지, 블로그, SNS 채널 등을 점검해보고 이번 신제품 홍보에 적합한 주 채널과 보조 채널을 정한다. 새로 채널을 만들거나 리뉴얼이 필요할 수도 있다. 온라인 채널에 게시할 내용으로 제품 소개글과 영상, 사진 등 무엇이 필요한지 점검해 제작 계획도 세운다.

오프라인 홍보 회사 소개 자료, 상품이나 서비스의 이미지사진, 동영상, 판촉물 등이 필요한지 판단해서 미리 제작 계획을 세운다. 온라인 홍보, 프로모션 이벤트 등에서도 이런 오프라인 홍보물이 잘 활용될 수 있다.

언론홍보 신제품 출시 시기에 맞춰 언론홍보 계획을 수립한다. 여름 휴가철, 졸업 · 입학 시즌, 명절 등 타깃 대상이 민감하게 반응하는 시기나, '새로운 복고 뉴트로 열풍' '갑질 문화에 대항하는 매너소비 운동' 등 사회 트렌드와 엮어보면 더 큰 언론홍보 기회를 잡을 수 있다. 보도자료 배포와 함께 언론 초청 프레스 행사도 기획할 수 있다. 우리 제품에 관심을 가질 만한 매체나 기자들 명단을 만들어두고 언론홍보 시점도 정해본다.

이벤트 기획온라인/오프라인 이벤트의 묘미는 잠재고객을 모으는 것은 물론 이를 온라인 홍보, 언론홍보의 소잿거리로 활용할 수 있다는 점이다. 온라인 이벤트, 오프라인 이벤트 중 어느 쪽이 더 효과적일지, 혹은 둘 다 한다면 시점을 어떻게 할지 기획해본다. 신제품 출시 시점을 기준으로 '사전' '해당일출시일' '사후' 등으로 나눠 진행 가능하다.

광고 짧은 시간 안에 콘텐츠나 메시지의 집중적 확산을 꾀한다면 광고 계획도 함께 세워본다. 포털사이트 검색광고, 디스플레이 광고, SNS 광고, 현수막 게시, 전단지 배포 등 광고 시점, 방법 등을 예산에 맞춰 기획한다.

온오프라인 경계를 허무는 홍보마케팅 전략 사례

천안시 미디어홍보팀 – 세대별 선호도에 따른 디지털과 아날로그 믹스 전략

지역민 전체를 대상으로 하는 공공홍보는 타깃팅이나 타깃별 주력 홍보 매체를 정하기가 쉽지 않다. 천안시는 온오프라인 홍보 매체를 총동원했는데 온라인은 청년층을, 모니터와 소식지 등 오프라인은 중장년층을 대상으로 연령대에 맞는 홍보마케팅 전략을 세웠다. 먼저 천안뉴스(시정뉴스 공감천안, 정책알리미)로 연간 122편의 콘텐츠를 제작해 시청과 구청 읍 · 면 · 동에 설치된 60대의 모니터를 통해 방영했다. 또 오프라인 인쇄물로 시정 소식지를 제작해 매월 배포했다. 페이스북, 카카오스토리, 블로그 등도 적극 활용해 각각 하루 4,000명, 7,000명, 5,000명 이상 방문하는 성과를 올렸다. 다양한 콘텐츠를 만들어 꾸준히 배포한 것이 효과를 거두면서 천안시 미디어홍보팀은 지자체 홍보에서 우수 사례로 꼽히기도 했다.

이벤트와 바이럴 마케팅 통합모델 – 하늘에서 떨어진 레드불 프로모션

레드불은 단순한 에너지 드링크를 넘어 열정적이며 익스트림한 이미지를 브랜드화하기 위해 다양한 프로모션 이벤트와 바이럴 마케팅을 통합적으로 진행하는 것으로 유명하다. 그중 유명한 캠페인이 '하늘에서 떨어진 레드불 프로모션'. 말 그대로 레드불이 가득 실린 상자를 하늘에서 떨어뜨리는 것으로 사람들은 하늘에서 떨어진 레드불을 공짜로 마셨고, 이를 SNS에 퍼트리면서 큰 입소문 홍보마케팅 효과를 거뒀다.

계획만큼 중요한 홍보마케팅 효과 측정

'매달 들어가는 SNS 광고비, 과연 매출에 도움이 될까?'
'광고보다 언론홍보가 더 효과가 좋다고 하는데, 정말 그럴까?'
'곧 내년 예산 계획을 세워야 하는데 홍보마케팅 비용을 올해는 늘려야 하나 줄여야 하나?'

경영자들은 돈에 민감하다. 제대로 돈이 쓰이고 있는지, 쓴 만큼 효과가 있는지 따져본다. 홍보마케팅에 쓴 돈도 돈값을 하는지 알고 싶어 한다. 자재를 구매하고, 업무에 필요한 설비나 물품을 마련하고, 직원을 고용하는 데 드는 돈은 가시적으로 성과가 딱 보이니 명쾌하다. 그런데 홍보마케팅은 그 효과를 측정하기가 쉽지 않아 답답하다. 매년 예산 수립을 할 때면 홍보마케팅비 앞에서 망설이게 된다.

홍보마케팅 효과 측정, 왜 중요한가?

홍보마케팅 비용을 쓰느냐 마느냐를 결정짓는 요인은 '경영에 도움이 되느냐'이다. 매출 상승, 고객 창출, 충성 고객 확대, 회사 이미지 개선, 브랜드 호감도 증진, 대표이사 인지도 상승, 이해관계자주주, 지역사회, 관련 정부기관 등와의 우호적 관계 구축 등 경영에 전방위적으로 도움이 되는 효과를 만들어내는 데 홍보마케팅 활동이 직간접적으로 영향을 미쳤는지 알아야 한다. 막연하게 '그런 것 같다'가 아니라 확신이 가는 데이터로 증명해보고자 하는 일련의 노력이 홍보마케팅 효과 측정이다.

홍보마케팅 효과에 대한 객관적이고 유의미한 결과 산정은 계획 실행에 확신과 추진력을 부여한다. 또 우리 회사와 관련된 고객, 이해관계자, 지역사회와 홍보 매체 등을 깊이 있게 이해할 수 있게 해준다. 실증적으로 확보된 데이터와 이에 기반한 홍보마케팅 환경의 이해는 다음 해 홍보마케팅 계획을 수립할 때 귀중한 통찰력을 제공한다. 좀 더 정밀하고 타깃에 적확하게 꽂히는 효과 있는 경영정책을 펼칠 수 있는 나침반을 갖게 되는 것이다.

숫자로 알아보기 – 정량적 데이터 측정

홍보마케팅 효과를 측정하고 성과를 평가하기 위해 우선 정량적으로 수치화할 수 있는 데이터부터 확보해나간다.

언론보도 효과 분석

홍보마케팅 효과 분석의 대표 항목이 언론보도이다. 미국을 비롯하여 전 세계적으로 반세기 이상 사용해온 언론보도 평가기준은 AVEAdvertising Value Equivalence, 즉 '광고 환산 가치'이다. 언론보도가 된 기사를 그만한 크기의 광고로 내려고 할 때 얼마나 비용이 드는지 따지는 것. 이때 단순히 일대일로 크기 비교를 하지 않고 승수라는 개념이 들어가는데, 이는 기사의 홍보 가치가 같은 크기의 광고보다 신뢰도와 효과에서 몇 배 크다는 이유에서이다.

이 승수는 '6' 혹은 '8'을 사용하는데 '광고의 아버지'로 불리는 데이비드 오길비가 주장한 것으로 신뢰도에 대해서는 논란이 존재한다. 정확한 근거가 없지만 그럼에도 언론보도를 광고 가치로 환산한 효과 측정은 지금까지 널리 사용된다. 일단 돈으로 환산되어 가늠하기 편하고, 승수를 곱함으로써 효과가 금액적으로 커져서 홍보마케터와 의뢰 주체 모두 심리적 만족도가 높아지기 때문이라고 한다.

언론홍보 효과 측정(AVE) 방법

A 신문에 2단짜리 기사가 나왔다고 가정해보자. 이렇게 언론보도가 되었을 때의 홍보 효과를 돈으로 환산해보는 방법이 아래 계산법이다. 즉 돈 들이지 않고 언론홍보로 성사된 2단짜리 기사는 최소 420만 원의 가치가 있다는 의미. (이때 사용된 승수는 오길비 기준 6으로 함)

기사 크기: 2단 × 5cm = 10단/cm (신문 1면 15단, 가로 37cm 기준)
1단 1cm 광고료: 70,000원
따라서 기사의 광고 환산 가치는 10단/cm × 70,000 × 6 = 4,200,000원

홈페이지/블로그 방문객 증가율 분석

보도자료를 언론에 배포해 기사가 나오거나 프로모션 이벤트를 하면 독자는 관심을 가지고 홈페이지를 방문한다. 이때 유입량을 분석하면 어떤 고객층이 증가했는지 파악할 수 있다. 웹사이트의 트래픽, 브랜드 검색 횟수, 전환율 Conversion rate 등이 중요한 분석 자료가 된다. 트래픽은 홈페이지나 블로그 사이트 방문자에 의해 만들어진 방문자의 수, 방문자가 접속한 페이지의 양을 말하며 전환율은 웹사이트 방문자가 사이트에서 구매나 회원 등록 등 웹사이트가 의도하는 행동을 취하는 비율이다. 일정 시점별 매월, 분기, 반기 등 혹은 홍보마케팅 캠페인 진행 후 전체 방문객 증가율과 해당 트래픽, 검색수, 전환율 등을 분석해서 동향을 파악한다.

소셜미디어 증가율 분석

일반적으로 홍보마케팅 캠페인을 진행하면 웹사이트 유입률뿐 아니라 소셜미디어 팔로잉도 함께 증가한다. 소셜미디어도 웹사이트와 마찬가지로 분석 리포트로 정리할 수 있는데 주요 홍보마케팅 활동 전후의 팔로어 수, '좋아요' 수, 댓글 수와 소셜 인게이지먼트 레벨의 변화량을 측정한다. 이 방법은 트위터, 페이스북, RSS 피드, 블로그 등 모든 소셜미디어 활동에 적용할 수 있다. 이벤트에서 참여자 수가 몇 명이고 퀴즈에 몇 명이 응모했으며, 몇 명이 문의했는지를 분석해 정리한다. 온라인 채널에 올라온 댓글 수, 내용긍정적/부정적 댓글 비율 등도 분석한다.

수치보다 '해석' – 정성적 평가로 숫자 너머 의미 파악하기

'꿈보다 해몽'이라는 말이 홍보마케팅 효과 측정과 평가에도 적용된다. 단순히 가시적 숫자 늘리기에 연연하지 말고, 측정된 수치에 어떤 의미가 있는지 심도 있게 파악하는 것이 중요하다. 그래야 의미 있는 성과를 위해 향후 어떤 매체를 통해 무슨 활동을 할지 행보를 정할 수 있다. 수치를 통해 의미를 파악하는 해석력이 필요하다.

언론보도 분석은 더욱 정밀하게

보도자료를 배포한 뒤에는 보통 기사가 어떤 매체, 어느 지면, 얼마만 한 크기로 게재되었는가를 정리한다. 일반적으로 광고비로 환원해서 가치를 매기는데 이와 함께 정성적 접근도 필요하다. 단순히 몇 번 보도되었는가가 아니라 우리 회사의 어떤 메시지가 강조되는지, 전체적으로 긍정적/부정적 논조인지, 타사경쟁사 대비 우리 회사 기사에 대한 언론의 관점 등을 파악한다. 이런 맥락에서 보면 기사를 분석하는 방법은 더 다양해질 수 있다.

- (보도된 매체의) 구독률, 독자 수, 매체 순위 분석
- 기준을 통해 기사 톤 분류('매우 긍정'에서 '매우 부정'까지를 1~10 수치화로 표시 등)
- 키 메시지에 따라 분류(우리가 주력 메시지로 제시하는 내용이 나왔는지 아닌지)
- 타사(경쟁사)의 보도 경향, 메시지와 비교 분석
- 단독보도 여부(다른 기업 등과 함께 나오는 공동보도보다 단독보도일 때 가중치 높음)
- 회사/브랜드/제품의 사진 또는 로고 노출 여부

타깃 집단을 대상으로 한 설문조사

소비자들이 인지하는 기업의 브랜드 이미지와 신뢰도를 분석해 홍보 효과를 파악한다. 이를 위하여 홍보마케팅 활동 후, 타깃 집단을 대상으로 설문조사를 시행하여 인지도와 호감도, 주력 메시지 회상 정도 등을 조사할 수 있다.

영업 사이클 분석

성공적인 홍보마케팅은 기업의 세일즈 사이클을 단축시켜준다. 세일즈 사이클이 단축된다는 것은 고객의 구매 전 조사와 비교 과정에 드는 시간이 줄어든다는 의미. 일반적으로 성공적인 홍보마케팅 캠페인은 세일즈 사이클을 10% 이상 절감시키는 것으로 알려져 있다. 즉 고객들이 '보습 화장품'으로 검색하던 것을 '○○브랜드 수분크림'으로 검색하게 되는 것.

이처럼 홍보마케팅 활동 후 검색 키워드를 통해 신뢰도와 인지도의 향상 정도를 알 수 있다. 브랜드를 강화하거나 회사나 운영자를 업계 전문가로 포지셔닝하는 홍보 활동을 펼친 후에는 브랜드명과 임원진의 키워드 검색결과를 분석해 그 결과치가 증가하는지 파악해본다.

투자 활성화 조사

투자자들은 잘 알려지지 않은 것에 투자하기를 꺼린다. 내 회사가 투자 시장에서 관심을 못 받고 있다면 업계에서의 가시성과 신뢰도가 충분치 않다는 의미이다. 홍보마케팅 활동을 펼치면서 투자가 활성화되는지 세심히 살펴본다. 그 여부를 통해 홍보마케팅 활동의 적정성을 가늠할 수 있다.

홍보마케팅 효과 측정에 대한 연구는 아직 진행형이다. 세계적인 홍보기관들도 명확하게 떨어지는 정의와 방법을 제시하지는 못하고 있다. 그럼에도 지속적으로 연구가 계속되는 것은 필요하기 때문이 아닐까.

복잡한 공식이나 정해진 틀에 질려서 지레 포기하지 말 것. 각자 나름의 방식을 적용해서 홍보마케팅에 들인 돈이 어떤 효과를 낳는지, 유무형의 성과를 읽어내려는 노력을 계속해야 한다. 성과를 내기 위해 목표 설정부터 신경 쓰고, 지속적으로 과정을 들여다보며 점검하고, 홍보마케팅 활동이 끝난 뒤에 평가해보는 시간들을 통해 당신의 홍보지능이 높아질 것이다.

효율적인 홍보마케팅 효과 측정, 어떤 단계로 추진하나?

목표 정하기

홍보마케팅 효과를 측정하고자 하는 노력은 계획을 수립하는 단계에서부터 시작된다. 홍보마케팅 활동의 목표가 무엇인지 정하지도 않은 채, 막연한 노출 효과와 그에 따른 비용만 따지는 것은 핵심을 짚은 효과 측정이 아니다. 기업의 목적이 상품 판매 증가에만 있는 것이 아니듯 홍보마케팅 효과도 단순히 매출을 올리는 영리적인 측면에만 있지 않다. 수익 증가인지, 자금 확보인지, 회사 인지도 높이기인지 우선적으로 이루고자 하는 목표를 결정하는 것이 중요하다.

실행 계획 확정하기

목표를 세웠으면 이를 달성하기 위한 효과적인 실행 계획을 수립해야 한다. 보도자료를 작성해서 언론홍보에 주력할지, 프로모션 이벤트를 기획해서 실제 매장 방문객을 늘릴지, SNS 팔로어를 늘릴지, 혹은 홈페이지 리뉴얼을 통한 온라인 플랫폼을 강화할지 등 수단과 방법을 결정한다.

모니터링하기

실행하는 홍보마케팅 활동에 대한 다양한 모니터링을 실시한다. 언론 활동을 한 경우 보도매체 영향력 파악, 기사 크기와 논조, 독자 댓글 등을 살핀다. 홈페이지나 SNS 방문객과 유입경로, 매출 증대 경향 등을 파악한다. 정량적 파악이 어려울 때는 타깃고객을 샘플로 선정하여 심층인터뷰 등을 실시할 수도 있다.

측정하기

데이터 없이는 홍보마케팅 활동의 성공 여부를 측정하기 어렵다. 정량적 · 정성적 데이터를 다양하게 측정하고 의미를 분석해 홍보마케팅 활동에 대한 효과와 향후 과제를 도출해낸다.

PART 4

홍보에도 TPO가 있다

처음이라면 가장 먼저 네 가지를 준비하자

홍보마케팅을 시작하기로 마음먹었다면 가장 먼저 다음 네 가지가 갖춰졌는지 점검한다. 업종이나 업태에 상관없이, 크거나 작은 규모에 불문하고, 또한 이미 시장에 자리 잡은 경우나 새로 진입하는 혹은 창업예비자까지 포함하여 모두에게 필요한 사항이다. 내 사업을 알리려면 있어야 할 최소한의 '대화 수단'이자 '자료'들이기 때문이다. 더불어 이 작업을 통해 나와 조직의 정체성까지 명확히 할 수 있으니 시간과 노력을 들여 직접 챙겨보자.

제품/서비스에 대한 상세 자료설명글, 사진, 영상 등

가장 먼저 확보해야 할 것은 '홍보거리'이다. 즉 무엇을 가지고 홍보할지이다. 회사 소개 문구, 홍보하고자 하는 제품이나 서비스에 대한 설명, 좋은 이미지 등이 만들어져 있는지 점검한다. 홈페이지를 만들거나 광고를 하고 SNS 운영을 할 때 무엇보다 그 매체들에 올릴 내용이 충분해야 한다. 덜컥 매체부터 만들었는데 올릴 거리가 빈약하면 운영이 원활하지 않기 때문이다.

특히 신제품이나 새 서비스를 론칭할 때는 이에 대한 상세한 설명 자료를 만들어야 한다. 글로 정리하는 것이 어려워 외부의 도움을 받는다 해도 그 작업의 중심에는 당신이 있어야 한다. 기획 의도와 제작 과정, 사용방법, 특이점, 이용자들이 누릴 수 있는 효과와 혜택 등을 자세히 정리하자. 회사 철학,

제작 과정에 참여한 사람들 이야기 등도 좋은 콘텐츠가 된다. 단순 사용설명서가 아니라 스토리로 구성될 때 훨씬 그 제품과 서비스에 대한 호감도를 높이고 다양한 콘텐츠로 발전시킬 수 있다.

제품/서비스를 촬영한 사진이나 영상도 기획 단계에서부터 준비한다. 온라인에서 판매하는 경우 시각 자료는 필수이니 품질 좋은 사진을 확보한다. 요즘은 영상이 각광 받는다. 기술적인 설명이나 상세 이용 안내가 필요하면 영상으로 찍자. 영상의 완성도가 높을수록 호감도를 높일 수 있지만, 절대조건은 아니다. 스마트폰으로 찍은 영상이라도 핵심만 잘 전달하면 온라인 콘텐츠로 쓰일 수 있다. 영상 자료는 텍스트로만 된 것보다 훨씬 전파가 잘되고 추후 언론보도 등에도 활용될 수 있으니 사전에 미리 기획하여 확보한다.

우리 회사 종합 소개 자료, 프레스 키트 만들기

비즈니스에서 누군가를 처음 만나면 명함을 주고받는 것처럼 상대에게 회사를 소개할 때 주고받는 것이 회사 소개 자료이다. 보도를 목적으로 기자에게 회사 소개에 대한 일체의 자료를 세트로 만들어 전달하는 것에서 유래하여 회사 소개 종합세트를 프레스 키트press kit라고 부르기도 한다. 회사 소개와 상품/서비스 소개 내용으로 꾸며진 인쇄물과 사진, 영상, 기념품 등이 한데 구성되어 있는 것이 보통이다. 최근 언론뿐만 아니라 온라인, SNS 홍보가 중요해진 만큼 프레스 키트의 제공 대상은 기자들에게 국한되지 않고, 체험단 등 일반 고객들에게로까지 넓어졌다.

회사 소개 자료를 어떻게 만드느냐에 대한 정답은 없다. "우리 회사를 처음 소개받는다면 무엇을 궁금해할까?"라는 질문에 대한 답이 회사 소개 자료이다. 몇 해 전까지는 많은 돈을 들여 두껍고 화려하게 디자인된 책자 형식으로 만드는 것이 일반적이었다. 외부 대행사에 맡겨 수백~수천만 원을 들여 대량 제작한 뒤 고객과 관계기관에 배포했다. 하지만 점차 온라인으로 자료를 전달하는 경우가 많아지고, 한 번 만들면 고치기 어려운 인쇄물보다 그때그때 업데이트가 쉬운 방법이 선호되면서 자료가 간소화되고 온라인 친화적으로 바뀌고 있다. 직접 글을 쓰고 사진을 찍어 오피스 프로그램 템플릿을 활용해 한 장짜리로 만드는 것도 훌륭한 회사 소개서가 된다. 제품이나 서비스를 글보다 시연으로 설명하는 것이 더 효과적이라면 동영상을 촬영해 유튜브 채널에 올려두고 소개 자료로 쓸 수 있다. 혹은 샘플, 굿즈를 만들어 간단한 설명자료와 함께 배포하는 등 방법은 회사, 제품의 성격에 따라 다양하다.

반응형 홈페이지 만들기

홈페이지는 인터넷상에 만드는 사업장이다. 고객과 소통할 수 있는 만남의 장, 제품을 전시하는 공간이기도 하다. 온라인 판매를 주로 하는 업체가 아니어도 홈페이지는 만들어두자. 홈페이지를 메인 플랫폼으로 하고 블로그, 인스타그램, 유튜브, 페이스북 등 SNS 매체를 같이 운영하는 방식이 일반적이다.

큰돈을 들여 홈페이지를 화려하게 만들어야만 하는 것은 아니다. 중요한 것은 지속적인 운영과 관리이다. 우리 회사가 고객들의 눈에 잘 보이게 하기 위해서는 홈페이지를 고객 입장에서 만들어야 한다. 자랑하고 싶은 것의 나열이 아니라 보는 사람의 궁금증을 풀어주고 흥미를 불러일으키도록 해야 하는 것. 콘텐츠들이 적절하게 업데이트되고 있는지, 기본적인 회사 소개연혁, 대표 소개, 찾아오는 길 등가 정확하고 지루하지 않게 잘 작성되어 있는지, 담당자에 문의할 수 있는 연락처와 이메일이 잘 보이는 곳에 있는지, 제품서비스 사진 동영상이 잘 올라가 있고 최신순으로 구성되어 있는지를 점검한다. 창립 초기에 공을 들여 홈페이지를 구축해놓고는 새 소식 업데이트는 잘하지 않으면 '이 회사는 이제 영업을 안 하나'라는 인상을 줄 수도 있다.

홈페이지는 반드시 모바일에서도 잘 볼 수 있도록 제작한다. 보통 홈페이지 방문자들의 60~70%가 모바일로 접속하는 것으로 파악되는 만큼 모바일에 최적화된 반응형 홈페이지 확보가 중요하다. 반응형 홈페이지란 고객이 이용하는 기기의 화면 크기에 따라 조절되는 형태를 일컫는다. PC나 모바일 등 어느 기기에서든 접속했을 때 제품이나 서비스에 대한 정보를 깔끔하게 볼 수 있어야 한다. 네이버 모두modoo를 이용하면 모바일 홈페이지로 자동 전환되는 반응형 홈페이지를 무료로 만들 수 있다.

포털사이트 업체 등록

회사 홈페이지는 네이버, 다음, 구글 등 검색 포털사이트에 업체 등록을 해놓는다. 네이버는 '스마트플레이스'에서 업체 등록이 가능하며, SNS 계정을 연관 채널로 추가할 수 있다. 다음 검색 등록은 카카오톡과 연동이 되고, 국내뿐만 아니라 해외 고객도 찾기 쉬운 구글은 '마이 비즈니스'에서 등록하면 된다. 업체 등록에서는 회사 소개, 위치 등록, 연락처 등록, 제품과 서비스 소개, 프로필 설정, 대표 사진 등록 등 기본정보를 입력하자. 등록 완료까지는 신청일로부터 약 5일 정도 소요된다.

모든 일에 '초심자'는 존재하기 마련이다. 운전, 운동, 그리고 홍보마케팅에도 서툰 처음이 있다. '홍보마케팅을 본격적으로 해야겠다'고 마음먹었다면 서툴고 어려운 '처음'을 의연하게 이겨내야 한다. 물론 홍보마케팅이 정해진 매뉴얼대로 매번 똑같이 적용하면 되는 것이 아니라 그때그때 상황에 맞게 적응해나가야 하는 어려움이 있긴 하지만, 그래도 처음 기초를 야무지게 해두면 앞으로 일어날 일에 대응하기가 쉬워진다. First things first! 중요한 일을 맨 먼저 하는 부지런함이 필요하다.

회사 캐치프레이즈 만들기

'우리 회사를 단 한 문장으로 설명한다면?' 우리 회사를 누구나 이해하기 쉬운 한 문장으로 간결하게 설명하는 소개 문구가 있으면 여러모로 쓰임이 많다. 캐치프레이즈(catchphrase)라고도 부르는 이 문구는 회사의 정체성과 핵심 가치를 고객에게 인상적으로 전달하는 데 효과적이다. 캐치프레이즈는 남의 주의를 끌기 위하여 내거는 기발한 문구로, 내용의 핵심을 단적으로 표현하며 짧고 눈에 띄기 쉬우면서도 인상적이고 강력한 글귀이다. 사람들이 회사나 상품명을 기억하게 하며 소비자들에게 호감을 일으키는 역할을 한다.

그런데 이 짧은 문장 만드는 것이 녹록한 일이 아니다. 회사의 주력 업무, 철학, 미래 포부를 녹이되 쉽고 간결해서 입에 딱 붙게 뽑아내야 하니 말이다. 회사의 정체성이나 비전을 명료하게 규명할 수 있어야 좋은 캐치프레이즈도 만들어낼 수 있다. 그렇다면 역으로, 회사의 캐치프레이즈를 규명하는 과정이 우리 회사의 정체성을 명확하게 정리하는 시간이 되므로 반드시 거쳐야 할 의미 있는 관문이 될 수 있다.

네이버 모두modoo 서비스로 무료 홈페이지 만들기

네이버 modoo!(모두)서비스(https://www.modoo.at/)는 웹 및 모바일 홈페이지 무료 제작 서비스이다. 제작비, 도메인 비용, 호스팅 비용, 유지보수비가 무료이고 페이스북, 인스타그램 등 SNS 연동도 가능하다. 업종에 따라 특화된 템플릿이 주어져 회사 성격에 맞는 이미지를 만들어낼 수 있다. 간단한 절차만 거치면 네이버 검색사이트와 지도에 등록하고 운영할 수 있으며 모바일 홈페이지 방문자에 대한 분석툴도 제공되고 결제 기능도 추가 가능하다.

신제품 출시
홍보마케팅 전략 열 가지

신제품을 출시하거나 새 기술, 서비스 발표는 사업에 있어 가장 중요하고 긴장되는 순간이다. 새 제품과 서비스가 시장에 성공적으로 안착하는 것은 기업의 안정적 운영에 결정적인 영향을 끼친다. 그런데 일에 파묻혀 생산에 급급하다 보면 홍보마케팅 계획이나 사전준비는 뒷전으로 밀리기 쉽다. 계속 강조하지만 홍보마케팅은 타이밍이 중요하다. 적절한 시기에 그에 딱 맞는 홍보 전략을 실행하는 것, 이는 힘들게 개발해서 시장에 내놓은 제품과 서비스에 날개를 다는 중요한 일이다.

제품/서비스가 나오기 전 해야 할 사전 체크 사항

출시 시점은 미리 전략적으로

제품/서비스의 성격에 따라 홍보마케팅에 유리한 시점이나 기념일들이 있다. 계절에 민감하거나 특정 시점입학식, 졸업식, 밸런타인데이, 여름휴가 등에 주목받는 제품이라면 어느 정도 여유 시간을 두고 출시되어야 한다. 초기 홍보를 하고, 그에 대한 반응이 타깃 시점과 딱 맞아 큰 효과로 이어질 시간이 필요한 것. 하지만 종종 우리의 통제 밖에서 뜻밖의 분위기가 형성될 때도 있다. 사회적으로 어떤 사건 사고가 발생해서 부정적 · 긍정적 여론이 형성되는 등 예기치 않게 외부 환경에 영향을 받기도 한다. 혹은 경쟁사에서 유사한 제품이 나오는 시점과 겹치면 묻혀버릴 수도 있으니 타사 동향도 잘 살펴본다. 신제품 출시를 앞둔 시점에서는 여러모로 홍보마케팅 안테나를 세우고 내외부의 분위기를 꼼꼼히 읽어가야 한다.

제품은 이미지로 말한다! 퀄리티 있는 사진 영상 확보하기

신제품은 이미지가 중요하다. 사진뿐 아니라 영상물로도 제작이 가능하다면 무조건 촬영 계획을 세운다. 특히 시연을 해보이는 것이 좋다면 영상 설명 자료를 만든다. 제품/서비스에 대한 타깃고객을 고려해서 그들에게 어필할 수 있는 비주얼 자료 종류를 목록화해보자. 사진이나 영상은 카탈로그에 실을 광고용, 인스타그램용, 블로그용, 유튜브용 등 매체나 사용처에 따라 스타일이 조금씩 다르다. 이 모든 것을 별도 촬영하려면 비용과 시간이 많이 든다. 가장 기본이 되는 사진과 영상을 촬영하면서 사용처에 따라 조금씩 버전을 달리하거나 편집해서 사용할 수 있도록 처음부터 계획을 세우면 효율적이다. 예산이 허용하는 범위에서 사진이나 영상은 전문가를 고용하자. 양질의 시각 자료는 두고두고 유용하게 쓸 수 있다.

제품에 대한 '탄생 스토리' 작성하기

본격적으로 제품/서비스를 시장에 내놓기 전에 '이야깃거리'를 만들어야 한다. 단순 소개나 설명서가 아니라 왜 이 제품을 만들게 되었는지, 어떤 의미가 있는지, 누구에게 꼭 필요한지, 관련 사회적 변화나 트렌드는 어떤 것이 있는지 등 제품/서비스의 탄생 스토리가 필요하다. 소비자들은 이제 제품과 서비스가 제공하는 가치까지 공유하고자 한다. 즉 고객들에게 물건을 사야 하는 이유를 설득력 있게 제시해야 하는 것. 감성적 접근을 위해 스토리가 필요하다. 이 제품을 만든 사람들, 제작 과정에서 겪은 에피소드, 사용자의 경험담 등 사람 냄새 나는 이야기거리들을 찬찬히 둘러보자. 이 과정을 통해 회사의 정체성, 철학도 함께 다듬어나갈 수 있다.

검색엔진 최적화

상품을 어떤 채널을 통해 보여줄지를 미리 결정해두어야 한다. 신제품의 성공적인 론칭을 위해서는 제품이 검색엔진과 SNS에서 잘 검색되는 길목에 나가 있어야 한다. 제품/서비스 출시에 앞서 회사 홈페이지나 블로그 등 온라인매체를 점검하고, 없다면 새로 구축한다. 홈페이지가 있는 경우 고유한 URL 주소를 가진 신제품 소개 페이지를 별도로 만드는 것도 좋다. 또 신제품 사진은 인스타그램, 구글 포토, 플리커flickr, 피카사picasa 등에, 영상은 유튜브, 비메오, 페이스북에 업로드하면 검색에 도움이 된다. 검색이 잘되기 위해서는 일회성으로 자료를 올리기보다 지속해서 콘텐츠를 올려야 한다. 제품 관련 스토리를 몇 개의 콘텐츠로 잘라서 만든 뒤 하나씩 사진이나 영상과 함께 올린다. 나중에 들어온 고객들에게도 축적된 콘텐츠가 소비될 수 있다. 검색이 잘되기 위한 근본적인 전략은 좋은 콘텐츠를 꾸준히 올리는 것이다.

제품 출시 시점 홍보전략

언론홍보

홍보가 광고보다 효과가 좋은 것은 '남의 입으로 자랑하기'가 가능해서이다. 내 입으로 '우리 제품 좋다'라고 소리치는 광고보다 언론기사를 통해 소개하는 것이 소비자에게는 훨씬 신뢰 있게 다가서기 때문. 신제품 출시에서도 언론홍보는 중요 전략이 된다. 언론을 움직이는 방법은 기삿거리를 제공하는 것이다. 신제품/서비스의 출시가 뉴스로 가치 있음을 설득력 있게 설명해야 한다. 단순히 우리 제품에만 시각을 좁혀서 설명하는 것은 기자들에게 크게 어필되지 않는다. 기존 상품, 기술과 비교해 어떻게 차별화되는지, 경쟁사 제품과는 뭐가 다른지, 어떤 의미와 가치가 있는지, 요즘 사회 변화나 트렌드와 어떻게 연결되는지를 설명한다. 트렌드를 반영하는 유사 제품, 서비스, 변화 등을 같이 묶어 설명하면 단순 신제품 출시 기사가 아닌 트렌드 기사가 되면서 기사 크기가 더 커질 수도 있다.

VIP 고객, 체험단을 활용하여 고객 후기 확보하기

사람들은 제품을 살 때 먼저 이 제품을 써본 사람들의 경험이나 의견을 많이 본다. 큰돈을 들여 만든 광고보다 모르는 사람의 후기 하나에 더 설득된다. 이처럼 다른 고객의 긍정적 경험담이 있으면 신뢰도가 높아진다. 제품에 호감을 갖고 성의 있는 후기를 써줄 수 있는 '단골' 혹은 '팬'을 확보하고 있으면 이때 큰 도움이 된다. 홍보마케팅에서는 '충성도 높은 1,000명의 팬'을 확보하는 것이 중요하다. 큰 사업도 종잣돈 마련부터 시작하듯 1,000명의 단골고객이 든든한 방패막이 되고 나팔수가 되어줄 수 있기 때문이다.

단골고객, VIP들만을 위한 사전 공지, 오프라인 모임, 시제품 사용 기회 제공 등을 통해 후기를 받아 웹사이트와 기타 채널에 올린다. 제품이 판매되는 쇼핑몰 사이트에 후기를 올리거나 자신들의 온라인매체에 후기를 올려달라고 요청하는 것도 좋다. 또 오프라인으로 고객 체험 행사, 상품 소개 모임을 한 뒤 이 내용과 리뷰를 회사 홈페이지, 블로그, 인스타그램, 유튜브 등에 올려달라고 할 수 있다. 영상은 라이브방송이나 촬영 후 편집본을 올리는 방법이 있다. 좀 더 정리되고 핵심 위주의 내용 전달을 위해서는 편집본 업로드가 더 좋다. 라이브방송으로 한번 내보내고, 후에 편집본을 다시 올리기도 한다. 참가자의 개인 SNS에도 업로드를 요청하면 콘텐츠 확산에 도움이 된다.

온라인의 빅마우스, 파워블로거, 인플루언서 활용

온라인매체 유저들에게 영향력을 끼치는 파워블로거, 인플루언서, 그리고 유튜브 크리에이터들은 기업과 홍보마케터들에게 있어 꽤 매력적인 존재이다. 이들과 협업을 하기 위해서는 비용이 드는 만큼 충분한 효과를 볼 수 있도록 사전계획이 중요하다. 간혹 외형적으로 팔로어가 많은 인플루언서에 혹해 계획 없이 그들에게 전적으로 맡겼을 경우 예상한 만큼 효과를 내지 못할 수 있다. 오프라인 행사를 기획해서 이를 활용해 인플루언서나 블로거가 콘텐츠를 만들도록 한다든지, 노골적인 광고 냄새가 안 나면서 제품과 서비스가 잘 소개되도록 자연스럽게 연출할 방법을 사전에 협의해서 진행한다. 신제품 출시 초기부터 비용이 드는 파워블로거, 인플루언서를 활용하기보다는 내부적으로 확보하고 있는 단골고객, 임직원을 활용한 SNS 홍보로 분위기를 만든 뒤 이들을 통해 대대적인 확산을 하는 것이 가성비를 높이는 전략이다.

온라인 이벤트

온라인을 활용한 홍보 이벤트는 '잽잽잽 방식', 즉 일정 기간 지속해서 진행하는 것이 좋다. 작은 행사라도 꾸준히 여러 번 하는 것이 큰 비용으로 한 번만 하는 것보다 효과적이다. 꾸준히 공지를 올리며 유저들과 소통하는 것이 핵심.

콜라보, 협찬 등 오프라인 이벤트

요즘은 협업의 시대이다. 우리 제품이 속한 산업군을 넘어 다른 분야의 제품이나 서비스가 서로 어울려 공존하는 사례가 많다. 숍인숍Shop in Shop 개념으로 카페와 갤러리, 서점이 협업하고 타깃고객이 겹치는 여러 그룹의 제품들이 모여 고객 행사를 개최하는 방식이 대세이다. 예를 들어 EDM 디제잉 파티를 개최할 때 스피커 브랜드와 협업해서 '이어폰을 끼고 각자 좋아하는 음악에 맞춰 춤추는 EDM 파티'라는 이색 콘셉트의 행사를 하는 식이다.

제품이나 브랜드가 어울리는 파트너와 협업할 기회를 만들어보자. 서로의 고객들에게 홍보할 수 있고 신선한 조합일 때는 그 자체로 뉴스거리가 되기도 한다. 콜라보 방식은 제품 론칭 파티를 같이하거나 온오프라인 이벤트를 동시 시행하는 등 다양하다. 꼭 회사 대 회사, 제품 대 제품의 콜라보만 가능한 것이 아니다. 앞서 언급한 인플루언서나 파워블로거 중 우리 제품과 어울리는 경우를 골라서 그들의 행사에 협찬을 하거나, 아예 처음부터 행사를 공동으로 기획할 수 있다.

찾아가는 홍보, 커뮤니티 홍보마케팅

신제품 또는 서비스를 사용할 잠재고객들로 구성된 카페 등 온라인 커뮤니티를 찾아 이들과 소통하는 커뮤니티 홍보가 중요하다. 평소에는 모른 척하다 홍보마케팅 시점에 닥쳐서 이들을 찾아내고 접근하려 하면 환영받지 못한다. 사전에 우리 제품/서비스와 관련이 있는 커뮤니티를 목록화하고 정보글을 올리며 댓글도 다는 등 친분을 쌓아둔다. 예산이 있으면 해당 커뮤니티에서 체험단을 모집하거나 광고 또는 후원을 하는 것도 좋다. 커뮤니티는 신제품을 출시하고 홍보와 마케팅 활동을 펼치는 동안 고객 반응을 지속해서 조사할 수 있는 좋은 채널이다.

온라인 이벤트할 때 주의점

경품은 반드시 자사 제품으로 하기

간혹 경품을 걸 때 응모자들이 좋아할 만한 것으로 하기 위해 커피나 도넛 쿠폰, 작은 전자제품, 영화시사권 등을 내거는데 이러면 제품에는 관심 없고 경품만 상습적으로 훑고 가는 체리 피커들만 모으는 결과를 가져온다. 가능한 자사 제품이나 자사 홍보물, 굿즈 등을 제공할 것. 마땅한 제품이 없을 때는 한정판으로 굿즈를 기획, 개발하는 것도 홍보 효과적 측면에서 좋다.

참여하기 쉽게 하기

이벤트는 참여하기 쉬워야 한다. 조금이라도 번거롭거나 어려우면 참여율이 현저히 떨어지기 때문. 인스타그램에서 홍보 효과를 높인다고 팔로우 → 좋아요 → 리포스트 등 너무 많은 것을 요구하곤 하는데 오히려 역효과를 낳을 수 있다. 대신 재미 요소를 많이 넣도록 한다. 식상하지 않고 신선한, 제품 성격에 맞는 재기발랄한 이벤트 기획이 중요하다.

이벤트 후 사후분석과 관리하기

이벤트 응모는 제품에 관한 관심이다. 즉 참가자는 중요한 잠재고객이라는 것. 이벤트 응모고객 정보를 향후 광고 타깃팅에 활용하고 지속해서 어떤 사람들이 제품에 관심을 보이는지, 어떤 경로로 우리 매체에 접근하는지 분석한다. 귀한 마케팅 홍보 자료가 된다.

젠더 감수성을 갖춰라

최근 성차별적인 메시지나 마케팅 활동으로 광고효과는커녕 사회적으로 물의를 일으킨 사례가 많았다. 해당 기관들은 전혀 그런 의도가 없었다고 해명하지만, 부정적으로 입혀진 이미지를 씻어내기란 쉽지 않다. 게다가 물의를 빚은 홍보물은 삭제나 폐기를 해야 해서 실질적 손해도 크다. 사회적으로 젠더 감수성이 높아지면서 홍보마케팅 활동에 있어 세심하고 신중한 메시지 생산이 중요해졌다.

"상식 벗어나면 즉각 공론화한다!" 사회 이슈에 민감한 대중

헬스케어, 전자제품, 자동차, 식음료, 부동산, 패션, 뷰티, 교육 등 어떤 상품, 서비스를 제공하는지에 상관없이 거의 모든 산업군에서 여성들이 타깃고객, VIP로 떠올랐다. 여성들의 경제력, 구매력, 가족 내 구매 영향력이 향상되면서 중요도가 커진 것. 그러나 아이러니하게도 여성의 니즈나 인식을 제대로 읽어내지 못해 사회적 공분을 사는 사례는 줄어들지 않고 있다. 국내는 물론 세계적으로 뜨겁게 확산되었던 미투 운동과 젠더 논쟁, 페미니즘 캠페인 등을 계기로 우리 사회는 그 어느 때보다 젠더 이슈에 대한 사회적 반응과 후속 여파가 높아졌다.

'늘 하던 대로 했던 것'이라 해도 지금은 문제가 된다. 아니, 정말 늘 하던 그

것이 올바른 개념이었는지 성찰해야 할 때이다. "어쨌든 이슈가 되면 그게 홍보마케팅 아닌가요? 노이즈 마케팅 전략으로 말입니다"라는 말도 옳지 않다. 노이즈 마케팅은 절대 조직과 개인에 이득이 되지 않는다. 단기적으로는 시선을 끌었다 해도 부정적 이미지가 주홍글씨처럼 남는다. 문제가 발생하면 상품을 폐기하거나 회사가 문을 닫는 극단적인 결과로 이어지기도 한다. 부정적으로 입혀진 이미지를 회복하는 데는 큰 비용과 긴 시간이 필요하다.

마초의 상징 '조니워커'가 '제인워커'에게 바통을 넘겨준 이유

약 200년의 역사를 가진 위스키 조니워커Johnnie Walker가 사상 처음으로 여성 애주가를 겨냥한 제인워커Jane Walker를 출시했다. 제인워커는 12년산 블랙라벨 위스키로, 조니워커의 상징인 '걸어가는 신사' 대신 중절모와 넥타이 차림으로 걷는 숙녀의 모습이 그려졌다. 제인워커는 UN이 지정한 '국제여성의날매년 3월 8일'을 일주일 앞두고 2018년 처음으로 미 전역에 출시되었다. 제인워커 판매 수익의 일부는 여성의 참정권 확보를 위해 비폭력 투쟁을 선도한 미국의 여성운동가 수잔 앤서니와 엘리자베스 캐디 스탠턴 동상 기금 마련 캠페인과 여성의 정치 입후보를 독려하는 비영리조직 '그녀는 출마해야 해She Should Run'에 기부한다고 밝혔다.

조니워커 측에 따르면 제인워커의 탄생은 '걸어가는 신사와 숙녀가 함께 전진한다'는 취지를 적극적으로 반영한 것이라고 한다. 아울러 조니워커 성장에 여성의 역할이 컸다고 대대적인 홍보에 나섰다. 창업자 존 워커의 부인 엘리자베스 워커가 새로운 블랜디드 위스키 제조에 있어 중추적인 역할을 했고, 조니워커 혼합 비법을 알고 있는 12명의 위스키 제조 명장 중 50%가 여성이라는 사실, 마케팅 최고책임자를 비롯해 중역 중 상당수가 여자라는 점 등을 강조했다. 조니워커 페이스북에도 제인워커를 소개하고 '조니워커와 기념비적 여성들'이라는 제목의 1분 30초 홍보 동영상까지 페이스북과 트위터에 올렸다.

이처럼 '세계여성의날'과 '여성의달'에 맞춰 제인워커 한정판을 출시하면서 공익 연계 홍보마케팅을 전개한 결과 상당한 미디어 노출을 만들어냈다. 마초 브랜드의 대표주자로 꼽힌 조니워커가 시대에 뒤떨어지고 반페미니즘 브랜드의 이미지를 벗음으로써 더 큰 시장 확보여성 애주가를 겨냥한 영리한 리브랜딩 전략으로 해석된다. 기업이 젠더 감수성을 갖추는 것이 위기를 막는 것에서 나아가 효과적인 비즈니스 전략이 되는 시대이다.

여성, 환경 등 사회 이슈를 홍보마케팅에 접목할 때 주의할 점

제인워커의 홍보캠페인이 꽤 성공적이었지만 사실 아슬아슬한 점이 많았다. 페미니즘을 상업적으로 이용했다는 비난도 만만찮았기 때문. 이처럼 사회 이슈를 홍보마케팅에 접목하는 것은 미디어와 대중의 관심을 끌어내는 데 효과적이지만 이는 양날의 검과 같다. 사회 이슈를 상업적으로 이용하는 것은 언제나 역풍을 맞을 수 있음을 명심하고 다음에 주의하자.

이슈의 바람에 올라탈 때는 최대한 공익성 내세우기

'~인 척'하는 것이 아니라 '진심으로' 그 이슈에 공감해야 한다. 해당 이슈에 대한 깊이 있는 학습과 이해도가 좋은 홍보마케팅 캠페인으로 이끈다. 화제성을 이용해 단편적으로 상업적 이익을 취한다는 마음이 아니라 사회와 국가의 일원으로서 이바지한다는 마음으로 공익성을 강화할 것.

스스로 검열하고 체크하기

앞서 반페미니즘적 홍보캠페인으로 질타를 받았던 기관들이 한결같이 한 말이 "그럴 의도가 없었다"이다. 실제로 큰 비용과 노력을 들여 시행한 홍보마케팅이 나쁜 의도로 시작됐다고 여기지는 않는다. 사람이나 기관의 '개념 부족' '이슈 민감도 둔화' '젠더 감수성 부족'이 원인이었을 것으로 짐작된다. 내가 미처 생각지 못한 부분을 다른 사람이나 전문가 집단에서 체크해줄 수 있다. 홍보마케팅 전략을 펼칠 때는, 더구나 그 내용이 사회적으로 이슈가 되는 사안이라면, 반드시 여러 단계의 검증을 거치자.

역풍이 발생할 수 있음을 인지하고 대비책 마련하기

아무리 신중하게 전개했다 하더라고 예상치 못한 부분에서 역풍이 불 수 있는 것이 홍보마케팅 캠페인이다. 완전무결한 홍보마케팅 캠페인은 없다. 홍보마케팅 캠페인을 기획하고 실행하는 동안 발생할 수 있는 위기나 이슈 등을 목록화하고, 이에 대해 어떻게 대처할지 대비책도 검토한다. 준비된 사람에게는 문제도 덜 생긴다.

지속적으로 좋은 이미지, 사회적 책임을 다하는 모습 쌓기

내가 어떻게 살아왔는지는 위기 때 알 수 있다고들 한다. 어려움에 부닥쳤을 때 나를 도와줄 사람과 외면하는 이가 가려진다는 의미이다. 그래서 평소에 좋은 인간관계를 맺어두는 것이 중요하다. 기업도 마찬가지이다. 공익적이고 건강한 기업 활동을 지속해왔으면 위기 때 대중의 이해나 용서를 받기 쉽다. 비싼 보험을 들고 인맥 쌓기에 노력을 기울이는 것만큼 '평소에' 좋은 모습을 보이는 것이 중요하다.

젠더 감수성이 광고 성공을 좌우한다

롯데푸드

인스타그램에 '83년생 돼지바 – 사람들이 나보고 관종(관심종자)이래'라는 사진을 게시했는데 이는 인기소설 '《82년생 김지영》 – 사람들이 나보고 맘충이래'를 패러디한 것으로 추정된다. 페미니즘을 마케팅에 활용했고 여성을 관종으로 폄하하는 등 여성 혐오 성격이 짙다는 비난이 거세게 일자 사과하고 광고를 내렸다.

삼양식품

불닭볶음면이 여성 비하 광고를 제작해서 물의를 빚었다. 통통한 체형의 여성이 불닭볶음면을 먹은 뒤 날씬한 모습으로 바뀌고는 화장하고 스타킹 신고 치장한 후 외출하며 '사랑에 빠지면 예뻐지듯 불닭볶음면에 빠지면 예뻐진다'는 메시지를 내보낸 것. 여성에 대한 비하와 희화화라는 비난을 받고 광고물을 삭제했다.

코스메틱 브랜드 러쉬(LUSH)코리아

인스타그램에 자사 공모전 수상작 동영상을 올렸는데 이것이 여성과 동물을 비하하는 것이라 큰 비난을 받았다. 영상 속 젊은 여성이 무단횡단을 하려 하자 거리에 붙은 무단횡단 표지가 '당신은 고라니가 아닙니다' 표지로 바뀌는 내용. 누리꾼들은 여성 무단 횡단자를 고라니에 빗대 동물과 여성을 비하한 점, 여기에 '고라니'라는 단어가 온라인에서 쓰이는 여성 혐오 표현 '보라니'를 연상케 해 불편하다고 지적했다. 러쉬가 동물보호, 인권과 환경보존에 공헌하는 브랜드라 표방해왔기에 더욱 여론이 뜨거웠다.

문화체육관광부

평창 동계올림픽을 홍보하기 위해 제작 배포한 동영상에 데이트 폭력, 여성 비하 요소가 있다는 지적을 받았다. '남친이 나보다 스포츠를 더 좋아할 때 대처법'

이라는 제목의 동영상에 여자친구의 얼굴을 손으로 밀치는 등 적절치 못한 장면이 삽입되어 눈살을 찌푸리게 한 것. 문체부는 편당 천만 원 이상 소요된 동영상 제작에 신중하게 접근하지 못해 국가적 망신을 초래했다는 비난을 받았다.

수원시
시 홈페이지와 블로그에 게재하는 웹툰에 "아리따운 여성분과 한 공간에 있으니 춥기는커녕 몸이 뜨겁게 달아올라 덥네요" 등의 대화 내용을 담아 물의를 빚었다. 수원여성단체네트워크와 다산인권센터는 "시가 많은 예산을 들여 만든 웹툰에 성폭력을 연상시키는 내용과 여성에 대한 편견을 강화하는 내용을 담았다"라고 지적했다.

코스메틱 브랜드 베네피트
매장 내 진열된 홍보사진과 광고 포스터 속 여성의 민낯에 'yuck!(역겨울 때 내는 소리)'이라고 표기하고, 메이크업을 한 얼굴에는 'wow!'라고 표기해 여성의 민낯을 비하하고 여성에게 화장을 강요한다는 비난을 받았다.

서울시
뉴욕 타임스퀘어에 내보내기 위해 제작한 관광홍보 포스터가 선정성 논란을 받아 결국 폐기했다. 한복을 입은 여성이 옷고름을 잡은 장면과 '서울에서 잊을 수 없는 체험을'이라는 문구가 맞물려 성매매 권유처럼 보인다는 지적이 제기된 것.

사회 이슈에 대해 민감도가 높아진 대중의 특성 알기

시대가 변했다

정치적으로는 탈권위, 경제적으로는 공정성과 투명성 요구, 사회적으로는 양성평등 목소리가 강해지면서 기업윤리에 대한 기준도 높아졌다. 사람들의 인권의식이나 지식 수준이 예전보다 높아졌고 촛불시위를 거치며 정치적인 자신감도 얻었다. 즉 문제를 인식하면 직접 행동으로 나선다.

스마트폰과 함께 소비자가 정보를 장악하다

모든 정보를 대중, 소비자가 가지게 되었다. 회사 대표나 일가족의 갑질 논란, 미투, 제품 안전성 문제, 구성원 일탈까지 모조리 녹음되고 공개된다. '블라인드' '대나무숲' 등 익명 커뮤니티가 활성화되어 의견을 표출하고 힘을 모으는 데 몇 시간도 걸리지 않는 시대이다.

비판과 연대에 익숙한 밀레니얼 세대, Z세대가 소비 전면에 나서다

2030, 그리고 1020세대를 대표하는 밀레니얼 세대와 Z세대는 이전 세대와 비교해 교육 수준이 높고 사회의식도 강하다. 그래서 기준에 미치지 못하는 사회나 회사 조직문화와 끊임없이 충돌한다. 관습에 단순히 저항하는 것을 넘어서 구조적인 모순을 공개적으로 비판하고 이를 개선하기 위해 연대하는 경향도 강하다.

밀레니얼 세대 홍보마케팅 전략

소비 트렌드를 이끄는 밀레니얼 세대를 읽는 키워드

밀레니얼 세대, Y세대로도 불리는 이들의 통계학적 정의는 '1980년대에서 2000년대에 걸쳐 태어난 인구집단으로 2018년을 기준으로 하면 18~38세까지에 해당하는 인구집단'이다. 2018년 1월 기준으로 이 세대는 약 25억 명으로 전 세계 인구의 1/3이다. 산업 측면에서 보면 소득과 소비 둘 다 전성기를 향해가는 젊은 세대이다. 밀레니얼 세대가 홍보마케팅에서 중요하게 여겨지는 이유는 그들이 지금 현재 쓰고 있는 돈의 규모보다 소비문화 트렌드, 홍보마케팅의 주요 이슈들을 선점하고 만들고 있기 때문이다. 그들은 '감히 비교를 거부'하는 세대이다. 부모나 선배 세대와는 확실히 구분되는 특성이 있으며 이는 다양한 형태로 표출된다.

밀레니얼 세대가 추구하는 가치나 특징들은 무엇일까? 이들을 몇 개의 카테고리로 구분해보고 그 안에서 두드러지게 보이는 현상이나 움직임을 정리함으로써 밀레니얼 세대를 읽어내는 주요 키워드를 도출해내고자 한다.

소유가 아닌 '경험'을 중시하는 디지털 원주민

공유경제를 중시하는 렌털 세대 소유는 비용이 많이 들고 치러야 할 대가도 크다. 자기 집이나 차를 장만하기 위해 올인하기보다 차라리 여행, 공연 등 즐거운 '경험'에 투자하고 좋아하는 것에 대한 '덕질'을 즐긴다. 이를 위해 집은 월세에 살고, 차는 카셰어링을 한다. 요즘 홈쇼핑 렌털 부문 최고 아이템은 자동차. 정수기처럼 차를 장기렌털해서 쓰고 침대, 가전제품, 가구 등 전통적인 혼수품 시장에도 렌털 시대가 활짝 열렸다.

최초의 디지털 원주민 '인터넷이 늘 연결된' 환경에서 나고 자라 어떤 정보든 온라인에서 능숙하게 활용할 줄 안다. 좀 앞선 밀레니얼 세대20대 후반~30대는 아날로그 시대에 태어났지만, 디지털이 수혈된 세대이다.

Wellness

웰니스wellness는 '진지한 노력의 결과로 달성한 몸과 마음이 모두 건강한 상태'를 말한다. 이전 세대가 병에 걸리지 않으면 건강하다고 간주했던 것과 달리 밀레니얼 세대는 몸과 마음의 건강을 달성하고 유지하기 위해 다방면으로 노력을 기울인다. 특히 심리나 정신상태에 관심을 기울이는데 아이러니컬하게도 스스로 불행하며 우울하다고 느끼는 경향이 크다.

《죽고 싶지만 떡볶이는 먹고 싶어》우울세대 10년 넘게 기분부전장애경도우울증와 불안장애를 앓으며 병원을 오가던 1990년생 작가가 정신과 전문의와 12주간 상담한 대화를 엮은 책으로 2018년 베스트셀러가 되었다. '오늘도 열심히 살고 떡볶이를 좋아하는 회사원이자 우울증 환자'인 저자에게서 밀레니얼 세대는 자신의 모습을 본다.

Go 지방 빡빡하고 빠듯한 삶을 피해 서울에서 지방 대도시로 이주하거나, 대도시조차 피해 더 조용한 마을 혹은 귀촌을 의도적으로 선택한 사람들. 가족, 친구들과 시골집을 공동으로 구매하거나 빌려서 5도2촌5일은 도시, 2일은 시골, 4도3촌을 실천하는 사람들도 늘고 있다. 제주도 한 달 살기, 뉴욕 한 달 살기 등 한곳에 여유 있게 머무는 스테이피케이션형 여행스타일이 시골 이주의 대안으로 사랑받는다.

내 안의 기준을 세우고 따르는 #마이싸이더 집단 속에서 잘 어울리고 자신을 드러내고 싶은 인싸인사이더도, 집단에 어울리지 못하는 아싸아웃사이더도 아닌 마이싸이더를 지향한다. 자신만의 기준을 세우고 이를 따르는 것. '금메달' '대기업' '고연봉' 등의 성공을 수식하는 단어보다 행복한 삶에 대해 고민하고 결과보다 과정을 중시한다. 여기서 '노력지상주의' '졌잘싸졌지만 잘 싸웠다' '값진 노메달' 등의 신조어가 탄생했다.

실리콘밸리에서 시작된 마음챙김Mindfullness 열풍 명상을 통한 뇌 휴식법을 의미하는 마인드풀 열풍이 거세다. 조깅, 요가, 필라테스 등에 이어 밀레니얼 세대는 명상, 뇌호흡법 등을 통해 몸과 마음의 평온과 충만함을 추구한다.

자아실현

'me! me! me!' 세대로도 불리며 그 어느 세대보다 많은 교육과 직간접 경험의 기회를 가졌다. 자존감이 높고 사회의식이 있으며 자기실현 의지 역시 강하다.

교육, 원 없이 받았다 역사상 교육 혜택이 가장 집중된 세대여서 정치 · 사회적 이슈는 물론 상품 서비스에 대해서도 자기 의견이 뚜렷하고 그걸 표출하는 데 당당하다. 기업의 일방적 홍보에는 거부감을 느끼며 스스로 매력을 느끼지 않으면 좀처럼 움직이지 않는다.

갭이어Gap Year / No 대학 '대학 진학 전이나 직장생활 중 잠시 학업과 일을 중단하고 미래에 대한 방향을 설정하기 위해 다양한 경험을 해보는 시간gap year'을 갖는 사람들이 늘고 있다. 일부 대학에서는 '대2병'의 방황과 휴학 대신 자유학기제를 대안으로 내놓기도 했다.

퇴사 현상 기성세대가 만들어놓은 획일화된 삶에서 벗어나 다양한 삶의 방식을 이해하고 추구한다. 여기서 나타난 현상이 퇴사. 과거에는 직장에서 오래 버티는 것이 당연했지만 요즘은 자신의 행복을 찾는 게 급선무이다. 퇴사하는 장면을 보여주는 퇴사 브이로그를 찍기도 하고 퇴준생, #get_퇴사_with_me라는 해시태그로 인증하기도.

멀티잡 한 가지 직업이나 직장을 갖기보다 자신의 재능, 취미 등을 활용해 여러 수단으로 생계를 잇는 사람들이 늘고 있다.

덕업일치 게임, 장난감 수집, 먹방, 영화 책 감상, 뷰티나 패션에 대한 취미와 관심을 콘텐츠화하여 업으로 하는 사람들이 많다. 유튜브, SNS 채널 등을 통해 크리에이터란 이름으로 활동한다.

NO 재테크 미래를 위해 정기적 · 계획적인 저축이나 재테크를 하지 않는 사람들. 일시적이고 단기적 목표만을 위해 돈을 모으거나 쓰고 남은 약간의 여윳돈을 보유하는 정도이다.

비혼 세대, No kids 군이 결혼하지 않아도 된다, 결혼하더라도 아이는 낳지 않겠다는 의식이 높다. 2017년 합계출산율한 여성이 가임기간인 15~49세에 낳을 것으로 기대되는 평균 출생아 수이 1.05명으로 매년 큰 폭으로 떨어지고 있다.

나에게 '가치'를 달라

시티즌 오블리주/ 컨슈머 오블리주 높은 사회적 신분에 상응하는 도덕적 의무를 의미하는 노블레스 오블리주가 밀레니얼 세대에 와서는 시티즌 오블리주, 컨슈머 오블리주로 적용된다. 대통령 탄핵을 끌어낸 촛불시위를 주도하면서 시민의식이 높아지고 '하면 된다'는 자신감도 얻어 그 어느 세대보다 정치적 · 사회적 의견 개진과 참여도가 높다. 이는 미투운동, 젠더운동 등으로 이어지고 있다. 기업의 선한 이미지와 착한 경영 활동이 밀레니얼 세대의 마음을 움직인다.

내 소신을 거리낌 없이 말하는 #소피커 얼마전 코에 플라스틱 빨대가 박힌 거북이 모습이 미디어를 통해 전 세계에 퍼졌다. 밀레니얼 세대가 즉시 행동에 나섰다. 반영구적으로 사용 가능한 실리콘 빨대를 구매하자는 펀딩을 시작한 것. 결과는 목표액의 6,252% 달성. 이런 트렌드는 서점가에도 확산됐다. 《무례한 사람에게 웃으면서 대처하는 법》《만만하게 보이지 않는 대화법》《착하게, 그러나 단호하게》 등 불편함과 무례함을 적극적으로 표현하는 대화법 관련 도서들의 판매율이 큰 폭으로 증가했다. 작은 소신도 거리낌 없이 드러내는 '소피커'들은 내 관심과 참여로 사회가 긍정적으로 변한다고 믿는다.

진짜보다 멋진 가짜, 클래시 페이크취향 세대 창의성과 새로움에 집중해 오리지널보다 가치 있는 '가짜'를 소비하려는 현상. 동물복지와 환경을 생각해서 진짜 모피보다 인조모피, 인조가죽이 더 비싼 가격으로 팔린다. 명품을 베껴 똑같이 만들던 가짜가 아니라 명품이나 진짜를 비틀고 재해석했다. 취향과 가치를 담아 가짜가 진짜 쿨한 것이 됐다.

쓸 때는 쓰는 新자린고비가심비 세대 글로벌 금융위기 등 위축된 경제 상황에서 성년으로 진입, 가격에 민감하다. 큰 지출은 미루거나 부정하는 경향을 보이며 공유시스템 활용 등을 통해 되도록 적은 지출로 높은 상품, 서비스의 질을 누리려 애쓴다. 조금이라도 더 저렴한 것을 찾아 엄청난 시간을 들여 쇼핑을 하고 또래 집단의 평가에 귀 기울인다. 반면 자신이 좋아하는 분야나 비교적 적은 비용으로 구매 가능한 취향 관련 아이템은 가격을 생각하지 않고 구매하는 편. '예쁜 쓰레기'로 불리는 취향 가득 물건에 대해서는 가성비보다 가심비가격 대비 마음의 만족을 추구하는 소비를 따지는 편이다.

아날로그의 탈을 쓴 디지털가짜 아날로그에 열광하기 '구닥'이라는 카메라앱은 옛날 필름카메라의 작은 뷰파인더, 롤 필름처럼 24장이나 36장으로 제한된 컷 수, 현상과 인화를 위해 기다리는 시간 등 구닥다리 필름카메라 흉내를 내는 앱이다. 자발적 불편, 추억을 소환하는 아날로그적 감성 등이 밀레니얼 세대에게는 쿨하고 재미있는 것으로 인식된다. 디지털을 쓰면서도 비록 '가짜'지만 아날로그의 감성을 느끼고 싶어 한다.

우아한 사생활을 보장하라

워라밸 세대work & life balance 일과 자기 자신, 여가, 자기성장 사이의 균형을 추구하며 칼퇴근과 사생활을 중시하고 취직을 '퇴직 준비'와 동일시하는 경향을 보인다. 일만큼 삶의 균형을 중시하는 세대가 주 52시간 근무제 시대를 맞아 새로운 기업문화, 여가문화가 생길 것으로 기대된다. 퇴근 후 문자나 카톡 메시지 안 하고 안 받기, 휴가 눈치 보지 않고 쓰기, 남성 직원들의 육아휴직 신청 등의 문화가 자리 잡고 있다. 기업도 워라밸 세대의 욕구를 충족시키면서 생산성과 창의성을 잃지 않기 위해 애자일조직글로벌 대기업이 스타트업의 조직문화를 받아들여 조직을 작고 유연하며 수평적 소통 체계로 정비하는 것화하고 IT 시스템을 강화하는 등 전반적인 업무 형태 개선을 다양하게 시도 중이다.

자발적 고립을 꾀한다 나영석 PD의 〈자발적 고립예능 - 숲속의 작은집〉은 밀레니얼의 열렬한 공감을 받았다. 집이나 호텔에서 혼자 조용히 휴가를 즐기는 홈캉스home+vacance, 호캉스hotel+vacance, 각박한 현실을 피해 집으로 탈출하는 홈스케이프home+escape족이 늘고 있다. 이들은 비싼 호텔에서 책을 읽으며 시간을 보내고고급 호텔들이 라운지를 서점으로 인테리어한다, 셀프인테리어집을 나만의 아지트로 만들어야 하니까에 빠진다. 또 당당한 혼N족으로 혼밥, 혼영화, 혼여행, 혼술, 혼코인노래방, 혼고기 등이 이제는 너무 자연스럽다.

가볍게 취향을 중심으로 모이는 #가취관 고독한 채팅방, 멤놀방멤버놀이방, 언어교화방, OO여행방 등의 공통점은 취향을 중심으로 모이되 관계는 가벼워 쉽게 '방 펑할게요~방을 삭제함'라고 말할 수 있다는 점이다. 여럿이 있을 때

생기는 스트레스를 피하면서도 외로움을 더는 새로운 관계 맺기의 양상이다. 자신의 취향대로 관계를 뗐다 붙였다 하는 '스티커 관계'인 셈.

밀레니얼 세대에 먹히는 홍보마케팅 전략

상대를 어느 정도 이해했다면, 이제 어떻게 그들의 마음을 살까 고민해야 할 때이다. 밀레니얼 세대가 소유보다 경험을 중시하고, 가치를 우선시하며, '개취개인의 취향'에 민감하고, 시민의식소비자의식이 높으며, 디지털에 익숙하지만 아날로그 감성 또한 즐기고 우울과 무기력을 호소하는 심약한 부분이 있음을 기억하자. 이들을 겨냥하는 홍보마케팅은 이런 성향과 가치관을 고려한 접근이어야 한다.

"시간이 가면 또 다른 세대가 나오고, 1년이 멀다 하고 새로운 라이프스타일이 뜨고 지는데 어떻게 그 변화를 따라갈 수 있을까?"

모든 변화를 표면적으로만 보고 반응하면 매번 이해가 안 되고, 정보의 홍수에서 어떻게 대응해야 할지 길을 잃어버리게 된다. 홍보마케팅하는 사람의 입장에서는 쉬 피로감을 느끼기도 한다. 하지만 지금 드러나는 변화들은 이전 세대의 흐름을 바탕으로 덧입혀진 현상들이다. 지속해서 변화의 흐름을 읽고 있다면 그다음 변화도 무리 없이 이해할 수 있다. 당대의 시대 흐름을 읽어내는 힘을 기른다면 우리 시대의 관찰자가 될 수 있지 않을까? 홍보마케팅의 눈을 더욱 예민하고 밝게 닦아나가는 일의 가치를 다시 한 번 생각해본다.

밀레니얼 세대를 관통하는 홍보법

설명서가 아닌 스토리를 주어라

상품이나 서비스를 소개할 때는 이것이 어떤 것이고 어떤 장점이 있는지 스펙 가득한 설명서식 접근을 해서는 안 된다. 상품에 대한 직접적인 광고나 홍보가 아닌, 이 상품/서비스가 누구에 의해 왜 생겨났는지 스토리에 집중해야 하는 것. 즉 what이 아닌 who와 why가 중요하다. 기존 매체와 소셜미디어 등 대안매체를 복합적으로 활용해서 다양한 스토리를 생산한다.

가치와 명분을 주어라(대의명분 홍보)

왜 이 상품이나 서비스를 이용해야 하는지 명분과 가치를 제시해야 한다. 가치로 설득되면 밀레니얼 세대들은 기꺼이 불편을 참고 고비용도 감내한다. 단지 눈길을 사로잡는 자극적인 내용이 아닌 진정성 있고 의미 있는 메시지를 개발해서 전달할 것. 전기차 메이커 테슬라는 아직 미완의 기술, 불편함, 고비용의 단점에도 불구하고 캘리포니아의 부유층들에게 큰 사랑을 받고 있다. 테슬라의 주 구매층들은 테슬라 자동차를 세컨드카나 서드카로 산다. 꼭 필요하진 않지만 산다는 뜻이다. 미국에서 테슬라를 소유한다는 것은 재력과 동시에 기술의 얼리어댑터임을 드러내고 친환경 재생에너지를 지지하는 '미래를 생각하는 윤리적인 사람'이라는 이미지를 준다. 위안부 할머니를 상징하는 꽃문양을 모티브로 다양한 디자인 제품을 생산하는 사회적 기업 마리몬드는 판매 수익금의 절반을 위안부 할머니와 학대 피해 아동을 위해 기부하면서 성공을 거뒀다. 제품에 주입한 대의명분이 일시적 사회공헌 활동이 아니라 기업 정체성과 철학으로 녹아들어 일관된 브랜딩으로 구축된 사례들이다.

취향을 존중한 핀셋 마케팅

개인의 취향과 기호의 다양화, 각종 SNS를 통해 확대된 표현의 자유, 빅데이터 기술의 발달이 맞물리면서 그야말로 취향의 시대가 활짝 열렸다. 커피 한 잔을 시켜도 '원두 원산지가 어디인지, 산도와 첨가향은 어느 정도인지, 공정거래 상품인지, 드립인지, 에스프레소 혹은 콜드 브루인지, 우유를 넣을 때는 유지방이 몇 퍼센트짜리인지, 아니면 두유나 아몬드밀크로 할지, 종이컵은 안 되고 반드시 머그잔으로 서빙할 것' 등 밀레니얼 세대는 고려할 것도 요구할 것도 많다. 두루뭉술하게 타깃을 정하거나 보편적으로 좋아할 것을 하기보다 핀셋으로 타깃을 찍어 그들에게 어필할 수 있는 메시지와 스토리를 개발하는 것이 효과적이다. 불특정 다수를 대상으로 광고하는 것이 아니라 SNS 중심 마케팅으로 전환하고 있는 것.

위로하는 콘텐츠

밀레니얼 세대를 특징짓는 키워드 중 하나는 우울감과 무기력증이다. 작지만 확실한 행복(소확행)을 스스로 원하기도 했지만 사실 취업난, 경제불황 등 외부환경에 떠밀려 소확행할 수밖에 없는 상황이기도 한 것. 혼자서도 잘 지내고 자발적 고립을 자처하기도 하지만 '그래도 그들은 외롭다.' 자신의 일상과 심리 상태, 상황을 담담하게 위로하고 감싸주는 '감성적 일상'에 반응한다.

온라인상에서 체험하고 피드백하게 하라

밀레니얼 세대들의 특징 중 하나는 온라인상에서 어떤 콘텐츠를 받아들였을 때 단순히 콘텐츠 하나만을 보는 것이 아니라 관련 리뷰들까지 패키지로 본다는 것이다. 그러므로 소비자들에게 우리 기업의 제품과 브랜드가 어떻게 인지되고, 평가되고, 피드백으로 돌아오는지가 중요하다. 이는 기업이 관리할 수 없는 영역들이 늘어남을 의미한다. 결국, 꾸준히 진정성을 가져가는 것이 해답이다. 내가 제공하는 가치에 철저한 자신감과 확신이 있어야만 진정성을 가질 수 있다. 제품이나 서비스가 밀레니얼 세대들에 의해 자신의 소셜미디어에 포스트될 수 있도록, 그래서 그들이 스스로 브랜드 홍보인이 될 수 있도록 기회를 제공하고 유도해야 한다.

Z세대
홍보마케팅 전략

지금 이 책을 읽고 있는 독자가 1990년대 중반 이전 출생했다면아마 대부분 그럴 텐데 심호흡 크게 하고 마음 단단히 먹기를 권한다. 지금까지 우리가 만난 적 없었던 아주 새롭고 놀라운 사피엔스를 만날 계획이니까. Z세대, 1990년대 중반에서 2010년 사이에 태어난 1020세대를 말한다. Z세대는 2020년에 전 세계 소비자의 40%를 차지할 거라 예상된다. 지금 Z세대들이 경제력과 구매력을 갖고 몰려오고 있다.

디지털 DNA와 사회의식을 갖고 태어난 세대

이들을 표현하는 키워드를 꼽아보면 '판단력'과 '가치관' 그리고 '디지털' '트렌드' '개인주의' 들이다. 밀레니얼 세대와 언뜻 비슷해 보이지만 다른 점도 많다. 선배 세대보다 정보에 더 많이 노출되어 있고 Y세대가 이미지 세대라면 Z세대는 영상 세대이다. Y가 네이버를 끼고 살았다면, Z는 유튜브로 세상을 본다. 태어날 때부터 세상이 디지털이었던 그들에게 아날로그는 오히려 새로운 문명이다. Y는 어렸을 때 아날로그를 경험했기에 이에 대한 향수를 가지고 있지만 Z들에게는 기억과 추억이 아닌 완전 새로운 놀이가 된다.

사회, 환경, 젠더 등에 대한 Z세대의 관심도는 밀레니얼 세대를 훨씬 뛰어넘었다. 이들은 나이에 비해 성숙한 판단력을 가지고 있으며 어른 세대의 지도에 따르기보다 뭐든 스스로 찾아 학습한다. 디지털 문화를 능숙하게 다뤄 온라인상에서 서로 만나고 여론을 만들며 공유한다. 2018년 2월 미국 플로리다주 더글라스 고등학교에서 무차별 총격사고가 나 17명의 학생이 희생당한 뒤 미국 청소년들은 'March for our lives' 캠페인을 벌이며 총기 소유를 허용하는 헌법의 개정을 강력히 촉구하고 나섰다. 1970년대 베트남전 반대시위 이후 최대 인원이 모여 세계를 깜짝 놀라게 했는데 이들은 어리지만 스스로 중요하다고 여기는 사회적 사안에 대해서는 온라인 채널을 적극적으로 활용하여 의견을 나누며 신속하게 여론을 만들어간다.

기업의 사회적 책임(CSR) 측면에서 유념해야 할 Z세대의 주요 소비 행태

– 미국 CSR 통합 마케팅 전문기업 콘커뮤니케이션 보고서
〈2017 Z세대 CSR 연구: Z세대의 어법〉

Z세대의

- 90%는 사회적(환경적)으로 도움이 되는 제품을 구매한다.
- 87%는 (스스로 생각하기에) 뜻있는 일이라면 봉사를 자원한다.
- 85%는 뜻있는 일에 기부한다.
- 84%는 뜻있는 일을 위한 청원서에 서명한다.
- 77%는 사회적 · 환경적 정보를 SNS로 공유한다.
- 76%는 사회에 해를 끼친다고 판단한 기업의 불매운동에 적극 참여한다.

'가치'와 '영상'에 반응하는 스마트한 컨슈머

Z세대는 소비에서도 독특한 특징을 보인다. 이들은 대부분 쇼핑몰에서 여가를 즐기는 부모 손에 이끌려 어릴 때부터 소비에 익숙하고 소비 자체를 즐긴다. 소비를 통해 '나를 표현한다'라고 여겨 가치에 동의하는 상품에는 열렬한 추종자가 되고 반대로 사회적 물의를 일으킨 기업은 마치 자신에게 직접적으

로 해를 입힌 것처럼 과감하게 불매에 참여한다. 상품이나 서비스를 제공하는 기업을 자기화하여 생각하고 대기업의 권위나 인지도에 주눅 들지 않는다. 기업이 제품에 광고를 퍼부으며 "이 좋은 제품을 한 번 써보세요"라고 하면 그들은 시큰둥한 표정으로 되물을 것이다. "내가 왜 이것을 써야 하죠?" 바로 그때 이들의 입장과 눈높이에 맞는 스토리와 대의명분을 들려줄 수 있어야 한다. 그것도 그들이 익숙하게 사용하는 채널을 통해서 말이다.

Z세대 홍보, 권위와 유명세에 기대던 기존 패러다임과 과감히 이별하라

기존의 홍보마케팅 방식과 다르게 접근해야 한다. 명망 있는 지도자, 유명 연예인, 아름다운 여성, 중후한 의사가 권하는 의약품, 전문기관 인증서 등은 먹히지 않는다. 디지털 네이티브인 Z세대는 어릴 때부터 직관적이고 본능적으로 사용해온 디지털 기기로 온라인 세상을 능숙하게 돌아다닌다. 어리지만 취향이 확실하고 기성세대에 주눅 들지 않으며 사회에도 관심이 많은 이들의 마음을 사는 방법은 무엇일까?

노골적인 광고 홍보는 No! 사회 문화적으로 말 걸기

글보다 이미지, 이미지보다 영상! 매력적인 영상콘텐츠가 핵심

시장조사업체 닐슨코리안클릭의 〈Z세대의 스마트폰 이용 행태 분석〉 보고서에 따르면 Z세대의 유튜브 이용 비율은 86%로 밀레니얼 세대1981~1995년 생 76%, X세대1961~1980년 생 66%, 디지털시니어 세대1960년대 이전 출생 57%를 압도했다. 특히 이들은 뭔가를 배우거나 알아보고 싶을 때 'how to~'라는 검색어를 써서 동영상을 찾는다. 따라서 동영상 콘텐츠를 강화하는 것이 중요하다. 신제품을 출시했다면 사용법을 동영상으로 촬영해 설명한다. 동영상 콘텐츠는 글자만 있는 콘텐츠보다 더 많이 검색되고 공유된다.

광고가 아닌 바이럴 홍보입소문 효과에 주력하기

Z세대들에게 매스미디어를 통한 광고는 '먹히지' 않는다. 나이 든 세대의 권위보다 또래 집단의 평가를 훨씬 중요하게 여기는 특성 때문. Z세대의 셀러브리티는 일반인 크리에이터, 인플루언서들이다. 인플루언서가 추천한 제품과 그들의 라이프스타일이 구매 결정에 많은 영향을 미친다. Z세대가 주요 타깃고객이거나 잠재고객이라면 인플루언서와의 협업도 적극적으로 고려해보자.

기업의 주력 SNS 채널, 잘 선택하고 잘 운영하기

Z세대는 다양한 미디어에 연결되어 있는데 스마트폰, TV, 노트북, PC, 태블릿 등 다섯 가지 기기를 돌아가며 사용한다. 인스타그램 같은 경우 한 계정만 쓰지 않고 서브 계정을 통해 익명으로 활동하기도 한다. 일명 핀스타그램fake+instagram으로 사생활 보호에도 신경을 쓴다. Z세대가 사용하는 여러 매체를 통해 소통하고 각 매체별로 효과적인 이미지와 영상을 활용하자. 원소스멀티유즈 원칙을 적용해 하나의 가치 있는 주제를 글, 이미지, 동영상, 인포그래픽, 만화, 퀴즈 등 다양한 형식으로 만들어보는 기획력이 요구된다.

제품 판매보다 스토리 전파가 우선이다

사회적 이슈나 환경문제에 민감한 Z세대가 상품이나 서비스 구매 시 중요하게 고려하는 것은 왜 이 제품을 사야 하는지, 이 제품을 만드는 기업은 어떤 곳인지, 즉 Why와 Who이다. 스펙을 일방적으로 이야기하지 말고 광고가 아닌 스토리로 접근해야 하는 것. 그 스토리가 진정성은 물론 재미와 감동까지 겸비했다면 Z세대는 각종 온라인 채널로 재빨리 퍼뜨리면서 즐거워한다. '포장만 그럴싸하게 하면 되지'라고 안이하게 생각해서는 단박에 들켜버린다. 콘텐츠의 진정성과 공감 정도에 대해 Z세대는 높은 직관력을 가지고 있다.

'8초 집중 세대', 빠르고 편리한 온라인 서비스로 잡아라

Z세대가 한 콘텐츠에 집중하는 평균시간은 8초! 블로그 포스트, 동영상, 이미지를 Z세대가 좋아하길 원한다면 콘텐츠가 무엇에 관한 것인지, 왜 봐야 하는지, 왜 흥미로운지를 8초 안에 전달해야 한다. 또 IT 서비스나 웹사이트를 운영한다면 서비스 로딩 속도도 빨라야 한다. 온라인 쇼핑을 할 때 돌발사고나 불편함을 경험하게 되면 Z세대 소비자의 60%가 다른 앱이나 웹사이트로 이동하는 것으로 조사됐다.

Z세대 발 온라인 위기, 진정성으로 대비하기

Z세대는 온라인 여론에 민감하고, 여론을 주도하는 데도 능하다. '콘텐츠는 공유되어야 한다'가 그들을 움직이는 행동강령. 이는 입소문 홍보에 효과적이지만 반면 기업 활동에 위기를 가져오기도 한다. 제품과 서비스에 문제가 발생하거나 회사나 대표에게 부정적 사태가 발생했을 때 걷잡을 수 없는 속도로 퍼져나간다. 사전에 위기를 초래할 수 있는 이슈들을 관리해야 한다. 회사는 자사 제품이나 서비스를 원료부터 폐기물 회수, 초기 제품 기획부터 시제품 생산, 작업에 투입된 사람들 등 전체를 꼼꼼히 점검해서 위해성이 있거나 기타 사회적으로 문제가 될 만한 부분은 없는지, 있다면 어떤 방법으로 그걸 없애거나 줄일 수 있는지 모색해야 한다. 더 나아가 환경보호 의식 수준이 높은 소비자에게 호소할 수 있는 제품 생산방법은 없는지 짚어보자.

버락 오바마는 대통령 고별연설에서 Z세대에 대해 이렇게 말했다. "이기적이지 않고 이타적인, 창조적이고 애국적인 젊은 세대가 다가오고 있다." 자신의 판단력과 취향을 확신하고 기존 권위에서 자유로우며 사회적 이슈에 적극적으로 대응하는 새로운 사피엔스, Z세대의 성장에 기대감이 높다.

Z세대를 읽는 주요 특징

브랜드보다 사회적 책임 · 가치 선택

"못된 기업이냐 착한 기업이냐, 그것이 중요해요." Z세대들은 상품과 기업에 대한 신뢰와 투명성, 그리고 진정성을 소비한다. 자신들이 투자한 돈이 정확히 어떻게 쓰이고 합리적 소비를 했는가를 궁금해한다. 제품을 생산하는 회사의 윤리의식과 사회적 역할 등에 의미를 부여하고 제대로 실천하지 않는 기업의 제품은 곧바로 외면한다.

개인화, 맞춤화 서비스 선호

"어리지만 안목 있는 취향을 갖고 있다고요." 광고에 대해 Z세대들은 유명인보다 오히려 일반인 크리에이터나 광고 캠페인 속에 등장하는 자신들의 모습을 보고 싶어 한다. 아름다움에 대한 기준도 이전 세대와는 확실히 다르다. 스스로 어릴 때부터 옷을 고르고, 직접 쇼핑하고, 초등학생 때부터 화장을 해온 Z세대들은 유명인이 아니라 또래들로부터 감각을 키운다. 유행을 따르지만 유명인이 해서 똑같이 따라 하는 것이 아니라, 이유가 확실하고 자신의 판단과 취향에 따라서라고 굳게 믿는다. 개인화, 맞춤화 서비스를 좋아하고 당당히 요구한다. 스스로 취향이 있다고 확신하는 세대이다.

검색보다 신뢰할 수 있는 사람을 따르는 #팔로인

'#맛집'을 검색하던 사람들은 광고 콘텐츠를 거르기 위해 '#내돈주고산'을 키워드에 넣기 시작했다. 더 나아가 Z세대는 사람 기반으로 검색을 한다. 자신이 믿고 신뢰할 수 있는 사람을 팔로우하고 그 사람의 소비 취향을 참고한다. 이런 팔로인 경향은 D2C(다이렉트 투 컨슈머) 브랜드를 등장시켰다. 이 브랜드는 오프라인 매장 없이 100% 온라인 기반으로 운영되며 대부분 인스타그램으로 마이크로 타깃 마케팅에 집중하고 스스로 디자인, 기획, 제조 등을 관리한다.

가정 내 구매 영향력 행사

"우리 가족 쇼핑 주도권은 나에게 있어요." 소비자 경험 마케팅회사 인터렉션이 실시한 2016년 연구결과에 따르면 부모의 70%가 음식과 가구부터 의류, 신발에 이르기까지 구매를 할 때 Z세대 아이들의 조언에 의지하는 것으로 나타났다. 따라서 세계 패션계는 밀레니얼 세대에 집중해왔으나 최근 Z세대로 급격히 초점을 옮겨가고 있는 추세이다.

체험/영상 콘텐츠 선호

"TV가 뭐예요? 유튜브와 인스타그램으로 보고 싶은 것만 봐요." Z세대는 스마트폰이나 SNS 사용이 활발한 반면 TV 시청 시간은 상대적으로 적다. 중고생의 경우 적게는 30분, 길어야 2시간 정도, TV를 아예 보지 않는 경우도 많다. TV의 약세는 콘텐츠 소비에서도 확인된다. 최근 인상 깊게 본 콘텐츠를 꼽아달라는 질문에 Z세대들은 TV 프로그램보다 웹드라마나 웹예능, 댄스커버나 메이크업 영상 등을 말한다. 온라인상에서 다양한 주제와 형식의 콘텐츠를 자유롭게 소비한다. 지식이나 정보를 찾는 검색이 네이버를 중심으로 한 포털사이트의 텍스트 정보에서 영상 혹은 음성 정보로 변화하고 있다. 플랫폼 지각 변동의 주역은 유튜브의 부상이다. 원하는 장소를 검색하고 싶을 때는 인스타그램을, 화장법 등 방법을 알고 싶을 때는 유튜브나 네이버 블로그를 사용한다. 단순히 네이버에서 유튜브로의 이동이라기보다 모든 플랫폼과 서비스를 자유자재로 사용하면서 목적에 따라 다양하게 선택하는 개인화, 맞춤화 경향이 두드러진 것.

PART 5

홍보의 기본, 언론 홍보

언론홍보에 앞서 몸 풀기 네 가지 방법

작은 회사나 스타트업이 홍보를 하려 할 때 마음은 굴뚝 같지만 엄두가 안 나는 부분이 있다. 바로 언론홍보. 요즘같이 SNS가 대세인 시대에 웬 구닥다리 언론홍보냐 생각할 수 있지만, 그래도 언론은 매력적인 홍보마케팅 수단이다. 언론매체에는 페이스북, 인스타그램과 같은 온라인매체와는 차별화되는 미덕이 있는데 그중 가장 큰 것이 신뢰도이다. ○○신문, ○○방송, 기자 ○○○라는 바이라인신문 · 잡지 등에서 매체 · 기자 · 작가 등의 이름을 밝힌 줄을 달고 나오면 분명 무게감이 다르다.

실제로 시간과 돈을 들여 온라인 홍보나 오프라인 프로모션 행사를 진행하기보다 경제전문지에 벤처기업 대표의 인터뷰 기사 한 건이 난 뒤 바로 수주 상담과 실거래가 이뤄지는 경우가 종종 있다. 소비자나 고객을 직접 만나는 업종이 아닌 B2B나 기술서비스를 제공하는 IT 분야의 경우는 더욱 그러하다. 신상품, 새 서비스를 출시하거나 중요한 계약, 협상 등을 앞두고 있다면 언론홍보가 큰 힘이 되어줄 수 있다.

본격적인 시작에 앞서 가볍게 몸풀기부터 해보자. 경기를 제대로 하려면 이 경기에서는 어떻게 해야 득점을 올리는지 룰을 알고 또 상대선수는 어떤 사람들인지 파악해야 한다. 언론홍보에 앞서 먼저 준비하고, 알고 있어야 할 네 가지를 짚어보자.

"내가 가진 뉴스거리는 무엇일까?" 기삿거리 파악하기

조직이나 개인을 언론에 알리겠다고 할 때 가장 먼저 '무엇을 알릴까'를 결정해야 한다. 지명도 있는 기업이나 유명인이라도 '뉴스거리'가 없으면 언론은 관심을 두지 않는다. 그렇다고 그 뉴스거리가 '삼성과 애플의 법정 다툼' '암 극복 신약 세계 최초 개발'만큼 커야만 하는 것은 아니다. 대다수 기업이나 개인은 단박에 뭇 언론의 주목을 끌 대박 뉴스거리는 가지고 있지 않다.

이럴 때 중요한 것이 '홍보마케팅 안경'이다. 일반인의 눈이 아닌 홍보마케터의 눈으로 새로운 관점이나 앵글을 찾아보자. 일상적으로 하는 일이나 행사라고 그냥 넘기지 말고 잘 들여다보면서 그 안에서 가치나 새로운 점을 찾아 강조하고 부각할 줄 알아야 한다. 물론 쉬운 일은 아니지만 이런 점을 의식하고 찾아보려 애쓰는 순간부터 여러분은 홍보마케팅 안경을 쓰게 된 것이다.

조직이 돌아가는 상황을 잘 안다면 어느 시점의 어떤 업무가 뉴스거리가 될지 감 잡기에 유리하다. 그렇지 않은 경우라면 경영진이나 다른 업무팀과 계속 소통하며 회사 업무를 알려고 노력해야 한다. 그래야 뉴스거리를 발굴하고 다듬어서 언론홍보에 활용할 수 있다. 특히 기술개발, 마케팅, 고객관리, 영업부서는 홍보마케터에게 중요한 '취재처'이다. 자주 방문하고 담당자들과 이야기를 나누자. 홍보마케터의 미덕 중 하나는 바로 이런 '업무적 오지랖'이다.

유사업종 기사 검색하기

도대체 무엇이 기삿거리가 될지 감이 오지 않는다면, 벤치마킹도 효과적이다. 어느 기자에게 무슨 내용을 피칭야구에서 피칭은 '투수가 타자를 향하여 공을 던진다'라는 뜻이지만 언론홍보에서 피칭은 '자료를 기자에게 던진다' 즉 보도요청을 한다는 뜻할지 아직 막막하다면, 컴퓨터 앞에 앉아 검색부터 해보자.

우리와 비슷한 제품이나 서비스를 제공하는 기업을 검색해보면서 어떤 뉴스들이 나오는지 살펴볼 것. 관심 검색어를 쳐서 어떤 기사가 뜨는지, 연관 검색어는 어떤지 알아보고, 기사 제목과 기사 중 인터뷰이로 등장하는 단체나 전문가도 눈여겨본다. 그러면 세상에는 참 많은 언론매체가 있음을 알게 된다. 종합일간지나 공중파 방송사뿐 아니라 온라인 언론매체, 특정 업종과 서비스를 다루는 전문매체 등도 존재한다. 유사업종 기사를 검색하면 반복적으로 나오는 곳들이 있는데 그것이 바로 우리가 타깃으로 해야 할 곳이다. 그 언론매체들은 이미 내가 뉴스거리로 만들고자 하는 업종에 관심과 이해도를 가지고 있으므로 반응을 끌어내는 것이 상대적으로 쉽다. 시기별로 어떤 기사들이 나오며, 최근 사회 이슈가 우리 업종에서 어떻게 다뤄지는지도 살펴보자.

유사업종 기사 검색을 통해 얻게 되는 또 하나의 좋은 점은 관련 업계를 잘 알게 된다는 점이다. 즉 내 경쟁사가 누구인지, 어떤 활동을 하는지, 혹은 나와 협업 가능한 회사나 사람은 어디의 누구인지 알 수 있다.

꾸준히 폭넓게 뉴스를 모니터링하라, 트렌드가 보인다

유사업종 기사 검색이 '나무 보기'라면 꾸준히 폭넓게 뉴스를 모니터링하는 것은 '숲 보기'이다. 하루 30분 이상은 뉴스 모니터링에 투자하자. 인터넷 뉴스만 편식해서는 안 된다. 포털사이트에 뜨는 기사나 내 관심 분야를 캐치하여 관련 영상을 제공하는 유튜브 채널 보기가 전부여서는 안 된다. 기사의 품질이나 사회 · 정치 · 경제 · 문화 부문 등을 아우르는 다양성이 어느 정도 검증된 기성 언론매체를 챙겨보며 관련 업종을 포함한 사회 전반과 사람에 관한 관심을 놓지 말아야 한다. 이것이 바로 시장조사이고 고객 분석의 토대이다. 뉴스도 연속극처럼 이야기나 흐름이 이어지는 면이 있어서 꾸준히 관심을 두고 들여다보면 변화 패턴을 자연스럽게 익힐 수 있다. 언론과 기자가 무엇을 뉴스거리로 꼽는지 그들의 관점과 어투에 익숙해지는 것이 중요하다.

업계 기자 파악해서 목록 만들기

우리 업종의 소식에는 어떤 기자들이 관심을 가져줄지 파악해야 한다. 우리 상품을 살 타깃고객을 고민하듯이 우리 회사의 보도자료를 받아줄 타깃 기자군을 추려보는 것이다. 유사업종 뉴스를 검색하면서 반복적으로 나오는 매체와 기자는 메모해서 명단으로 만들어본다. 표로 매체, 기자, 기사 제목, 기자 연락처메일를 정리해두면 귀한 자료가 된다. 우선 우리가 만드는 제품, 서비스와 밀접하게 관련된 기사를 작성한 기자 몇 명을 집중관리 대상으로 정해본다. 그리고 기삿거리가 생기면 제일 먼저 그들에게 연락해서 자료를 전달하고 꾸준히 관계를 만들어간다.

한 번 명단을 만들었다고 끝이 아니다. 기자들은 계속 출입처취재 영역이나 기관를 옮긴다. 이미 우리 업종을 다루는 부서에 있지 않은데 계속 자료를 보내면 보도가 되지 않을뿐더러 우리 회사가 '홍보마케팅을 제대로 하지 못한다'라는 인상만 주게 된다. 가끔 출입처를 옮긴 기자가 이후 새 담당에게 자료를 넘겨주기도 하지만 대부분은 무시된다. 꾸준히 기사를 검색하면서 명단을 업데이트해가는 것이 중요한 이유이다.

'언론홍보를 하기 위해 사전에 준비해야 할 것이 이렇게 많으면 도대체 이 바쁜 와중에 언제 다하나?' 하고 지레 낙담하지 않았으면 한다. 다시 한 번 앞 내용을 훑어보면 이 일들이 꼭 홍보마케팅만을 위한 게 아님을 알 수 있다. 지금 하는 일의 대내외적인 환경분석, 타깃고객 분석, 그리고 우리 회사 정체성을 점검하는 일과 그 맥이 닿아 있으니 말이다.

홍보마케팅적 시각 갖기는 바로 이런 것이다. 스스로의 가치를 발굴하고 개념화해서 다른 이에게 잘 알려 공감의 폭을 넓혀가는 것, 당신은 바로 그 중요한 달리기의 시작점에 서 있다.

언론홍보의 총알 보도자료 쓰기

담당자: (약 10분에 걸쳐 회사 소개와 신제품에 대해 설명함)

기자: 네, 말씀 잘 들었습니다. 그럼 자료로 보내주세요.

담당자: '아니, 지금까지 설명한 건 뭐고 자료로 보내달래?'

기자를 만났을 때 꼭 빠지지 않고 요구받는 것이 바로 '자료', 즉 보도자료이다. 위 사례처럼 10분이나 설명할 수 있으면 다행이다. 많은 경우, 만나기는 커녕 통화할 기회도 별로 없다. 기자들은 바쁘다. 모든 분야에 통달한 전문가도 아니다. 그래서 그들은 만나서 말로 설명 듣기보다 일목요연하게 요점이 잘 정리된 '자료'를 원한다.

잘 쓴 보도자료란 무엇일까? 정답은 뉴스 가치가 있는 것이다. 기자는 뉴스거리가 될 때 움직인다. 이는 단순히 문장력으로 해결되는 문제가 아니다. 애초에 폭발적 뉴스 가치가 있는 사안이거나그러면 다소 보도자료가 미흡해도 기꺼이 기자들이 추가 취재를 해서 보도할 것이다 아니면 담당자가 뉴스거리가 될 만한 가치를 잘 부각해서 정확하고 간결하게 정리한 것이다.

어디에 초점을 맞출 것인가? 기자의 시각으로 모드 바꾸기

보도자료를 쓰겠다고 마음먹은 뒤에는 홍보마케터가 아닌 기자 모드가 되어야 한다. 대표이사나 직원의 눈으로 볼 때는 지금 홍보하고자 마음먹은 제품이나 서비스, 행사 등이 '이 세상에서 가장 중요하고 크게' 느껴지기 마련이다.

"홍보마케팅이 원래 좀 과장하고 포장하는 거니 조금 부풀리는 건 괜찮아. 일단 '최초' '최대'라고 써야지. 그래야 언론이 주목하지."

이런 식으로 쓴 보도자료는 기자의 눈으로 본다면 가치가 떨어진다. 기자는 특정 회사를 광고하기 위해 기사를 쓰지 않는다. 이 제품이나 서비스가 사람들이나 사회에 왜 필요한지, 무엇이 새로운 사실이고 이미 알려진 것인지에 주목한다. 보도자료가 보도로 이어지려면 우리 회사의 관점에서 한발 나아가 업계, 사회, 국가 차원에서 객관적으로 어떤 점이 주목받을 수 있는지 크게 볼 필요가 있다. 표면적으로는 우리 회사나 제품이 덜 부각되는 것 같아 아쉬울 수 있지만, 보도를 성공시키기 위한 영리한 접근법이다.

다독 다작 – 많이 읽고 따라 써보기

어떤 일을 배울 때 가장 좋은 방법은 '전문가 따라 하기'이다. 보도자료에서 궁극의 전문가는 '기자'이다. 보도자료는 기사화가 목적이고, 그렇다면 최종 결과물인 기사를 많이 보는 것이 도움이 된다. 글을 잘 쓰기 위해서는 많이 읽어야 함이 상식이듯 말이다. 보도자료를 써야 한다는 마음으로 기사를 읽으면 지금까지는 잘 보이지 않던 것들이 눈에 들어온다.

"제목을 이렇게 쓰니까 더 눈길이 가네. 기사 앞의 한두 문장만 봐도 내용을 다 알 수 있게 했구나. 전문가 코멘터리는 대부분 기사 끝부분에 있네."

이렇게 말이다. 기사도 사안에 따라 어느 정도 정해진 형식이 있다. 행사, 신제품 출시, 연구결과 발표, 인터뷰 등 경우별로 기사 형태가 조금씩 다르다. 따라서 기사를 많이 읽어야 한다.

신문과 잡지 등을 많이 읽으며 기사형 글쓰기에 익숙해지기가 꾸준히 하는 공부라면, 당장 보도자료를 쓸 때 도움이 되는 벼락치기 지름길도 있다. 온라인 보도자료 배포서비스를 하는 뉴스와이어www.newswire.co.kr에 들어가면 상황별 보도자료가 업로드되어 있다. 우리 회사와 유사한 업종의 회사들을 검색하거나, 보도자료 작성 상황신제품 개발, 행사, 대표이사 동정 등별로 검색해서 그 양식을 따라 쓰면 어느 정도 실수 없이 보도자료를 만들 수 있다.

많이 읽고, 따라서 써보고, 또 언론이 어떤 주제를 기사화하는지를 여러 번 생각해보며 홍보마케팅적 시각을 다져가자. 이것이 바로 홍보지능을 높이고 홍보 근육을 키워가는 길이다.

내용을 함축하면서 호기심을 불러일으키는 제목 정하기

보도자료의 핵심 부분은 제목이다. 기사도 똑같다. 독자들은 제목을 보고 이 기사를 읽을지 지나칠지 결정한다. 우리가 내보내는 보도자료의 독자는 기자들이다. 기자들은 하루에도 수십 통씩 보도자료를 받는다. 메일에 가득 차 있는 보도자료에서 '픽pick'을 받기 위한 첫 관문이 제목이다. 한 조사에 따르면 언론인은 보도자료를 한눈에 대충 훑어보는 데 대체로 5초를 쓴다고 한다. 제목을 보았을 때 선뜻 무슨 뜻인지 알 수 없거나, 읽어보고 싶은 호기심이 들지 않으면 외면당할 수 있다. 제목부터 제대로 전달력을 갖지 못한 보도자료는 내용도 그렇고 그럴 것으로 생각해서이다.

좋은 제목은 짧고 명쾌하며 독자들에게 읽고 싶은 욕구가 들도록 한다. 핵심을 담고 있으면서도 호기심을 불러일으켜 결국 내용을 보게 만드는 매력이 있어야 하는 것. 그렇다고 너무 튀는 유행어, 모호한 시적 표현을 쓰는 것은 무리수이다. 뜻이 불분명한, 피상적인 제목은 금물이다. 작성자가 보도자료의 내용이나 방향, 보도의 필요성과 가치 등을 충분히 알고 있을 때 좋은 제목도 나온다. 평소 신문의 제목을 주의 깊게 살펴보는 버릇을 들이면 도움이 된다.

'백지장 맞들기' 전략 – 타 부서, 여러 사람과 같이 브레인스토밍하기

기사는 불특정 다수, 즉 나이 · 성별 · 정보 이해력이 다른 사람들을 독자로 한다. 따라서 기자들은 이를 염두에 두고 일반인의 눈높이에서 기사를 쓴다. 보도자료도 대표 혹은 홍보마케팅 담당자 혼자 쓰기보다 조직 내 여러 부서가 같이 작성하면 더 좋은 결과물이 나오곤 한다. 보도자료의 방향이나 강조점에 대한 브레인스토밍을 여러 부서와 함께하면 새로운 시각을 얻을 수 있다. 보도자료 제목을 정할 때도 후보안을 만들어 논의해본다. 보도자료 기획 단계 때 여러 부서와 함께할 수 없고 한 사람이 전담한 경우에는 초안이라도 꼭 여러 사람이 점검하도록 한다. 내용이 너무 전문적으로 가지 않았는지다른 팀 사람도 이해 못하겠다고 하면 기자나 독자는 더할 것, 수치나 용어가 제대로 쓰였는지 등을 체크할 수 있다.

중요한 것은 앞에 배치 – 역피라미드로 전개하기

독자들은 기사를 처음부터 끝까지 정독하기보다 앞부분만 읽고 다음 기사로 넘어가곤 한다. 기사의 첫 문장을 리드lead라고 하는데, 기사의 핵심 내용을 축약한 부분으로 대단히 중요한 역할을 한다. 독자가 뉴스를 계속 읽을지 말지 결정짓게 한다는 점에서 기자들도 기사 작성 때 가장 고심하는 부분이 바로 리드이다.

보도자료 작성자도 제목과 함께 첫 문장, 리드에 신경 써야 한다. 첫 문장을 작성할 때는 한눈에 전체 내용이 쉽게 파악되도록 해야 한다. 즉 역피라미드 형식을 염두에 두고 쓴다. 먼저 전달하고자 하는 핵심 내용을 맨 위에 단도직입적으로 밝히고 난 뒤 그 핵심 내용에 대한 근거, 해설, 전문가 의견 등을 붙여나가는 방식이다. 단순히 언제 어디서 누가 무엇을 하는 식으로 그치지 말고 발표 내용이 왜 중요한지 의미를 임팩트 있게 넣어준다. 이렇게 하면 보도자료를 읽는 기자가 앞부분만 보아도 중요 내용을 잘 이해할 수 있고 기자가 보도자료 내용을 전부 인용하지 않고 앞부분만 기사화해도 내용 전달에 무리가 없다.

앞부분에 중요한 내용을 다 담으려 하다 보면 리드 부분이 길어지기도 하는데 그러면 가독성이 떨어져서 좋지 않다. 이때는 살짝 변용해서 리드 첫 문장은 핵심 팩트로 짧게 정리하고 뒤이어 바로 나오는 문장에 발표 내용의 의미와 가치 등을 쓰는 것도 방법이다.

신은 디테일에 있다 – 오탈자, 틀린 수치는 우리의 적

보도자료를 쓴 뒤 감수 작업은 매우 중요하다. 최소한 다섯 번 이상은 꼼꼼히 점검한다. 특히 숫자연도, 길이, 무게, 화폐단위, 날짜 등, 근거최초, 최대, 유일 등을 쓸 때는 꼭 사실 확인이 되어야 한다는 관련 부서나 문헌 등의 확인과 검증을 거친다. 다수가 여러 번 확인해서 정확도를 높여나가야 한다.

기사를 키우고 싶은 마음에 확실치 않으면서 '최초, 최대, 유일' 등을 거론하면 오히려 기사 신뢰도만 낮아진다. 기자가 "근거가 뭐냐"라고 물었을 때 제대로 제시하지 못하면 그 자료는 외면당한다. '최초, 최대, 유일'이 아니어도 발표 내용의 가치를 잘 짚어내어 제시하면 언론의 주목을 끌 수 있다. 이것이 바로 능력 있는 홍보마케팅 담당자의 역할이다.

보도자료의 틀

제목

헤드라인은 독자의 눈을 사로잡도록 짧고 명료하게 작성한다.

부제목

제목만으로 설명이 충분치 않다면 부제목을 1~2개 덧붙인다.

리드

리드는 발표 자료의 핵심 내용을 한두 문장으로 요약하는 것으로 주요 사실과 발표 내용의 의미, 가치 등이 잘 드러나도록 한다.

인용(코멘터리)

보도자료 내용 중 대표이사, 전문가, 담당자의 코멘터리를 넣기도 하는데 이는 대개 보도자료 3분의 2 이후에 배치한다. 코멘터리가 기사에 반영될 확률을 높이기 위해 보도자료 상단부에 넣기도 한다. 코멘터리는 기자에 따라 보도 시 종종 생략되기도 한다.

회사 소개

보도자료 하단에 적어주는 것이 좋다. 언제 설립되어 무슨 일을 하는 회사인지 핵심적인 내용으로 3~4줄, 한 문단을 넘지 않도록 한다.

기타 첨부 자료

어려운 기술적 내용이나 배경 설명이 필요한데 내용이 너무 많아질 것 같으면 보도자료 본문에서는 간략히 다루고 별첨 자료로 해설판을 붙여도 좋다.

먹히는 보도자료
까이는 보도자료

보도자료는 언론에 보내는 가장 적극적이고 효과적인 신호이다. 잘 쓴 보도자료는 기사로 이어진다. 신문이나 방송에 광고를 게재한다면 그 비용을 생각해보라. 게다가 기사는 광고보다 6~8배의 신뢰도를 얻으니 한번 보도에 성공하면 비용 측면에서도 큰 이익이 된다. 어렵지만 시도해볼 가치가 충분하다. 기자에게 먹히는 보도자료, 그리고 세칭 '까이는' 보도자료에는 어떤 차이가 있을까? 실패와 실수를 통해 더 많이 배우는 법! 먼저 기자들이 싫어하는 보도자료 유형 다섯 가지를 짚어보자.

궁금증을 해소해주지 못하는 보도자료

기자들은 보도자료를 받으면 우선 누가 보냈는지, 제목이 무엇인지, 리드를 보며 내용을 가늠한 뒤 5초 이내로 기사화 여부를 어느 정도 결정한다. 발신자가 기자에게 익숙한 기관이라면 다행이지만 작은 회사나 비영리단체, 개인 등은 인지도가 약할 수밖에 없다. 기자에게 픽pick 당하기에 불리한 것이 사실. 어렵게 내용을 읽어보는 것까지는 통과했다 하더라도 설명이 명확하지 않으면 그야말로 탁 내던져지게 된다.

"아이참, 그래서 뭘 보도해달라는 거야?"

보도자료를 작성할 때는 기자가 추가 취재를 하지 않고 바로 기사화해도 모자람이 없게 한다는 마음으로 작성해야 한다.

첨부파일이 너무 많은 보도자료

하루에도 많은 보도자료를 받아보는 기자들에게 첨부파일 다운은 번거로운 일거리일 수 있다. 나중에 봐야지 했다가 잊어버리는 경우도 많다. 메일 제목을 보고 열었을 때 내용을 쉽게 볼 수 있도록 메일 본문바디에 넣어주는 것이 좋다. 물론 보도자료 원본을 첨부파일로도 넣어두자. 보도자료는 PDF나 PPT 파일로 보내지 말고 반드시 워드나 한글파일로 작성하자. 기자들은 보도자료 내용 일부를 복사해서 재편집하기 때문에 편집이 안 되는 PDF, PPT 파일로 보내면 불편해한다.

광고물인지 보도자료인지 구분이 안 가는 자료

근거 없는 자랑 일색의 보도자료는 신뢰가 안 가고 매력도 떨어진다. 보도자료는 광고물이나 회사 사보와는 다르다. 보도자료를 단순히 제품을 판매하기 위한 수단으로 생각해서 작성한다면 이는 판촉물이 되어버린다. 당연히 기자는 관심을 두지 않는다. 발표자의 관점이 아닌, 기자와 일반 독자들의 관점에서 흥미로운 점, 이익이 되는 점을 강조한다. '내가 직접 내 입으로 자랑'하는 것은 영업이다. '남의 입으로 자랑하게 하는 것', 이것이 언론홍보이다.

논문 같은 보도자료

보도자료를 쓸 때 스스로 계속 물어야 할 것은 '이 내용을 일반인도 이해할 수 있는가? 너무 어렵지는 않은가?'이다. '우리 업종은 전문기술 분야라서, 혹은 학술 분야라서 어쩔 수 없다'라고 넘기지 말자. 어렵고 복잡한 내용을 쉽고 매력적으로 풀어 쓸 수 있어야 그것이 기사가 된다. 기술 그 자체가 아니라 그 기술이 이용자들에게 어떤 이익을 주는지, 즉 내 관점이 아닌 상대방의 관점에서 보도자료를 쓰면 논문 같은 보도자료를 피할 수 있다. 보도자료를 쓰다 보면 전문용어나 약어 등을 사용해야 할 때가 있다. 업계에서는 자연스러운 일상어라 해도 기자에게는 낯설거나 어려울 수 있으며 기자가 알고 있다 해도 기사화할 때는 보충설명을 해야 해서 다시 자료를 찾아야 할 수 있다. 전문용어나 약어를 쓸 때는 반드시 보충설명을 달아준다.

엉뚱한 기자에게 도착한 보도자료

보도자료를 배포하기 전 이 분야를 주요 취재처로 하는 담당기자를 찾는 것이 중요하다. 미술 담당기자에게 IT 관련 보도자료를 전달하면 아무 소용이 없다. 타깃 분야의 기사를 쓴 매체와 기자 목록을 점검한 뒤 배포한다. 이전에 작성해둔 기자 목록을 가지고 있다 해도 지금 시점에서는 그 분야 담당이 아닐 수 있다. 기자들은 출입처를 수시로 바꾼다. 기자 목록은 일정 기간을 정해두고 점검해나가는 습관을 들이자.

반면 '먹히는' 보도자료는 어떤 것일까? 우선 그 어떤 홍보마케팅 담당자도 늘 백전백승인 보도자료를 작성할 수만은 없음을 알아야 한다. 필자 역시 기자로 또 홍보마케터로 20여 년 동안 일했지만, 매번 보도자료를 쓸 때면 고민이 깊어진다. 애당초 세간의 이목을 끌 수밖에 없는 대박 뉴스거리라면 좋겠지만 보도자료의 90% 이상은 노력과 전략으로 주목을 끌어내야 한다. 매번 다른 케이스에 맞춰, 다른 기자들을 상대로 작성을 해야 함도 어려움을 가중시킨다. 그래도 성공하는 보도자료에는 일관되게 적용되는 큰 원리들이 있다. 그것을 이해하고 다른 보도자료나 기사를 많이 보고 따라 해보며 몸에 익혀가다 보면 꽤 승률 높은 보도자료를 작성할 수 있다.

‘매력 포인트’를 잡아라

수치는 힘이 세다. 많은 수식어나 꾸밈어로 보도자료를 채우기보다 발표하는 제품이나 서비스를 부각시킬 수 있는 숫자를 넣으면 훨씬 눈길을 끈다. 예를 들어 1인가구를 위한 서비스를 제공하는 업체라면 보도자료에 1인가구 관련 수치나 데이터를 넣어준다. ‘최대’ ‘최고’ ‘최초’의 매력성도 무시할 수는 없다. 희귀성이 있으므로 언론이 좋아한다. 제목에 이런 단어가 들어가면 일단 독자의 이목을 끌기에 유리하지만 든든한 근거가 함께 제시되어야 해서 상당히 조심스러운 접근이기도 하다. 그래도 굳이 쓰고 싶다면 방법이 있다. 예를 들어 ‘세계 최초’는 어렵겠지만 ‘올 상반기 들어 최초’ ‘2000년대 이후 건설된 도로 중 유일’ 이런 식으로 제한된 범위를 제시하면 가능하다. 홍보마케팅 담당자의 기지가 필요한 순간이다.

크고 넓게 생각하라

인지도가 낮은 작은 회사, 스타트업일수록 크고 넓게 생각하는 전략이 필요하다. 흔히 우리는 자신이 속해 있는 회사나 단체의 관점 안에서 생각하기 마련이다. 그래서 보도자료도 그 ‘상자 속’에서 쓴다. 우리 제품만 홍보하는 것이 아니라 유사 사례를 찾아 하나의 트렌드로 묶어 제시해보자. 흔히 기자들 사이에서는 ‘사례 세 개만 찾으면 기사 쓴다’는 말이 있다. 즉 내가 홍보하고자 하는 제품서비스과 비슷한 제품서비스, 사례나 트렌드를 세 개 이상 찾아서 보도자료로 만들면 재미있는 기삿거리가 된다.

보도자료의 길이는 짧아야/길어야 좋다? 그때그때 다르다

일반적으로 좋은 글은 짧으면서도 핵심이 담긴 것이다. 보도자료도 구구절절 내용을 나열하기보다는 A4 한두 장에 담아서 기자가 한눈에 내용을 볼 수 있게 하는 것이 일반적이다. 하지만 무조건 짧게 쓰는 것만이 정도가 아니다. 경우에 따라 좀 더 자세한 내용을 담아야 할 때도 있다. 기사 작성자 입장에서 생각해보면 한 페이지 보도자료로 긴 기사를 쓰기는 어렵다. 길면 자를 수 있지만 짧으면 더 채워넣기가 어렵다. 이런 경우를 모두 생각해서, 보도자료는 핵심 내용을 담아 한두 장 정도로 정리하고 용어 설명, 배경 설명, 리서치 결과, 기술 서비스 상세 설명 등은 첨부로 따로 떼어내는 것도 방법이다. 그러면 기사를 쓸 기자는 보도자료에 따라 작성하고, 이후 기획기사나 해설기사까지 고려하는 기자들은 첨부 자료를 참고하면 된다. 사안에 따라 길이는 유연하게 적용하자.

"내 일은 평생 다른 사람 설득하기인 것 같아."

홍보마케터들이 푸념처럼 자주 하는 말이다. 이들의 안테나는 늘 외부로 향한다. 사람들이 무엇을 좋아하고 싫어하는지, 나회사, 상품, 서비스 등를 어떻게 보여줘야 받아들여질지 언제나 의식할 수밖에 없다. 이 안테나는 수신만 하는 것이 아니라 적극적으로 발신도 한다. 경우에 맞춰 적절한 메시지를 밖으로 내보낸다. 이 일련의 일들은 결론적으로 말하면, 상대의 마음 얻기이다.

이는 꼭 홍보마케팅하는 사람들만의 일은 아닐 것이다. 비즈니스를 하는 사람은 물론, 넓게 보면 사회에서 살아가는 모든 사람이 쌍방향 소통을 하며 상대방의 마음을 얻기 위해 노력한다. 홍보마케팅 마인드를 갖는다는 것은 이렇게 활발히 오가는 시그널에 좀 더 예민해진다는 뜻이지 않을까.

홍보 매력 포인트 찾는 법

심포지엄 세미나는 행사보다 연사, 내용에 주목한다

심포지엄이나 세미나는 언론의 주목을 받기가 쉽지 않은 이벤트이다. 전국 곳곳에서 연일 개최되는 만큼 희소성이 적고 또 내용이 전문적, 학술적이어서 일반 독자들이 흥미있어 하지 않기 때문이다. 이런 경우 어떤 점에 포인트를 줘야 할까? 단순하게 행사 소개, 주관 기관을 강조하는 식의 일반적인 전개 방식에서 과감히 벗어나 보자. 심포지엄 주최 기관, 기관의 대표나 VIP가 아닌, 내용에 주목해서 핵심 포인트를 잡는다. 예를 들어 발표 내용 중 주목할 만한 것을 추려내어 그것을 리드로 잡는다든지, 연사 중 이슈를 만들어낼 수 있는 사람이 있으면 그를 보도자료의 주인공으로 세운다.

사례 찾아 묶고 확대하기

인사동의 한 갤러리에서 열리는 전시회를 홍보한다고 가정하자. 인사동에 있는 수많은 전시관, 갤러리 그리고 그곳에서 펼쳐지는 여러 전시회를 뚫고 어떻게 눈에 띄게 할 수 있을까? 우리 전시뿐 아니라 다른 전시회나 전시공간을 묶어보는 방법이 좋다. '평일 혼자 보면 더 좋은 인사동 전시 3개' '전시회보다 전시장이 더 예술적인 인사동의 숨은 공간 3곳' 등으로 기획해볼 수 있다.

보도 가능성을 높이는 사진과 동영상

보도자료를 더욱 매력적으로 보이게 하고 보도 가능성도 높이는 신의 한 수가 바로 사진과 동영상이다. 텍스트로만 이루어진 보도자료보다 사진이 첨부되면 언론에 보도될 확률이 훨씬 높아진다. 보도자료 배포서비스 '뉴스와이어'의 조사결과에 따르면 사진이 있는 보도자료가 문자만 있는 것보다 1.8배 이상 구독률이 높다고 한다. 특히 소비자의 눈길을 끌어야 하는 소비재 분야의 경우 사진과 동영상 자료가 아주 효과적이다.

〈하버드 비즈니스 리뷰〉의 케이스 스터디에 따르면 동영상 홍보가 일반 홍보 때보다 두 배의 효과가 있었다. 투자자에게 A기업에 얼마나 투자하겠느냐고 물었을 때 문자 형식으로 투자 관련 보도자료를 받은 그룹 중에는 13%가 투자 의지를 밝혔고, 동일 내용의 동영상 자료를 받은 그룹에서는 26%가 투자 의지를 보였다. 꼭 언론에 제공하기 위함이 아니라 추후 회사 소개 자료로 쓰기 위해서라도 사진이나 동영상 자료를 확보해두자.

보도자료용 사진의 기획

보도자료를 기획하는 단계에서부터 사진이나 동영상 제작을 염두에 둔다. 경우에 따라 텍스트보다 이미지가 내용 전달에 유리할 때는 아예 사진 기사용 보도자료를 만들기도 한다. 종종 사진 기사가 일반 텍스트 기사보다 훨씬 눈길을 끌고 배포도 잘되기 때문에 영리한 선택이 된다. 사진 자료를 확보할 때 무작정 많이 찍고 보자는 마음으로 촬영부터 나서는 것은 금물이다. 우선 다른 사람들은 어떻게 했는지 조사한다. 평소 신문이나 온라인 뉴스를 보면서 기사에 같이 실린 사진들을 유심히 살피는 습관을 들이자. 이를 통해 상황별로 언론이 선호하는 사진 구도나 연출 형태를 익혀간다. 언론용 사진은 다소 정형화되어 있다. 신제품 출시의 경우 모델이 신제품을 들고 있거나 사용하는 장면을 찍은 것이 일반적이고 업무협약, 조인식 등은 기업 대표자들이 악수하거나 협약서를 같이 들고 있는 식이다. 인터뷰의 경우 양손을 가볍게 쓰면서 이야기하는 모습을 담는다. 사진만 보아도 내용을 가늠할 수 있게 하기 위해 이런 형식을 따르는 것이다.

준비는 까다로워도 효과는 좋다! 동영상 보도자료

방송보도를 염두에 두고 있다면 영상에도 신경 써야 한다. 언론에 피칭할 내용이 글이나 사진 외 동영상으로 제공할 때 더 효과적이라 판단될 때는 좀 더 시간과 노력을 들여 동영상 보도자료를 기획해본다. 보도자료가 '이건 텍스트용, 이건 사진용, 동영상용'이라고 딱 정해져 있는 건 아니지만 점차 동영상 자료가 선호되는 추세이다. 신간 소식, 전시회, 새 서비스 소개 등 예전에는 전형적으로 텍스트 보도자료였던 상품도 동영상을 곁들이는 방식을 채택하고 있다. 특히 이전에 존재하지 않았던 제품이나 새로운 기술력을 기반으로 한 서비스를 제공하는 스타트업이나 벤처기업의 제품은 동영상 자료를 이용해 설명하는 것이 효과적이다.

동영상 보도자료는 애초 방송이나 온라인매체유튜브 등를 염두에 두고 진행하는 것이다. 꼭 공중파 뉴스 프로그램에 나오지 않는다 해도 짜임새 있게 만들어둔 동영상 자료는 여러모로 쓰임이 많다. 유튜브에 올리고, 회사 홈페이지에 게재하거나, 고객 배포와 직원 교육용으로도 쓸 수 있다. 국내외 박람회나 전시행사에 참여할 때 회사 소개 동영상으로도 사용 가능하다. 한 번 만들었다가 리뉴얼하는 데 비용과 시간이 많이 드는 회사 홍보 영상 한 편보다 상황별로 제작된 짧은 동영상 보도자료가 골라 쓸 수 있어 더 효과적이다.

보도자료용 동영상 제작은 크게 완성형과 자료형으로 나눌 수 있다. 완성형은 동영상 자체가 한 편의 완성된 보도자료가 되는 것으로, 즉 뉴스에 나오는 기사를 떠올리면 된다. 홍보하고자 하는 내용을 스크립트글로 구성해서 그것에 맞는 동영상을 촬영해서 내레이션을 입힌 것이다. 동영상만 보면 한 편의 뉴스 보도를 본 것처럼 무엇을 홍보하려는지 알 수 있다. 대개 뉴스 기사 한 편과 비슷한 1분 30초 남짓 길이가 적당하다.

자료형은 텍스트와 함께 관련된 영상을 토막토막 촬영하여 상대방기자에게 보내주는 것이다. 예를 들어 전시행사에 관한 내용이라면 전시장 전경, 주요 관계자 인터뷰, 관람객 인터뷰 혹은 참여하는 모습을 촬영해서 제공한다. 제품 소개 자료일 때는 작동 과정이나 사용자들의 반응을 영상화한다. 스토리 전개가 완벽하게 이어지진 않지만 촬영한 영상을 기자가 편집해서 쓸 수 있어 좋다. 완성형보다는 좀 더 긴 형식으로 5분 남짓 넉넉하게 촬영하는 것이 좋다.

어떤 식의 영상이 보도자료용으로 가능한지, 어떤 아이템이 동영상 보도자료로 효과적인지 우선 다른 사람이 한 것들을 많이 찾아본다. 보도자료 온라인 배포 서비스 '뉴스와이어' 사이트에서 〈동영상 보도자료〉를 참조해볼 수 있다.

보도자료 사진, 이것이 중요하다!

물건만 찍지 말고 사람과 함께 찍기

신제품이 출시되는 경우 제품을 강조하고 싶은 마음에 제품 이미지만 찍는데 이는 보도용으로는 매력적이지 않다. 좋은 사진의 핵심은 제품과 사람의 조화. 제품 이미지나 용도를 잘 표현할 수 있는 사람을 모델로 기용해 함께 촬영해보자. 반드시 전문모델을 기용할 필요까지는 없다. 직원 중 단정하고 부드러운 인상의 수수한 인물이면 괜찮다. 보도자료용 사진의 주인공은 사람이 아니라 그 사람이 가리키는 제품이나 서비스이기 때문이다.

정적보다는 동적인 이미지로

어색하고 딱딱한 포즈보다는 동적인 사진이 자연스럽다. 예를 들어 새로운 예약 서비스 출시 보도자료의 경우 서비스를 부각하기 위해 사용자들이 모여앉아 손가락으로 모니터를 가리키거나 휴대전화를 들여다보는 식의 연출이 일반적이다. 인물 동정이나 인터뷰를 위한 사진도 절대 증명사진 형식은 쓰지 말 것. 뻣뻣한 정자세로 서 있는 사진보다 자연스럽게 제스처를 보이며 얘기하는 컷을 준비하는 것이 좋다.

사진 설명(캡션)은 필수

사진을 제공할 때는 반드시 사진 설명이 들어가야 한다. 그래야 포털사이트 검색엔진에도 이미지로 검색되기 때문에 온라인매체에 배포할 보도자료에 특히 효과적이다. 사진에서 일어나고 있는 상황을 간략히 설명하는 식으로 하면 된다. 육하원칙에 따라 누가 무엇을 하는 것인지 밝히고 현재진행형(~ 하고 있다)으로 맺는다. 회사명, 제품명, 사진 속 인물, 인기 키워드 등을 포함시키면 검색엔진 최적화가 잘된다. 여러 명이 나오는 경우 일일이 사람 이름과 속한 기관명, 직함 등을 표기해주어야 한다.(예 : 왼쪽부터 ○○○, △△△…)

적절한 사진 해상도와 크기

보통 온라인매체는 물론 신문지면에 쓸 수 있으려면 사진 해상도가 높아야 한다. 최소 300dpi 크기는 200×200pixels, 300kb이상의 jpg가 좋다. 요즘 휴대전화의 카메라 성능이 좋아서 휴대전화로 촬영한 것도 무방하다. 잡지에 쓸 때는 길이는 긴 폭이 22cm 정도, 즉 컴퓨터 스크린에 비치는 사진 크기가 손바닥보다 큰 정도는 되어야 한다.

보도자료용 동영상/사진에 관한 FAQ

Q: 보도자료에 동영상이나 사진을 넣으려는데 셀프 촬영과 전문인력 고용 중 무엇이 좋을까?

A: 처음 시도할 때는 전문 촬영가를 섭외해서 진행하는 것이 좋다. 본인이 촬영에 익숙하다 해도 보도자료용 이미지 만들기는 서툴 수 있기 때문이다. '언론보도용' 촬영 경험이 있는 업체나 개인을 섭외한다. 친분 있는 언론인을 통해 소개받는 것도 한 방법이다. 전문가라 해도 무조건 맡기지 말고 촬영 전에 사진/동영상의 목적과 촬영 내용 등을 충분히 협의하는 시간을 가져야 한다.

Q: 언론 출신 사진/동영상 촬영작가를 기용하면 보도까지 보장받을 수 있을까?

A: 언론보도를 보장해주지는 않는다. 단 보도에 적합한 형식을 알고 있는 것은 강점이다.

Q: 언론에 사진/동영상을 어떻게 전달하면 되는가?

A: 보도자료와 함께 보내거나 추후 배포하는 방법이 있다.

[① 보도자료와 함께] 보도자료와 같이 메일로 보내는 것이 가장 일반적이다.

[② 보도자료 먼저, 사진 동영상은 추후 제공] 보통 보도자료는 사전에 보내는 경

우가 많은데 상황에 따라 사진이나 동영상을 미리 제작해 보낼 수 없을 때가 많기 때문이다. 즉 행사나 상황 발생 후 사진 동영상 촬영이 가능한 경우. 그럴 때는 보도자료를 먼저 보내고 사진이나 영상 제공 시점을 예고한다. "○○일 ○○시에 사진/동영상을 보내겠다"고 알려줄 것. 예고를 보고 언론이 취재나 보도 계획을 세울 수 있다. 예고한 시간과 날짜는 반드시 지키자.

Q: 사진이나 동영상을 제공하고 싶은데 촬영이 어렵다, 대안책이 있을까?
A: 언론은 사진 영상 다음으로 차트, 일러스트레이션 등의 인포그래픽을 선호한다. 사진, 동영상 촬영이 어려운 아이템의 경우, 차트 그래픽으로 대체하면 내용 전달도 잘되고 보도자료의 완성도도 높아진다.

Q: 사진이나 영상에 대해 언론이 어떤 형식, 내용을 요구할지 잘 모르겠다.
A: 가장 확실한 방법은 그 사진과 영상을 쓸 기자들에게 물어보는 것. 보도자료를 보낼 때 기자와 통화해서 어떤 사진/동영상을 제공하면 좋을지와 선호하는 배포시간 등을 같이 물어보자. 이런 적극적인 태도가 기자에게 좋은 인상을 남기면서 보도 가능성을 올려준다.

보도자료 배포에도 기술이 있다

"힘들게 만든 보도자료, 누구에게 어떻게 배포해야 할까? 이 보도자료가 기사화가 되긴 할까?"

보도자료만 만들면 다 될 줄 알았는데 다시 큰 산 앞에 선 기분이다. 기자들은 늘 바쁘고 우리 회사뿐 아니라 수많은 곳에서 보도자료를 받는다. 연애로 치면 '우리 학교 초절정 인기남 인기녀'를 상대하는 것과 같다. 그들에게 용기 내어 다가가서 나를 알리고 매력을 발산해서 데이트 신청까지 받아내야 하는 딱 그런 상황!

관계에 능한 사람들의 특징 중 하나는 적절한 타이밍을 안다는 점이다. 언제 듣고 언제 말해야 하는지, 적극적으로 대시할 때와 한발 물러나 기다릴 때를 안다. 상대가 원하는 것을 적절한 시기에 제공하는 센스도 타이밍 좀 아는 사람들의 역량이다.

기자와의 관계에서도 다르지 않다. 타이밍이 중요하다. 보도자료를 배포하는 데 '한방에 끝내는' 전략이나 기술은 없다. 보도자료를 전달한다고 해도 보도화될지 여부를 기자에게 약속받을 수 없다. 그래도 우리는 성의를 다해 매너를 지키면서 상대의 마음을 움직여야 한다. 타이밍 좋고 효과 좋은 보도자료 배포 전략은 무엇일까?

Who 누구에게 보낼 것인가? 많이 평등하게

보도자료는 가능한 많은 언론사, 기자에게 보내자. 신문은 물론 방송, 전문잡지, 인터넷 매체까지 꼼꼼하게 조사해서 사전에 미디어 목록을 폭넓게 준비한다. 언론매체나 언론인은 '평등하게' 대하는 것을 기본으로 해야 한다. 주관적으로 사세社勢를 판단해서 특정 매체에만 보도자료를 주면 나중에 다른 매체와의 관계에 문제가 생길 수 있다. 오프라인으로 기자들을 만났을 때 특정 매체 기자에게만 잘하고 약소 매체 기자들을 소홀히 대하는 것도 매너 없는 태도이다.

기자와의 관계도 일반적인 인간관계와 다를 바 없다. 나를 홀대하고 차별하는 사람을 좋아할 리 만무하다. 특히 이름이 생소한 인터넷 매체 기자들을 만났을 때 '사이비 기자 아니야?'라는 떨떠름한 태도로 대해선 안 된다. 지면 매체에 비해 인터넷 언론들은 오히려 중소기업, 스타트업 등 작은 회사에게 효과가 좋은 타깃 매체이다. 지면 매체보다 보도 가능성이 크고 인터넷 기사는 포털사이트에 바로 전송돼 오래 읽히는 장점이 있다.

When 언제 보낼 것인가? 주초 오전, 며칠 여유 있게

보도자료는 대개 신제품 출시, 새 서비스 시행, 행사 등을 앞두고 쓰게 되는데 이런 중요 발표일이나 행사일을 정할 때부터 보도자료 배포에 적당한 날짜와 요일을 고려해야 한다.

행사나 보도자료 배포에서 **금요일, 주말 NO, 월~수요일 Good**

대대적으로 보도되기를 원한다면 금요일은 피하는 게 좋다. 지면 매체들 중 토요일자 신문을 발행하지 않는 곳도 많아지고 있으며 발행한다 해도 전체 지면수가 줄어서 기사화될 가능성이 적다. 따라서 주요 행사나 기자간담회 등은 가능한 금요일에 잡지 않는 것이 일반적이다. 좋은 요일은 주초, 월~수요일이다.

어쩔 수 없이 행사를 주말에 해야 한다면, 사전에월~수 보도자료를 배포해서 기자들이 "개최될 예정이다"는 예고 기사를 쓸 수 있도록 한다. 사전에 보도자료를 보낼 때는 '행사 당일 몇 시 이후에 사진과 영상을 제공할 수 있으며, 현장취재나 인터뷰를 원하는 기자는 따로 연락하라'는 내용을 적어둔다. 그리고 행사 당일 사진이나 영상을 찍어 사전 보도자료를 배포한 기자들에게 추가로 보내준다. 그러면 기자에 따라 당일 방문하거나 간혹 사전예고 기사를 썼던 기자가 행사 후 사진을 받아 다시 한 번 기사화하기도 한다.

인터넷 매체만을 타깃으로 한다면 금요일 배포도 OK

지면이나 방송이 아닌 인터넷 매체만을 타깃으로 할 때는 시간에 그리 구애받지 않아도 된다. 인터넷 매체의 장점이 보도자료를 받아 짧은 시간 안에 게재되는 것이다. 주말 동안 지면, 방송사 뉴스가 적을 때 인터넷 뉴스가 포털사이트 상단에 노출될 가능성이 커져 우리 회사 뉴스가 주목받을 수 있기도 하다.

보도자료는 행사나 발표일 3일~일주일 전 미리 발송

시간에 민감한 행사라면 보도자료는 여유를 두고 보내는 것이 좋다. 그렇다고 너무 일찍 보내면 기자들이 나중에 챙겨야지 했다가 잊어버릴 우려도 있다. 최소 3일에서 일주일 전쯤이 적당하다. 기자들이 취재 여부를 결정하고 편집자도 지면 할애 등을 결정할 시간이 필요해서이다.

방송을 염두에 두고 있다면, 방송기자와는 반드시 사전에 연락해서 영상 협의를 해야 한다. 방송에서는 아무리 좋은 기사도 영상으로 표현이 안 되거나 촬영할 여건이 안 되면 기사화될 수 없다. 사전협의를 할 때는 어떤 행사인지 간략히 개요를 설명하고 촬영 가능한 상황이나 장면을 알려준다. 보도가치가 높은 기사는 방송기자가 취재하고, 참고 영상을 촬영하겠지만 그렇지 못할 때는 피칭을 하는 쪽에서 양질의 영상을 제공해야 한다.

보도자료 발송은 오전 10시 이전에 조간신문 기준

조간신문이나 방송을 기준으로 할 때 기자들은 보통 하루에 두 번 아주 바쁜 시간을 보낸다. 오전에 어떤 기사를 쓸지 회사에 보고할 때10시 전후와 오후 기사 마감오후 3~5시이다. 오후 마감 때는 아예 전화조차 받지 않는 기자들도 많다. 이를 고려하여 보도자료를 오전에 일찍 보내 기자가 상부에 보고할 때 고려할 수 있도록 한다. 보도자료를 좀 여유 있게 보내면 그날 보고를 못한다 해도 다음 날 할 수 있다. 그런데 보도자료를 너무 행사나 발표일에 촉박하게 보내면 기자가 아예 보고도 못해 기사화할 수 없다.

보도자료를 보낸 뒤 기자에게 확인하거나, 사진 영상 등을 협의하기 위해 전화를 할 때는 오전 보고 시간대와 오후 마감 시간은 피한다. 처음 연락을 한다면 바로 전화하기보다 문자로 보내는 것이 서로 부담이 적다.

How 디테일한 배포의 기술

보도자료는 이메일로

보도자료는 이메일로 보내는 것이 가장 무난하다. 이메일은 텍스트, 사진, 영상을 손쉽게 첨부파일로 보낼 수 있고 필요 시 다양한 웹사이트 링크를 넣는 것도 가능하다. 이메일을 보낼 때는 수십 명에게 단체메일로 보내지 않고 개인별 보내기로 하는 것이 매너. 수신 확인 기능을 통해 기자가 보도자료를 열어보았는지 알 수도 있으니 오랫동안 열어보지 않고 있다면 전화를 걸어 확인 요청을 한다. 이메일과 함께 보조적으로 사용할 수 있는 것이 카카오톡이나

SNS로 보도자료 보내기이다. 기자가 그 자리에서 확인하기에는 가장 간편한 방법이지만 초면인 기자에게는 이메일이 무난하다.

보도자료 배포, 다다익선 vs 과유불급

"보도자료를 가능한 한 자주 만들어서 기자들에게 발송하고 있는데 지금은 반응이 없지만 자꾸 보내다 보면 정성을 봐서라도 보도해주지 않을까요?"

이게 맞는 말일까? 결론적으로 말하면 '아니다.' 보도자료를 지나치게 자주 보낼 경우, 해당 보도자료는 스팸이나 질이 낮은 콘텐츠로 분류되기 쉽다. 기자들이 보도자료를 선택하는 기준은 단 하나, 기삿거리가 되느냐 아니냐이다. 즉 1년에 한두 번 보도자료를 내더라도 보도 가치를 제시할 수 있어야 한다는 것. 그나마 우리 회사에 호감과 이해도를 가지고 있는 기자라 하더라도 1년에 수회나 발행되는 보도자료를 모두 기사화해주기는 힘들다. 보도자료 배포는 다다익선이 아니다. 오히려 과유불급의 원칙을 지키자.

미디어 목록, 기자 응대 경험이 없을 때 사용 가능한 보도자료 배포 서비스, 뉴스와이어(www.newswire.co.kr)

유료로 운영되는 보도자료 배포 서비스는 기업이나 단체를 대신하여 보도자료를 언론사와 기자, 포털사이트에 전송해준다. 미디어 목록이나 보도자료 배포 경험이 없을 때 이용할 수 있다. 물론 보도자료 배포 서비스가 기사화까지 확실하게 보장해주지는 않는다. 하지만 온라인매체까지 포함하여 다수에게 보내지는 만큼 중앙 언론사는 아니더라도 중소매체, 온라인매체 등에는 게재되는 성과를 기대할 수 있다. 꼭 서비스를 이용하지 않는다 해도 보도자료 배포서비스 사이트에 올라와 있는 다양한 산업 분야의 수많은 보도자료 형식을 벤치마킹할 수 있어 초보 홍보마케팅 담당자에게는 유용한 곳이다. 직접 보도자료 작성이 어려울 때는 유료인 보도자료 작성 서비스도 이용할 수 있다.

바뀐 언론 환경 속 스마트한 기자 대응법

언론 환경이 급격히 변하고 있다. 홍보마케팅 담당자들도 '1년이 무섭게 변하니 정신을 차릴 수 없다. 내년을 어떻게 준비해야 할지 모르겠다'는 소회를 종종 나누곤 한다.

다매체 소셜미디어의 강세로 절대강자 사라져

몇몇 주요 신문매체와 공중파 방송이 일방적으로 뉴스를 생산해서 전달하던 일방향형 절대강자의 시대는 가고 이제 다양한 형태와 규모의 커뮤니케이션 매체가 쌍방향으로 뉴스를 주고받는다. 언론사보다 뉴스 큐레이션을 하는 포털사이트가 더 막강한 파워를 자랑하고 인터넷신문들도 당당히 언론매체로 자리를 잡았다. 이제 정부기관이나 지방자치단체 기자실에 출입 기자로 등록해서 정식으로 출입도 하고 있다. 소위 조중동과 공중파 방송사의 독주 시대는 간 듯하다. 여기에 블로그, 페이스북, 트위터, 유튜브 등 소셜네트워크가 활성화되어 개인 미디어 시대까지 활짝 열렸다.

언론의 영향력이란 단순하다. 사람들이 많이 볼수록 영향력도 커진다. 즉 인지도가 떨어지는 온라인매체에 보도되더라도 인터넷 포털의 주요 기사로 다뤄질 경우, 네티즌으로부터 큰 반향을 일으킬 수 있고 이것이 다시 주요 매체 뉴스로 만들어져 더 큰 영향력을 가지며 배포된다.

온라인 뉴스, 소셜네트워크 등으로 인해 뉴스의 생산과 전달 속도가 상상을 초월할 만큼 빨라졌다. 물리적으로 꼭 필요한 제작 시간을 고려하여 사건 발생 시부터 전달까지 최소 6~24시간 이상 소요되던 것이 이제는 온 국민이 소식을 접하는 데 두 시간이 채 걸리지 않는다. 다매체를 통해 거의 광속으로 뉴스가 퍼져나가는 요즘, 아무리 유능한 홍보마케터라 해도 뉴스나 언론을 '관리할 수 없게' 되었다. 즉 한 번 발생한 일은 없던 것으로 만들기가 불가능해진 것.

돈 앞에 고개 숙인 언론

"조중동 33만 원, 매경 28만 원, 나머지는 최저가 8만 원으로 기사를 실어드립니다."

언론사 지면이 광고판으로 변질되어가고 있다. 단돈 수십만 원이면 유력 매체에 원하는 기업 홍보를 노출해주는 조건으로 영업하는 대행사들이 성행하고 있다. 미디어 환경이 소수의 전통 언론 중심에서 다수의 온오프라인 매체로 급속히 확장되면서 언론사 간 생존경쟁이 치열해졌기 때문이다. 광고 총량은 크게 달라지지 않았는데 급격히 늘어난 매체 수로 언론사마다 기획기사, 시상식, 문화행사 형태를 통한 협찬 유치에 적극적이다.

노골적인 광고가 아니라 기사 형태그러나 실제로는 광고로 기업 홍보를 하고 그 대가로 협찬비를 받는 형식이다. 예전에는 이런 기획기사를 기업이 언론에 얘기해서 집어넣었다면 지금은 언론사가 먼저 제안하는 식으로 상황이 바뀌었다. 그렇게 문턱이 높기만 했던 유력 매체들도 그러할진대, 경영 상태가 훨씬 열악한 지역 매체나 잡지의 경우, 이러한 기획기사를 가장한 광고 수주 요청이 더욱 노골적으로 이뤄진다. 목에 칼이 들어와도 진실만을 쓴다는 기자정신이 혹독한 자본 논리 앞에 무색해지는 현실이다.

스마트한 언론 사용법

이런 변화 속에서 '영리한' 언론 사용법은 무엇일까? 전통 매체들의 영향력이 줄고 기업에서 쓰는 언론홍보 비용이 줄었다고 홍보 자체를 줄이는 것은 아니다. 가성비 높은 대안매체를 찾고 기획력을 더해 저비용으로 고효율을 내는 방법을 모색하는 것, 즉 전략이 더욱 요구되는 시점이다. '홍보마케팅은 돈으로 하는 것' '중앙지 전면 광고나 공중파 9시 뉴스 광고가 최고지'라던 통념을 넘어서는 전략이 필요하다.

자신감 있게, 적극적으로

기자를 만나고 그들의 까다로운 질문에 대답하거나 자료를 만들어내는 일련의 언론홍보 활동은 결코 쉽지 않다. 기자 생활과 홍보마케팅 업무를 오랫동안 해온 필자도 기자와의 전화통화가 한 번도 쉽고 만만했던 적이 없다. 그렇지만 자신감을 갖고 적극적으로 언론에 다가가야 한다. 역설적이지만 언론업계가 어려울수록 홍보마케팅 환경은 좋아진다고들 한다. 전략적으로 매체를 활용할 기회가 늘어나기 때문이다. 생각보다 언론의 문턱은 그리 높지 않다. 좋은 기삿거리는 기업의 규모나 홍보마케터와의 친분 여부를 떠나 기자들을 움직이게 한다. "나는 아는 기자가 없어서…" "우리처럼 작은 회사를 주목해주기나 하겠어?"라는 자조 어린 불평을 할 시간에 "뭐 좋은 기삿거리가 없을까? 보도자료를 어떻게 만들어볼까?"를 고민하는 것이 지금 당장 당신이 해야 할 일이다.

해바라기가 아닌 만민평등 사랑법

이제 특정 유력 매체만 언론으로 생각하고, 그 매체에 노출이 되지 않으면 제대로 못했다며 홍보마케팅 활동을 포기해버리는 해바라기식 사랑법은 버리

자. 이는 백마 탄 왕자님을 기다리다 평생 연애 한 번 못해보고 마는 꼴이다. 우스갯말로, 차별은 기자를 삐뚤어지게 한다. 인지상정으로 유력 매체 기자에게 더 신경이 쓰이는 것이 사실이지만 이런 속마음을 기자들이 눈치채게 해서는 안 된다. 이는 '나는 홍보마케팅 하수요'라고 말하는 것과 같다.

홍보할 때는 누구와 만나더라고 늘 예의 바르고 정확한 정보를 전달하며 호감을 주는 인상을 남겨야 한다. 특정 매체와 단독으로 진행하는 기획기사가 아니라 출입기자단에 자료를 배포하려 할 때는 매체의 사세와 상관없이 모두에게 동일한 관심을 갖고 배려한다. 특히 자료를 보내지 못했는데 기자가 소식을 듣고 연락을 취해오면 더 정중하게 자료를 전달하고 기자명단에 바로 등록해둬 앞으로는 자료 배포 시 빠지는 일이 없도록 해야 한다. 오늘 중소 매체에 있던 초보기자가 몇 년 후 유력 매체 기자로 옮겨가는 일이 종종 있다. 기자는 자신에게 부당하거나 서운하게 대했던 홍보마케팅 담당자를 잊지 않는다.

바르고 알찬 정보를 주는 전문가가 돼라

보도자료를 보내놓고는 기자의 추가 질문에 제대로 답을 못하고, 보도자료 주장에 대한 제대로 된 근거도 못 댄다면 기자가 신뢰할 수 없을 것이다. 최소한 보도자료에 있는 내용에 대해서는 심도 있는 이해와 선행 공부가 되어야 함은 기본이다. 홍보마케팅 담당자는 자신이 속한 기업이나 조직뿐 아니라 그 업종 전반에 대한 정보도 잘 알고 있어야 한다. 기자는 자기가 할 말만 앵무새처럼 쏟아내는 사람보다 이런저런 정보를 폭넓게 주는 취재원을 선호한다. 예를 들어 병원 홍보마케터라면 자신이 일하는 병원 뉴스뿐 아니라 기자가 건강 관련 기사를 쓰도록 적절한 정보도 줄 수 있어야 한다. 그런 이야기를 나누다 보면 당초 계획보다 더 큰 기획기사가 나오고 인터뷰도 성사된다.

당신은 회사의 얼굴! 친화력과 당당함으로 매력도를 올려라

농담반 진담반으로 되뇌는 말이 있다. "홍보마케터는 서비스업 종사자이다. 오늘도 친절히!"

기자를 만나면 웃는 얼굴로 친근하게 대응하자. 과하게 굽실거리라는 말이 아니라, 진심을 실어 이야기하고 상대가 무엇을 알고 싶어 하는지 경청할 준비를 단단히 하라는 것이다. 기자를 만나는 동안에는 홍보마케팅 담당자가 조직의 얼굴이다. 기자는 자신이 만나는 사람을 통해 그 조직의 분위기와 역량을 가늠한다. 하기 싫은 일을 억지로 한다는 느낌을 주거나, 조직에 애정이 없어 보이는 사람은 기자도 만나기 싫어한다. 물론 매너 없고 무례한 기자도 많다. 그렇다고 매번 싸울 수 없고, 싸워 이긴들 아무런 이득이 없다. 조직과 당신에게 적대적 감정을 가진 언론만 하나 늘어난다. 상대를 바꾸려 하기보다 그런 사람도 능숙하게 대응할 수 있도록 자신을 단련하는 것이 더 생산적이다.

진정성으로 무장하라

조직의 메시지를 전달하는 제일선에 선 홍보마케팅 담당자들에게는 엄격한 윤리의식이 필요하다. 정직하고 진정성 있는 태도는 좋은 메시지를 만들고, 기자들과도 좋은 관계를 형성하게 해서 결국 조직에 이익이 되는 결과를 가져온다. 그래서 진정성은 단순히 도덕적 당위에서뿐 아니라 가장 비즈니스적인 전략이 된다.

몇 년 전 큰 태풍으로 온 나라에 물난리가 나서 도로망이 엉망이 된 적이 있었다. 당시 필자가 근무하던 인천대교가 8시간 동안 통행이 금지되고 인근 교량, 고속도로 등도 비슷한 상황이었다. 기자들이 전화해서 자료를 요구하고 상황에 대한 전화 인터뷰를 요청해서 정신이 하나도 없었다. 회사 앞에 방송

중계차들도 몰려와 홍보팀과 상황팀 직원이 모두 꼬박 밤을 새웠다. 태풍이 지나간 뒤 다음 날 연합뉴스에 "인천대교 태풍 대응력 최고"라는 기사가 크게 났다. 상황실과 홍보팀에서 언론과 이용자들에게 즉각적으로 정보를 제공하여 피해를 줄였다는 그야말로 칭찬일색의 기사였다. 이 기사는 다른 도로 운영사들과 국토교통부 수뇌부에게까지 전해져서 위기 대응 모범사례로 꼽히며 회사 호감도를 높이는 계기가 되었다. 홍보마케팅 담당자로서 기분 좋은 일이었지만 의아하기도 했다. '할 일을 했을 뿐인데' 싶어서였다. 기사가 난 뒤 감사 인사를 할 겸 해서 기자에게 전화를 했다. 기사 작성의 배경을 슬쩍 물어보았다. 기자가 웃으며 말했다.

"그때 한 시간 안에 재난 상황에 대한 기획기사를 작성해야 했거든요. 시간은 없는데 여러 곳에 전화해서 체크해야 할 것들이 많았죠. 다들 바쁘다는 핑계로 취재 요청에 노코멘트하거나 아예 전화를 받지 않기도 하더라고요. 그런데 인천대교 담당자는 요청한 자료를 빨리 구해주고 인터뷰할 수 있도록 담당자도 연결해주었어요. 얼마나 뛰어다녔는지 통화 내내 숨을 헉헉 몰아쉬며 말이죠. 그 숨소리를 들으며 참 고마웠습니다. 그리고 그런 태도의 회사 분위기라면 위기관리력도 뛰어나다 생각했죠."

활용도를 높이는 보도자료 형식

세상의 보도자료는 딱 두 종류다. 기사화된 보도자료, '까인기자에게 외면당한' 보도자료. 힘들게 만든 보도자료가 기사화되었을 때의 기쁨은 참 크다. 하지만 모두 기사화되는 것은 아니다. 그럴 때면 힘들게 만든 자료가 그냥 버려지는 것 같아 무척 속상하다. 보도가 되지 않았다고 컴퓨터 파일함 속에 넣어둔 채 묵히진 말 것. 소위 언론에 외면당한 '까인' 보도자료도 잘 활용할 수 있다. 보도가 되든 되지 않았든 보도자료의 활용도를 높이는 다양한 방법을 알아보자.

회사 홈페이지, 블로그, 유튜브 계정, 주요 검색어 링크 걸기

보도자료를 기획할 때부터 재활용까지 염두에 두자. 즉 다양한 방법으로 온라인에서 검색될 수 있도록 기획하는 것이 전략. 보도자료에 회사 소개와 함께 회사 홈페이지로 향하는 링크를 포함시키자. 보도자료 맨 처음에 회사나 단체명을 쓰는데 이때 '기업명대표○○○, www.△△△.com' 등으로 홈페이지 링크를 추가한다. 홈페이지뿐 아니라 회사 블로그, 인스타그램, 유튜브 계정 등도 좋다. 이렇게 하면 기자들이 손쉽게 홈페이지로 들어와 본인들이 필요한 자료를 더 찾아볼 수 있다. 온라인매체에 기사로 게재된 뒤 독자들이 바로 클릭해서 홈페이지나 블로그를 방문할 수도 있다. 실제로 보도자료를 배포한 뒤 웹페이지 방문객이 크게 늘어나는 경우가 종종 있다.

주목도 높은 키워드를 제목, 본문에 적절히 활용하기

보도자료 제목이나 본문에 최근 사회적으로 관심도가 높거나 검색빈도가 잦은 키워드를 넣어보자. 인터넷신문이나 포털에 관련 기사가 떴을 때 관심을 끌어 독자들의 클릭을 유도할 수 있다. 동시에 독자가 뉴스 콘텐츠에서 키워드 검색을 통해 원하는 뉴스와 정보를 찾을 때 잘 찾아지는 효과도 있다. 물론 이번에 홍보하고자 하는 내용과 상관없이 무조건 화제성 있는 키워드로 채우라는 것은 아니다. 네이버 검색광고나 네이버 데이터랩, 구글트렌드 등 빅데이터 사이트를 통해 내가 속한 산업군의 인기 검색어, 관련 상품/서비스 연관 검색어, 시기별 인기 검색어 등을 사전에 충분히 조사하면 자연스럽게 검색에 최적화된 키워드를 감지할 수 있다.

검색엔진은 이미지와 동영상을 좋아해

검색엔진은 텍스트 외에 사진과 영상도 검색한다. 특히 사진은 엄청난 검색 트래픽을 유발하므로 사진이 많을수록 보도자료가 더 클릭되고 사진 설명이 잘되어 있을수록 검색과 공유 가능성도 높다. 사진 설명에 핵심 키워드를 넣고, 보도자료에 브랜드 로고를 삽입하는 것도 잊지 말 것.

사람들은 SNS을 통해 흥미로운 이미지를 친구들과 공유한다. 단 이미지나 동영상을 첨부할 때는 반드시 디지털 저작권을 확인한다. 보도자료에 저작권이 타인에게 있는 저작물을 사용할 시에는 저작권 침해 문제로 골머리를 앓을 수 있으며 보도자료를 믿고 쓴 언론사도 낭패를 본다. 그러면 자연히 보도자료 배포기관에 대한 신뢰도도 낮아진다. 가능한 직접 제작한 것을 쓰고 그렇지 않은 경우 저작권 여부를 반드시 확인한다.

보도가 되든 안 되든 모든 보도자료는 회사 웹페이지에 게재

보도자료는 언론만을 위한 것이 아니라 회사 웹페이지 방문객을 위한 좋은 자료이기도 하다. 보도자료를 자사 홈페이지나 블로그, 페이스북, 인스타그램 등에 올려두자. 홈페이지에 보도자료 메뉴를 따로 만들어 지속해서 올려 정보를 축적해가는 것도 좋다. 기자나 방문객이 보도자료만 보아도 이 회사에서 어떤 주요한 일들이 있었는지 알 수 있다. 블로그나 페이스북, 인스타그램 등에 올릴 때는 보도자료 원문을 요약하거나 내용을 좀 더 읽기 쉽게 수정한다. 제목을 달리하는 것도 시도해볼 수 있다. 즉 언론에게 제공하는 보도자료보다 좀 더 직접적으로 회사 홍보 내용을 넣는다든지 검색엔진 최적화에 적합하게 수정해도 된다.

기사화되었다면 적극적으로 알리자

보도자료가 기사화되었다면 홈페이지나 블로그, 인스타그램 등 회사 웹페이지에 기사 게재 소식을 알리자. 광고보다 훨씬 신뢰 가는 인상을 줄 수 있다. 홍보는 특히 언론의 입으로 하는 것이 제일 효과적이다. 기존고객에게도 뉴스레터를 통해 보도자료와 기사 게재 소식을 알리고 직원들도 볼 수 있도록 사내 게시판에 올려둔다.

그러고 보면 홍보마케팅에는 하나의 정답만 있는 것이 아닌 것 같다. 결과가 중요하지만 결과를 향해가는 과정도 유의미하다. 이렇게 홍보는 목표지향적이면서 동시에 그 과정에서 유연하게 이뤄갈 것들이 많은 흥미진진한 여정이다.

PART 6

작은 회사에 유리한 온라인 홍보

회사마다 온라인 홍보마케팅 방법이 달라야 하는 이유

오랜만에 출판사를 운영하는 지인을 만났다. 최근 제주 오름 여행에 관한 책을 마무리하고 마케팅 작업을 시작했는데 어떻게 해야 할지 고민이라고 했다.

사람들은 어떤 방식으로 책 정보를 얻고 구매까지 할까? 점점 온라인을 통한 정보 습득률이 높아지고 있다. 대형서점 온라인 사이트에서 소개하는 신간 소식을 보거나 책 관련 블로거의 소개글, 책 전문가의 소개뿐만이 아니라 인스타그램이나 페이스북 지인들이 올린 책 사진과 내용글이 중요한 유인책이 되고 있다. 또 북튜버로 불리는 책소개 유튜브 크리에이터가 소개하는 책이 입소문을 타면서 서점에는 아예 북튜버 추천도서 진열대가 꾸려지기도 한다. 책 정보 제공 수단이 SNS와 동영상 플랫폼으로 옮아가고 있다.

다시 출판사 대표와의 만남으로 돌아가보자. '제주' '오름' '사진' 그리고 '글'. 홍보마케팅하는 사람들은 딱 이야기만 들어도 홍보거리가 눈에 보인다. 매력적인 콘텐츠를 만들기에 너무 좋은 요소들 아닌가. 책 만들기는 양질의 콘텐츠를 생산하는 일이다. 그 콘텐츠를 다양하게 활용해봄직하다. 책이라는 완성본을 서점에서 판매하는 것에만 국한하지 말고 기획부터 제작 과정, 저자 스토리, 책 내용 소개, 북 콘서트, 출판 에디터의 일상, 독자 참여 이벤트, 낭독 모임 결성 등으로 잠재독자와 지속해서 소통해보는 것은 어떨까? 다양한 온오프라인 활동과 연계하면 책 한 권으로 많은 홍보거리를 만들 수 있다. 그 출판사 대표는 이날 대화를 계기로 한동안 뜸했던 독후활동 블로그를 다시 쓰고, 출판사 인스타그램 계정도 개설했다.

디지털 시대, 작은 회사의 생존무기가 되는 온라인 홍보마케팅

중소기업, 스타트업, 1인기업, 프리랜서, 비영리재단이나 예술문화단체 등에 있어 온라인 홍보마케팅은 생존의 문제이다. 우리가 제품/서비스를 만들어놓으면 고객이 바로 알아줄 것 같지만 그럴 확률은 지극히 낮다. 고객들은 우리가 어떤 제품을 만들었는지 알지 못하고 알 길도 없다. 고객들에게 우리가 만든 제품/서비스의 매력을 알리고, 찾아올 이정표를 꾸준히 남겨야 한다. 온라인에 말이다. 온라인 홍보마케팅은 이제 하고 말고의 문제가 아니라 살아남기 위해서는 반드시 해야 하는 것이 되었다.

디지털 시대에서는 큰 조직이나 작은 조직, 집단, 개인이 모두 동일선상에 서게 된다. 큰돈을 들여 홍보나 광고를 하기 어려운 작은 회사나 개인에게 온라인 홍보마케팅은 기회이자 강력한 무기가 된다.

콘텐츠별, 상황별 잘 맞는 온라인매체는 따로 있다

직무나 업종에 따라 더 효과적으로 만들 수 있는 콘텐츠가 있으며 이 콘텐츠에 따라 효과적으로 전달하는 온라인매체 역시 달라진다.

오프라인 사업장을 기반으로 하는 카페, 음식점, 학원 등은 매장 주변의 지역을 중심으로 네이버, 다음, 구글 지도 '업체 등록'을 통해 우리 매장에 찾아오기 쉽게 한다. 잠재고객을 확보하는 방법으로 매장 주변 지역의 고객을 타깃으로 설정하여 '페이스북 광고'를 진행할 수도 있다. 페이스북 광고는 마케팅 대상에게 정확하게 메시지를 전달하는 타깃팅 설정이 강점이다. 예를 들어 카페를 운영할 경우 "우리 커피는 서울에 사는 23세 여대생이 좋아할 것이다"라는 가설을 세워보자. 페이스북 광고를 통해 '지역은 서울, 나이 23세, 성별 여성, 관심사 커피, 대학생'으로 설정하여 메시지를 발송해 반응을 볼 수 있다.

매장에 온 고객은 재방문하는 단골고객으로 만드는 것이 중요한데, 이를 위해서 카카오플러스친구를 통해 지속적인 관리를 하고 방문 실적 이벤트를 진행할 수 있다. 카카오플러스친구는 카카오톡 안에서 구매, 주문, 예약/예매가 가능한 모바일 홈페이지 역할을 한다. 1:1 채팅이 가능하며, 고객들과 소통할 수 있어 기존고객들에게 정보를 주기 좋은 수단이다. 이외 인스타그램이나 페이스북 등 SNS 계정을 통해 정보와 일상을 공유하는 콘텐츠를 지속적으로 만들어 고객을 친구로 만들어가는 과정도 필요하다.

온라인 쇼핑몰 등은 상품이나 서비스 정보를 쉽고 자세히 볼 수 있는 홈페이지 개설과 운영이 중요하다. 홈페이지는 상품 전시와 상담, 구매가 이뤄지는 온라인상의 사업장이다. 고객들이 원하는 정보를 쉽게 얻도록 상세페이지를 공들여 만드는 것이 중요하다. 예쁘기만 한 사진이나 영상이 아니라 제품과 서비스 사용법과 가치를 잘 설명하는 정보성 비주얼 자료를 배치하고, 다른 고객의 후기를 확인하기 쉽도록 구성하며 고객들이 실시간으로 상담하게 시스템을 갖추는 것이 좋다. 홈페이지를 방문했던 사람들을 대상으로 재방문을 유도하는 '리타깃팅 광고'를 진행하거나 SNS 운영을 통해 인지도를 관리해 간다.

사람이 중요한 보험, 중고차 판매, 웨딩, 부동산 사업 등은 SNS가 홈페이지 역할을 하는 만큼 'SNS 개인계정 운영'이 필수. 인스타그램에 올려놓은 실적, 고객 후기 등을 접하고 고객들이 직접 상담 요청하고 구매가 이뤄진다. 자신의 전문성을 드러내 신뢰도를 높이는 방법으로 유튜브 채널을 개설하여 관련 정보를 꾸준히 게재하며 잠재고객들과 소통하는 방법도 좋다.

신규고객은 '검색', 기존고객은 '구독'을 기반으로 접근하라

온라인 홍보마케팅 활동에서는 중점적으로 타깃팅하는 대상이 누구인지에 따라서도 전략이 달라진다.

내 제품/서비스에 처음으로 접근하는 신규고객 확보를 목적으로 할 때는 이들이 나를 잘 찾도록 '검색'을 기반으로 하는 전략을 편다. 홈페이지나 블로그를 만들고 포털사이트에 노출이 쉽게 되도록 하는 식이다. 특히 대표 포털사이트인 '네이버'에 효과적인 노출을 하는 것이 중요한 만큼 어떤 키워드로 어떤 콘텐츠를 만들어서 네이버의 어느 영역에 노출할지를 고민해본다.

반면 나를 알고 있고, 내 제품이나 서비스를 구매한 기존고객을 위한 마케팅은 '구독'을 기반으로 하는 매체를 활용한다. 네이버 블로그, 페이스북, 카카오톡 플러스친구, 인스타그램, 유튜브, 이메일, 밴드 등의 채널을 통해 시의적절하게 상대와 지속해서 소통하고 친밀감을 높여 팬심을 확보한다.

제품이나 서비스를 신규고객들에게 알려야 하는 사업의 초기 단계에서는 네이버 등 포털사이트 노출에 집중하고 이후 기존고객이 늘어나는 중기 이상 단계에서는 페이스북, 인스타그램, 유튜브 등 SNS와 동영상 플랫폼 매체 등을 통해 지속적인 관리와 소통을 해나간다.

헤밍웨이는 '지금 당신이 무엇을 못 가졌는지가 아니라 당신이 가진 것으로 무엇을 할 수 있을지를 생각하라'고 했다. 자, 여러분이 가진 콘텐츠로 무엇부터 시작할 것인가?

영원한 고민
온라인 홍보마케팅 대행사 쓰기

"직접 내가 할까? 대행사를 쓸까?"

온라인 홍보마케팅에 국한하여 답변한다면 '시작 단계에서는 반드시 직접 해야 한다'이다. 온라인 홍보마케팅은 목표를 세우고 실행하는 모든 단계에서 전략이 필요하고, 이를 시간과 노력을 들여 지속적으로 진행해야 효과를 보는 만큼 진심으로 홍보 대상을 잘 알고 애정이 있는 사람이 수행할 때 더 큰 효과를 낼 수 있다. 어느 정도 스스로 큰 틀의 내용을 숙지하고 마케팅 방향성을 정해 전략을 수립할 수 있어야 대행사에 맡기더라도 더 잘 시킬 수 있다. 온라인 생태계를 아는 것은 앞으로의 비즈니스 환경에서 나에게 큰 무기가 되는 만큼 충분히 시간과 노력을 들일 가치가 있다.

온라인 홍보마케팅을 잘하는 사람의 유전자는 따로 있다?

온라인 홍보나 SNS 관리를 잘하는 사람의 유전자가 따로 있을까? 호기심과 관심이 온라인 세계에서는 강점이 되는데, 그런 성향이 급변하는 온라인 홍보 환경, 다양한 채널의 등장에 부담을 느끼기보다 더 재미를 찾고 이내 능숙하게 사용하기 때문이다. 온라인 홍보는 오프라인에서 친구를 사귀고 팬을 만들어가는 것과 똑같은 생리를 가진다. 자주 만나고 재미있는 이야기를 나누며 진심을 전해야 하는 것. 편법을 써서 일시적으로 팔로어나 방문자를 늘리고 자극적인 소재로 노이즈 마케팅을 하는 방식으로는 장기적으로 온라인에서 성공할 수 없다. 잠재고객들, 타깃으로 해야 할 고객들의 경향과 특성을 파악하고 그들과 지속해서 소통할 방법을 찾아야 한다. 제품/서비스에 대한 정보를 다양한 콘텐츠로 만들어 전달하고, 고객들과 일상을 나누기도 하며, 고객 참여를 유도하는 이벤트도 기획해서 말이다. 이런 일들을 지치지 않고 꾸준히 잘해내는 데 필요한 덕목이 바로 호기심과 관심이다.

온라인 홍보마케팅 생태계를 알고 나에게 맞는 대행방법을 찾자

'전문적인 일은 전문가에게 맡겨야지'라며 온라인 대행사에 의지하는 경우가 많은데 대행사는 만능이 아니다. 더구나 기획 단계에서부터 시간을 들여 우리 조직을 이해하고 비전을 공유해서 홍보마케팅 전략을 수립하며 실행까지 해주는 대행사를 만나기란 쉽지 않다. 만난다 해도 비용이 만만치 않다.

온라인 홍보마케팅에 대해 모든 것을 알고 시작할 수는 없으니 공부한 방법과 이론을 일단 실행해보자. SNS를 직접 운영해보고, 우리 회사 제품/서비스 분야와 비슷한 업종에서는 어떻게 온라인 홍보마케팅을 하는지 유심히 살펴보면서 트렌드를 익혀가는 것이 중요하다.

타 사례를 참고할 때 유의할 점이 있다. 유행하는 온라인 홍보마케팅 방법을 무조건 따라 하는 것이 절대 최선이 아니라는 것. 대세로 떠오른 방법이 우리에게 100% 맞으리란 법은 없다. 우리 타깃고객에 대한 분석, 우리가 가지고 있던 콘텐츠에 대한 고민, 그에 맞는 채널 선택에 따라 온라인 홍보마케팅 방법은 무수히 많은 모습으로 변주된다.

포털사이트에 업체 등록을 하면 어김없이 온라인 대행사로부터 전화를 받게 된다. "블로그 상위에 노출해주겠다" "파워링크 광고 6개월 일시불 계약하면 할인해주고 키워드 노출해주겠다" 등의 전화이다. 비용도 월 몇만 원이라고 하니 저렴하게 느껴져서 당장 계약을 하곤 한다. 하지만 이렇게 무작정 시작한 광고가 실제로 매출 상승으로까지 이어지는 경우는 많지 않다. 대행사의 제안에 따라 더 큰돈을 들여 키워드 광고를 하고 블로그 상위 노출, 체험단 운영 등을 해보지만 만족스러운 결과를 얻지 못할 때가 더 많다. 온라인 홍보마케팅은 내가 아는 만큼 효과를 볼 수 있다.

보통 홍보 대행사에서는 의뢰를 받으면 제안서를 작성, 협의를 거친 뒤 실행하고, 결과 리포트를 제출한다. 이때 어느 정도 규모가 있는 홍보마케팅 회사라면 실행 부분을 대행사에 맡기는 경우가 많다. 이 대행사는 또 다른 대대행사에 맡기거나 마케팅 실작업자, 실행사라고 불리는 프리랜서나 1인기업 등에 일을 준다. 공식 광고 집행 외에 비공식 광고방법인 블로그 상위 노출, 네이버 지식인 노출, 인스타그램 팔로어 유입 대행, 페이스북 포스팅 대량 배포, 연관검색어 자동완성 등 '광고처럼 보이지 않게 광고하는' 다양한 방식을 실제 작업하는 사람들을 실작업자, 실행사 등으로 부른다.

이런 생태계에서 예를 들어 1,000만 원의 비용을 들여 A라는 마케팅 회사와 계약을 했다면 마케팅 대행사, 대대행사, 실작업자를 거치면서 결과적으로 2, 300만 원어치의 광고 계약이 되는 경우가 비일비재하다.

적은 비용으로 온라인 홍보마케팅을 실행하려면 직접 실작업자를 찾아 필요한 작업을 의뢰하자. 실작업자들은 보통 프리랜서, 1인기업 형태가 많은데 이들이 가장 많이 모여 있는 곳은 재능마켓이다. '크몽' '오투잡' '셀클럽' 등이 대표 사이트이다. 재능마켓에서 직접 실작업자를 찾을 때 가장 기본이 되는 기준은 비용이 저렴하고 평가가 좋으며 응답이 빠른가이다. 그리고 한 작업자와 큰 비용으로 오래 거래하기보다 액수를 작게 해 여러 명과 다양한 방법으로 광고를 시행해보는 것이 좋다.

온라인 대행사와 일할 때 체크 사항

마케팅 주도권은 나에게 있다 – 대행사에 내 전략을 설명하라

"500만 원으로 알아서 광고해주세요"라는 식의 작업지시는 안 된다. "우리 회사는 ○○○○ 목표를 가지고 있고 이를 위해 이런저런 마케팅을 하고 싶은데 얼마의 예산이 드는지, 효과는 어떤지, 비슷한 업체 사례가 있는지 알려달라"고 하는 것이 맞다. 전문 대행사라고 해도 무조건 맡기지 말고 실행 전에 목적과 운영 내용 등을 충분히 협의하자. 내가 마케팅의 주도권을 가지고 가야 한다. 대행사와 이야기할 때는 '상담'이 아니라 내 전략을 대행사가 어떻게 실행할지 '브리핑'을 받는 것임을 스스로에게 분명히 한다.

다양하게 노출이 가능한 대행사를 찾아라

광고 방법이나 채널을 선택할 때는 '무조건 많이'가 최선이 아니라 나의 잠재 고객들이 많이 오가는 길목을 잘 찾아 집중하는 것이 좋다. 단순히 홈페이지 방문, 팔로어 수를 늘리는 것이 최선이 아니라 이를 구매로 전환시킬 수 있어야 한다. 즉 대행사는 소비자의 구매 루트를 이해하고 이에 맞춰 다양한 채널에 노출시킬 수 있어야 한다. 대행사마다 전문적으로 많이 다뤄본 제품/서비스 군이 있다. 검색광고를 잘하는 회사, 모바일 홍보를 잘하는 회사, 바이럴 홍보를 잘하는 회사 등 잘하는 분야가 다를 수도 있다. '무조건 상위에 노출시켜주겠다' 식의 단순한 제안을 하는 곳 말고, 전략을 갖추고 우리 회사 업종에 대한 이해와 성공 경험이 있는 대행사를 선택하자.

실제 광고비 대비 매출 전환 효과에 주목하기

온라인 홍보마케팅을 시행하면서 가장 먼저 눈길이 가는 것이 상위 노출, 홈페이지 유입량 증가, 인스타그램이나 페이스북 방문자 수 증대 등이다. 하지만 배너 광고 등을 하면 일시적으로 홈페이지 유입량은 대폭 증가하는데 잘 살펴보면 체류 시간이 2, 3초에 불과하여 구매로 전환이 되지 않는 경우가 많다. 블로그 상위 노출, 키워드 광고 등을 했다면 이 결과를 수치로 보여주며 분석을 해낼 수 있어야 좋은 대행사이다.

예를 들어 자사 홈페이지를 통해 사과를 판매하는 업체가 '가을 사과 따기 행사'를 벌여 블로그 체험단을 썼다고 가정해보자. 이후 홈페이지와 블로그를 통해 한 달 동안 신규방문 500건이 발생하였고 실제 구매가 10건이 이뤄졌다면 구매 한 건당 광고비가 어느 정도 사용되었는지 수치로 계산해낼 수 있다. 단순히 방문객이 많이 늘었다에 만족하기보다 실제 비용 대비 전환 효과가 어느 정도인지 판단하여 향후 광고 진행을 계속할지, 다른 방법을 사용할지 등을 결정한다. 이런 판단을 위한 객관적인 자료를 숨김없이 제공하는 대행사인지 판단해볼 것.

보고 일정을 사전에 요구하라

어떤 일을 대행으로 맡길 때 의뢰사는 '대행사가 무슨 일을 하는지 알 수 없어 답답'하고, 대행사는 '모든 일을 다 알릴 수 없는데 의뢰사가 필요 이상으로 간섭한다'라고 여겨 갈등이 생기기 마련이다. 온라인 홍보마케팅에서도 마찬가지이다. 사전에 진행 업무를 언제 어떤 방식으로 보고할지 결정해두자. 실적 판단 기준이 되는 지표들을 무엇으로 할지도 미리 정해둔다.

마케팅 효과를 제대로 보려면 대행사를 귀찮게 해야 한다. 진행하기로 한 업무가 지금 어떻게 되어가고 있는지, 효과들은 어떤지, 고객 반응은 어떠한지 계속 물어보고 서로 약속한 일정에 보고를 하도록 챙겨야 한다. 대행사도 지속해서 관심을 두고 질문해오는 고객의 일을 한 번 더 돌아보기 마련이다.

대행사 선정 전에 업체 간 비용을 비교해보라

온라인 대행사마다 가격이 다른 이유는 서비스의 질과 업무 프로세스가 다르기 때문이다. '사실 저렴하고 좋은 광고는 없다, 단 가격 대비 효율적인 광고는 있다.' 대행사의 견적 단가가 너무 저렴할 경우 경계하는 게 좋다. 비싸다고 좋은 것도 아니다. 비싼 경우는 업체가 자체적으로 소화하지 않고 외주를 다시 주기에 마진으로 인해 가격이 높아지는 것이다. 광고비용은 반드시 손품을 들여 비교해본다.

대행사 스스로 어떻게 홍보하는지 검색해보기

온라인 홍보마케팅 대행사들이 스스로를 어떻게 홍보하는지 살펴보자. 홈페이지가 중요하다고 고객들에게 이야기하면서 그들은 변변한 홈페이지 하나 갖고 있지 않다면? 포털사이트에 온라인 홍보마케팅, SNS 마케팅, 바이럴 마케팅 등으로 검색했을 때 그 업체가 노출되지 않는다면 별로 신뢰가 가지 않는다. 온라인 홍보마케팅은 무의식적으로 이용자들에게 스며들게 해야 하는데 본인들 사업조차 온라인 홍보마케팅을 못한다면 문제가 있거나 너무 신생업체, 개인사업자일 가능성이 있다.

온라인 홍보마케팅으로 매출 상승 효과를 얻으려면 정확한 타깃팅, 내 아이템의 장점 부각, 내 사업과 알맞은 채널 선정, 광고 형태와 내 사이트와의 연계성 등 연결고리를 잘 형성해야 한다. 이런 과정이 없다면 대행사를 선정해 광고해도 성공을 장담할 수 없다. 무엇보다 스스로 온라인 생태계를 이해하고 호기심과 관심을 두고 지속해서 내 사업에 가장 적합한 온라인 채널을 탐구해가야 한다. 아는 만큼 돈이 되는 곳이 바로 온라인이다.

온라인 홍보마케팅 시작할 때 알아두면 좋은 용어 12개

1. Abusing: 어뷰징

오용, 남용, 폐해라는 뜻으로, 포털사이트나 매체가 의도적으로 클릭 수를 늘리기 위해 조작하는 행위, 부정한 방식으로 트래픽을 늘려 수익을 챙기는 행위를 말한다. 봇, 컴퓨터로 이상 트래픽을 발생시키는 사기 수법이 대표적이다.

2. Bounce Rate: 이탈률

소비자가 홈페이지를 방문해 한 페이지만 보고 나가는 수를 이탈률 또는 반송률이라고 한다. 웹페이지 내에서 어떤 상호작용도 없이 나갔을 때의 비율. 예를 들어 원피스 광고를 타고 한 쇼핑몰에 들어왔지만 다른 상품을 보거나, 회원 가입 행동 없이 바로 나가는 상황에 해당한다.(이탈률 = 반송수/방문수×100)

3. CPC(Cost Per Click): 1회 클릭당 비용

광고비 책정 방법의 하나로 광고 노출과 관계없이 클릭이 한 번 발생할 때마다 요금이 부과된다. 일종의 키워드 광고로 사용자가 검색한 결과에 따라 유사한 내용의 광고배너 또는 링크를 함께 노출시킨다. 예를 들어 '손목시계' 등의 단어를 검색한다면 그와 연관된 상품의 광고배너를 사이트에 노출하는 식이다. 즉 이 마케팅은 사용자에게 보이는 노출이 아닌 사용자의 참여가 필요한 클릭 횟수에 따라 비용이 발생한다. 웹 광고에서 흔히 쓰이며, 이를 적용하는 광고는 구글 애드센스, 네이버 파워링크 등이 있다.

4. CTR(Click Through Rate): 클릭률

광고를 보다가 사용자가 클릭한 수가 얼마나 많은지 보여주는 비율이다. 평균적으로 최고 0.1%, 최대 2% 안팎의 수치를 보인다. 클릭률이 높을수록 광고가 올바른 대상에게 노출됐다고 판단할 수 있다.(클릭률 = 클릭수/노출수×100)

5. CVR(Conversion Rate): **전환율**

전환은 광고를 통해 사이트로 유입된 방문객이 광고주가 원하는 특정 행위를 하는 것. 특정 행위는 뉴스레터 가입, 소프트웨어 다운로드, 회원 가입, 장바구니 담기, 제품 구매 등이 될 수 있다. 전환율은 광고를 클릭해 사이트에 들어온 방문객이 특정 행위(전환)를 하는 비율을 말한다.(CVR = 전환수/유입수×100)

6. Deep Intent Analysis(D.I.A.): **다이아 로직**

네이버의 AI를 활용한 검색 로직으로, 글 내용을 분석해서 어떤 정보와 경험, 의견을 담고 있는지 문서를 이해하려는 기계학습을 말한다. 즉 네이버 데이터를 기반으로 방문자가 가장 선호하는 포스팅에 점수를 매기고 상위 노출에 반영하는 것이다. 다이아 로직은 해당 문서 정보의 충실성과 정확도, 독창성과 실제 경험 여부를 따져 적합하다고 판단되는 문서를 랭킹에 올리기 때문에 양질의 콘텐츠를 생산하는 신생 블로그도 상위 노출이 쉬워졌다.

7. DT(Duration Time): **체류 시간**

사용자가 사이트에서 머물다 떠날 때까지의 시간을 의미한다. 체류 시간이 길수록 사용자 활동이 많아지고 원하는 목적이 달성될 확률이 높으므로, PV와 함께 고객 충성도를 살펴볼 지표가 되기도 한다. 체류 시간이 짧다면 페이지 내에 어떤 점이 사용자를 충분히 끌지 못하는지 확인해볼 필요가 있다.

8. Impression: **노출**

노출이란 광고가 고객에게 보이는 순간으로, 광고주의 상품과 고객이 첫 대면을 하고 커뮤니케이션 접점이 만들어지는 순간이다. 노출수란 노출이 발생한 횟수를 말한다. 즉 사용자가 노출을 본 횟수를 뜻한다.

9. Landing Page: 랜딩 페이지

검색 광고 텍스트나 배너 광고를 클릭했을 때 연결되는 페이지로 방문 시 맨 처음 보게 되는 페이지이다. 랜딩 페이지를 방문자의 목적에 따라 제작했느냐에 따라 전환율, 이탈률에 영향을 준다.

10. PV(Page View): 페이지 뷰

웹사이트 한 페이지에 사용자가 접속한 수를 세는 단위. 가장 높은 뷰를 기록한 페이지가 인기 있는 곳으로, 이를 기준으로 집행하는 광고 위치를 정하는 전략을 세울 수 있다.

11. Reach: 도달률

특정 광고나 메시지에 최소 한 번 또는 그 이상 노출된 사람의 숫자나 비율(%)을 말한다. 도달률의 경우 광고가 여러 번 노출됐더라도 한 번으로 계산한다.

12. ROAS(Return On Ads Spending): 광고 수익률

광고나 마케팅 효율 측정을 위한 지표로 광고비용 대비 성과를 의미한다. 200만 원을 들여서 2,000만 원의 매출이 일어났다면 2,000만 원을 200만 원으로 나누어 곱하기 100을 한 1,000%가 이 광고 집행의 ROAS값이 된다. 집행하고 있는 캠페인이 어떤 상황인지 점검해볼 지표가 된다. 이를 바탕으로 마케팅을 어떻게 할지 통찰을 얻을 수도 있다.(ROAS = 매출/광고비용×100)

성공의 비밀
꼼꼼한 계획, 꾸준한 실천

온라인 홍보마케팅은 언제 시작하는 것이 효과적일까? 적절한 시기를 정하기 위해서는 왜 온라인 홍보마케팅을 하는지 목적과 목표가 먼저 고려되어야 한다. 예를 들어, 투자를 유치해야 하거나 새로운 제품과 서비스를 오픈하기 전, 매출이 늘지 않고 정체되어 있거나 혹은 기존에 해오던 광고가 효과가 없을 때, 자연스럽게 온라인 홍보마케팅 계획을 새로 세우거나 재정비할 필요를 느낀다. 제품/서비스가 실제로 출시되기 전이라도 명확한 콘셉트가 있다면 초기 사용자를 모집하거나 SNS 방문자를 대상으로 홍보 계획을 잡고 실행하는 것이 효과적이다. 사람들의 기대감을 높이고 출시 이후에까지 관심을 지속시켜 긍정적인 성과를 낼 수 있다. 초기 사용자들의 후기를 바탕으로 빠르고 지속적으로 서비스를 업데이트해나가며 열성적인 사용자 커뮤니티팬를 만들기도 한다. 이처럼 홍보마케팅 시점을 전후하여 기회를 적극적으로 개척하고, 기회가 왔을 때는 자원을 효과적으로 활용해서 결과를 만들어가야 한다.

구체적 목표 설정과 점진적 마케팅 비용의 투입으로 리스크 낮추기

추상적인 목표가 아니라 명확하고 수치화된 목표가 실행력을 높인다. 예를 들어 '매출 증대'보다 '두 달 동안 우리 회사의 고정 팬 1,000명 만들기' 같은 목표를 세운다.

비용 책정도 목표 설정 시 중요한 사안이다. 보통 마케팅 비용은 매출의 5~10% 선으로 잡는 것이 일반적이지만, 온라인 홍보마케팅을 처음 시도한다면 투입을 최소화해서 리스크를 낮추는 것이 안정적이다. 초기 1~3개월 동안은 최소 비용으로 다매체에 시험적으로 시행해보며 우리 회사에 적절한 광고 매체와 비용을 가늠해간다. 웹사이트와 SNS 방문자가 제품 구매, 회원 등록, 뉴스레터 가입, 다운로드, 문의전화, 매장 방문 등 광고 시행자가 의도하는 행동을 취하는 비율, 즉 전환율이 어느 정도인지 계산해보면서 광고비와 광고 방법을 분석해간다. 시장에서 본인이 속한 업종이나 유사 분야에서 광고비가 어느 정도로 형성되어 있는지 조사해보는 것도 적절한 마케팅 비용 책정에 도움이 된다. 이런 내·외부 데이터 축적과 분석을 통해 온라인 홍보마케팅 목표가 합당한지 확인할 수 있다.

목표 수립 시 고려해야 할 두 관점 - 단기효과 vs 지속성

흔히 온라인 홍보를 통해 기대하는 것은 단기간 내 방문객유저, 팔로어 등 증대, 매출 상승 등이다. 그래서 대행사를 찾고, 돈과 노력을 집중한다. 뛰어난 전략과 물량공세가 이뤄지면 온라인 홍보마케팅은 당연히 효과가 난다. 네이버에 상위 노출되고 홈페이지, 자사 페이스북, 인스타그램, 유튜브 계정에 방문객이 늘어난다.

하지만 온라인 홍보마케팅 계획을 수립할 때 중요한 것은 '이 계획이 얼마나 지속성을 갖느냐'이다. 현재의 대행사를 쓰지 않아도, 유능한 마케터가 회사를 그만두어도 지금의 효과가 지속될까를 고려해야 하는 것. 온라인 홍보마케팅은 단기적으로 매출 증대를 가능케 하는 '인스턴트형' 전략과 함께 지속적으로 매출 안정을 확보하는 '느린 마케팅' 전략도 중요하다. 즉 기본적인 마케팅 전략에는 흔들림이 없도록 시스템화하는 것이 필요하다.

내가 가진 콘텐츠가 경쟁력이 있는가에 대한 근본적인 성찰을 포함하여, 홈페이지는 제대로 운영되는지, 자사 SNS 매체는 지금 어떻게 운영되는지 살펴보는 것에서 시작한다. 무작정 유료광고를 하고, 즉흥적으로 온라인 이벤트를 하는 식으로는 지속적으로 고객을 끌어들일 수 없다. 사업이 성장하기 위해서는 신규고객을 늘이고 누수고객을 최소화해가야 한다.

온라인에서 신규고객은 구글 애널리틱스, 네이버 애널리틱스 등과 같은 웹사이트 분석 프로그램을 통해 홈페이지나 SNS 채널을 방문하는 고객들의 성별, 유입경로, 체류 시간, 전환율 등을 분석할 수 있다. 반면 재구매자 수가 어느 정도 되는지, 한 번 방문 혹은 구매 후 재방문과 재구매를 하지 않는 고객 경향 파악은 상대적으로 쉽지 않은데다 보통 간과되기 일쑤이다.

예를 들어 지난달 신규방문이 100명, 재구매자가 100명이었는데 이번 달에 신규고객 유도를 위한 이벤트를 벌여 신규방문이 200명으로 늘어난 데 반해 재구매자는 50명이라고 해보자. 전체적으로는 지난달에 비해 방문자가 늘어난 결과이지만 자세히 들여다보면 누수고객이 50명이나 된다. 즉 재구매율이 현저히 떨어진 것. 새 상품에 대한 만족도가 작은지, 상품 설명에 대한 상세이미지가 부족한지 혹은 최근 기존고객들과의 소통이 적어 친밀감 유지에 실패했는지 등 숫자 너머 의미를 분석해본다. 제대로 된 해석은 해당 사업에 대한 이해와 애정이 높은 '조직 내부'에서 잘할 수 있는 부분이다. 즉 대행사가 아닌 우리가 온라인 마케팅을 직접 해야 하는 이유이기도 하다.

이와 함께 온라인 홍보마케팅을 가능한 시스템화하여 진행하면 대행사나 마케터에 변화가 있어도 지속적으로 운영할 수 있다. 주, 월, 분기별 진행할 이벤트를 미리 기획하여 정해두고, 각 이벤트를 시행한 후 전환율을 계산하여 다음번 이벤트 시행에 적용하는 것을 시스템화해두는 식이다.

온라인 홍보마케팅의 지속성을 높이기 위해서는 마케팅의 목표를 '매출의 극대화'가 아닌 '매출의 안정화'에 두는 것이 좋다. 대행사나 유능한 마케터에 대한 의존율이 지나치게 높으면 안 된다. 외부기관을 통해서만 운영되는 홈페이지, 편법을 이용한 SNS 광고, 비용을 많이 들이는 온라인 이벤트, 이것저것 모든 온라인매체를 개설하여 외부기관을 써야만 제대로 돌아가는 문어발식 온라인 채널 운영 등은 일시적으로는 효과를 낼 수 있지만, 변동 상황 시 제대로 운영이 안 되어 오히려 악영향을 낸다. 이보다는 우리 회사나 상황에 맞는 '적정 온라인 홍보마케팅 전략'이 고수의 방법이 된다.

온라인 홍보마케팅의 성공은 꾸준한 실행

"사업이 성공할 수 있었던 이유는 아이디어보다는 '실행력'이다."

배달앱 업체 배달의민족을 운영하는 ㈜우아한형제들의 김봉진 대표는 사업의 핵심을 이렇게 말한다. 사업이란 것이 처음에는 아이디어에서 출발하지만, 아이디어를 현실로 만들어내는 건 결국 실행이라는 것. 우리 회사에 맞는 마케팅 목표와 계획, 비용을 세웠다면 책상에서 계획하고 자료를 만드는 데 그치지 말고 '실행력'을 키워야 한다. 머릿속에 든 노잉Knowing보다는 실제로 추진하는 두잉Doing이 중요하다. 아무리 좋은 계획도 실행하지 않는다면 아무것도 이룰 수 없다. 온라인 홍보마케팅은 하루아침에 이루어지지 않는다. 단계가 있고 절대적으로 필요한 시간이 있다. 그러니 지금 당장 할 수 있는 것부터 실천해나가기가 중요하다. 단기 결과에 연연하지 말고 해야 할 일을 시작하는 데 집중하자.

빅데이터로 고객과 시장 읽기

사업을 한다는 것은 수많은 결정과 판단의 과정을 의미한다. 우리의 타깃고객은 누구이며 어디에서 찾아야 할지, 좋아하는 것은 무엇인지, 제품/서비스의 개발 방향을 어떻게 잡을지, 사업영역을 확장해도 좋을지, 아니면 사업 규모를 축소해서 비용을 낮추는 것이 좋을지 등 크고 작은 결정사항으로 가득하다. 이는 1인기업, 프리랜서, 혹은 창업을 준비하는 모든 사람에게 적용된다.

작은 회사에 더 필요한 빅데이터 활용력

많은 결정의 순간 우리는 쌓아온 경험과 노하우를 가장 먼저 적용한다. 그런데 경험치를 벗어난 새로운 분야라면 판단을 뒷받침할 데이터를 어떻게 빨리 확보할지가 관건이다. 바로 빅데이터가 필요한 순간이다. 빅데이터 전문가들은 규모가 작은 회사일수록 빅데이터가 유용하게 쓰일 수 있다고 입을 모은다. 빅데이터는 시장과 고객을 객관적으로 보게 하며 경험으로 알고 있던 것과 다른 해답을 보여주기도 한다. CEO의 경험과 직관을 따르더라도 빅데이터를 통해 확인 과정을 거치면 한결 자신감 있고 합리적으로 판단을 내릴 수 있다.

온라인 홍보마케팅 수립에 있어 빅데이터나 통계의 힘을 모르는 바는 아니지만 실제로 어디서 그런 정보를 얻고 활용할지는 막막하다. 빅데이터 컨설팅 업체를 검색해보면 서비스 내용도 막연하고 컨설팅료가 부담스럽다. 국내 비

빅데이터 정보와 인사이트를 경영에 접목, 성과를 거둔 사례들

대학생 정보앱 아이캠펑

대학생들에게 취업 정보와 제품 판매, 커뮤니티 서비스를 제공하는 앱을 운영하는 K사는 신규 수익모델과 커뮤니티 활성방안을 빅데이터에서 찾았다. 기존 주력 아이템이 성숙 단계에 들어감에 따라 신규로 확장할 사업 분야를 찾아야 했는데, '패션과 뷰티 중 어떤 카테고리에 집중하여 수익모델을 개발할 것인가'가 고민이었다. K사는 빅데이터 분석을 하며 화장품 할인에 대한 민감도 수준에 놀랐다. 화장품 할인이 매우 빈번하고 때마다 소비자 민감도가 크다면, 브랜드 관리에 많은 자원이 필요할 것이라는 경영적 판단에 이르렀다. 이는 지금 상황에서는 부담이라는 의견을 받아들여 뷰티산업이 아닌 패션 카테고리 중심으로 새로운 수익모델을 만들어보기로 했다. 이렇게 K사는 빅데이터 분석을 통해 대학생들의 관심도가 높은 분야 중 자사가 경영 가능한 범위에서 최선의 아이템을 찾았고 빠르게 신규 의류 라인을 론칭할 수 있었다.

화상영어 교육업계 B사

화상영어 업계의 주 고객은 누구일까? 직장인과 대학생이라는 것이 업계의 고정관념이다. 그러나 빅데이터는 새로운 고객 기반을 제시한다. 엄마들의 교육관이 강하게 작용하는 초등학교 1학년에서 4학년이 집중 타깃이라는 결과가 나왔고 화상영어 교육업체 B사는 마케팅 대상을 '헬리콥터맘'에 맞춰 매출을 급격히 신장시켰다.

H조명사

빅데이터는 새로운 고객 발굴에도 도움이 된다. B2B 사업을 주로 하던 H조명사는 빅데이터로 타깃고객을 변화시켜 큰 성공을 거뒀다. 원래 이 기업은 건설건축 관련 사업주들을 대상으로 상품을 판매해왔는데 빅데이터는 일반인들이 조명에 관심을 많이 가지고 있다는 근거를 제시했다. 일반인들이 어떤 소재, 색상, 테마로 조명을 찾는가를 탐색한 결과 크리스마스, 결혼식, 화이트데이 등 특별한 날에 선호하는 현상을 보였던 것. H사는 이를 토대로 B2B 시장에서 B2C 영역으로 시장을 바꾸고 일반인들에게 이슈가 되는 키워드를 도출해 최종적으로 '선물'로 주는 조명, '메시지'가 있는 조명이라는 상품을 기획했다.

차(茶) 제조업체 T사

국내에서 차 생산과 판매를 하던 소규모 업체가 북미 소비자들의 상품 선호도 등을 빅데이터로 분석해 신제품을 개발한 결과, 시카고 국제 차 박람회에서 4만 달러 수출과 2018년 30만 달러 상당 계약을 체결하는 성과를 거뒀다. T사는 현지화 전략 수립에 필요한 맛과 패키지, 효능에 대한 고객들의 선호요인과 비선호요인을 빅데이터를 통해 분석했다. 이와 함께 주력제품에 대한 소셜 데이터 분석을 바탕으로 소비층, 섭취 요인들로 마케팅 콘셉트를 수립한 것이 주효했다.

크리스피크림 도넛

글로벌 도넛브랜드 크리스피크림은 도넛을 많이 사가는 고객에 대한 빅데이터 분석을 통해 예상과 다른 결과를 얻었다. 아이 엄마나 단것을 좋아하는 여성이 주 고객일 것이라는 추측과 달리 동료들과 함께 먹기 위해 사무실로 도넛을 사가는 사람들이 큰 구매자였던 것. 이 결과를 근거로 사무실 동료에게 도넛 배달 이벤트를 해주는 마케팅 프로모션을 펼쳐 큰 호응을 얻었다.

즈니스 환경에서 빅데이터는 중요성과 필요성이 인식되는 것에 비해 실제 활용은 많지 않다. 한국정보화진흥원이 조사한 '2017년 기업 규모별 빅데이터 서비스 이용률'을 보면 사업에 활용하는 기업은 약 7.5%에 불과하다. 매출액 1천억 이상 기업을 대상으로 조사해보아도 빅데이터 도입률은 13.8%이다.

다행히 빅데이터를 활용하는 방법이 점점 쉽고 간편해지고 있다. 작은 회사나 스타트업, 1인기업과 개인들이 창업 준비부터 경영 활동을 펴는 전 과정에서 참고할 만한 빅데이터 보물창고들을 소개하고자 한다.

작은 회사와 개인을 위한 빅데이터 공공사이트

공공데이터 포털www.data.go.kr

공공기관이 생성 또는 취득하여 관리하는 공공데이터를 제공하는 통합 창구. 누구나 쉽고 편리하게 공공데이터를 이용할 수 있도록 파일 데이터, 오픈 API, 시각화 등 다양한 방식으로 제공한다. '공공데이터 활용 창업기업 우수사례집' '소상공인 상권 정보 상가업소 데이터' 등 사례집 자료가 풍부하다.

소상공인시장진흥공단www.semas.or.kr

소상공인 육성, 전통시장과 상점가 지원 · 상권 활성화를 위해 설립된 준정부기관이다. 인기 있는 자료는 상권 정보 시스템으로 상권 분석, 경쟁 분석, 입지 분석, 수익 분석 빅데이터가 풍부하다.

K-ICT 빅데이터센터kbig.kr

중소기업, 연구기관, 개인을 대상으로 한 명실상부 빅데이터 종합센터. 빅데이터 활용을 원하는 중소기업을 공모 선정해 지원하거나 스타트업, 개인에게 빅데이터 교육과 자료를 무료로 제공한다. 빅데이터분석활용센터를 두고 있는데 이곳에서는 빅데이터에 관심은 있으나 고가의 시스템을 갖추지 못해 분석/활용을 하지 못하는 개인, 회사, 연구소에게 빅데이터 분석 시스템 설치와 활용 교육을 진행하며, 일정 기간 시스템을 사용하도록 지원하기도 한다.

빅카인즈www.bigkinds.or.kr

정확하고 신뢰도 있는 뉴스 기사를 빅데이터로 활용할 수 있을까? 기존 언론진흥재단이 운영하던 기사정보 서비스인 카인즈KINDS를 바탕으로 구축한 빅데이터 서비스에서 가능하다. 빅카인즈에는 1990년 이후 축적된 기사 3,000만 건이 있는데 키워드와 관련해 기사에 나타난 인물, 장소, 조직, 이슈 흐름과 관계망 등을 한 번에 쉽게 분석할 수 있다.

빅데이터는 알고 있다, 소비 트렌드와 고객 구매 패턴을!

SKT Data Hubwww.bigdatahub.co.kr

SK텔레콤 고객 통신 서비스 기반 데이터를 엄선하여 만든 다양한 빅데이터를 모아둔 곳. 예를 들어 부산시 해운대구에 베이커리 매장을 운영할 계획이라면 그 지역의 소비 패턴, 연령대, 성별 등을 알아야 하는데 이곳에서 관련 정보를 얻을 수 있다. 빅데이터를 엑셀 파일로 내려받아 자신이 필요한 자료로 개별화할 수도 있고 빅데이터를 알기 쉽게 시각화한 인포그래픽이 많아 제안서 작성이나 자료 정리 때 유용하다. 영화관 이용 트렌드, 서울 콜택시 이용 통화량, 수능 관련 이모저모 등 재미있는 빅데이터를 인포그래픽으로 제공한다.

네이버 데이터랩www.datalab.naver.com

네이버가 운영하는 빅데이터 포털로 검색어 트렌드, 쇼핑 인사이트, 지역 통계 등을 통해 자영업자나 사업자가 본인의 업종과 사업지에 대한 유용한 정보를 얻을 수 있으며 시기별로 적합한 사업전략을 구상하거나 사업 아이템의 변경 시에도 정보 탐색이 쉽다. 검색어 중 쇼핑과 관련된 데이터를 따로 모아 인기 키워드를 제시하고 검색량 변화도 차트와 그래프 형태로 보여준다. BC카드와 연계해 업종별, 지역별 카드 사용량 통계를 제공하는데 이런 자료는 사업주가 원하는 타깃을 향해 정확하게 광고를 집행하는 데 유용하다

구글 트렌드www.google.com/trends

'전 세계 정보, 통계 이슈는 여기 다 모인다'로 정리할 수 있는 사이트로 글로벌 소비패턴이나 해외 진출을 모색할 때 유용한 정보를 얻을 수 있다.

빅데이터로 어디까지 해봤니? SNS 세계의 '감성'까지 읽어준다

소셜 매트릭스www.socialmetrics.co.kr

다음소프트에서 제작한 유 · 무료 빅데이터로 SNS의 추이를 수치 제공은 물론 '감성 분석'까지 해주는 기능으로 주목받고 있다. 연관 검색어, 언급량 추이에서 정책에 대한 시민 반응, 소비자 반응, 긍정/부정 반응 추이 등을 무료로 알 수 있다. 최근 온라인에서 화제가 되는 실시간 트렌드 키워드, 이슈 뉴스, 떠오르는 해시태그를 확인하고, SomeTrend ANALYSIS에서는 검색 키워드의 언급량 추이, 연관어, 감성 분석 등을 통해 SNS상의 반응을 파악할 수 있다. SNS를 운영하거나 SNS상에서 이벤트, 콘텐츠 배포 등을 고려할 때 어떤 전략을 수립해야 할지 가늠할 정보를 얻을 수 있다.

오디피아ODPia www.odpia.org

LGCNS에서 일반인이 쉽게 공공데이터를 검색하고 소셜 데이터와 연계 분석을 할 수 있도록 개설했다. 언론, 블로그와 SNS 같은 소셜미디어에서 언급되

는 주제별 단어들을 라이프스타일에 맞춰 측정한 데이터로 제공한다. 많은 사람들이 생성하고 기록한 방대한 양의 소셜 버즈 데이터를 수집하고 분석 가능한 대상으로 처리, 쉽게 인지할 수 있도록 시각화, 통계화하여 소셜 인덱스로 제공한다. 기업 소셜 인덱스 순위나 급상승 기업, 급하락 기업 등을 한눈에 볼 수 있어서 복합적인 비즈니스 환경의 변화 추이를 직관적으로 가늠할 수 있다.

티버즈TIBUZZ www.tibuzz.co.kr

인스타그램, 페이스북, 블로그, 트위터 등 SNS 채널과 카페/커뮤니티, 미디어, 유튜브 등 온라인상의 모든 데이터를 수집하여 인사이트를 제공하는 소셜 분석 플랫폼. 티버즈가 제공하는 모니터링, 인사이트, 소셜 랭킹 등의 서비스를 통해 트렌드 현황을 파악하고 뉴 트렌드를 발굴하며 업계 동향과 이슈를 파악할 수 있다. SNS상의 세밀한 감정 분석, 연관어 분석이 강점이며 인스타그램 분석에 특화되어 있다.

빅풋bigfoot9 /bigfoot9.com

페이스북 마케팅 분석 사이트로 각 국가의 페이스북 콘텐츠 반응 추이를 알 수 있다. 일부 무료 데이터를 제외한 B2B 유료 서비스로 기업, 광고 에이전시, 언론사, 정부기관 등이 많이 사용한다. 무료 제공 데이터 중 하나인 랭킹 서비스는 '오늘 가장 인기 있는 페이지 콘텐츠' 순위를 보여주는데, 국가별 인기 페이스북 랭킹을 한눈에 알 수 있고 각 국가에서 성공적으로 운영된 페이스북 캠페인 사례와 기업 페이스북 동향 등을 얻을 수 있다. 특히 경쟁사의 페이지 운영 성과를 디테일하게 엿볼 수 있는 것이 가장 큰 매력이다.

스타태그StarTag startag.io

인스타그램의 인기에 힘입어 해시태그 지표를 분석해주는 서비스이다. 사용자들이 어떤 해시태그에 반응하는지, 해당 태그로 게시글이 얼마나 생성되고 있는지, 또 어떤 추이로 성장하고 있는지 알 수 있다. 스타태그는 콘텐츠 기획 단계에서부터 소비자의 관심을 끌어내는 해시태그를 결정하고자 할 때 유용하다. 매년 발표하는 'SNS 트렌드 리포트'도 유용한 정보로 가득하다.

시밀러웹Similarweb www.similarweb.com

구글 애널리틱스보다는 가벼운 개념으로 별도의 로그인이나 유료가입 없이 볼 수 있다. 접속하면 랭킹이 높은 사이트들이 쭉 나열되어 있어서 인기 웹사이트의 동향이 한눈에 보인다. 자신의 사이트 정보가 궁금하다면 로고 옆 검색란에 도메인 주소를 입력한다. 자사 홈페이지의 기본 정보와 글로벌/한국의 사이트 순위와 카테고리별 순위를 확인할 수 있다. 기본적으로 6개월 동안의 방문자 수와 평균 사이트에 머문 시간, 페이지당 방문자 수, 반송률 등도 확인 가능하다. 경쟁사, 유사업종의 기업 페이지도 분석할 수 있다. URL과 앱명 입력만으로 경쟁 기업의 웹/모바일 활동 내용을 파악할 수 있다.

빅데이터 리터러시, 빅데이터를 읽고 쓸 줄 아는 능력

데이터를 모르면 문맹이 되는 시대이다. 거꾸로 이야기하면 데이터를 알면 길이 보인다는 뜻. 빅데이터 리터러시big data literacy, 즉 데이터를 읽고 쓸 줄 아는 능력이 중요하다. 개인 경험치를 넘어 빅데이터를 통해 사람과 시장을 읽어낼 줄 알아야 타깃고객을 찾고 그들에게 딱 맞는 메시지를 던질 수 있다. 중요한 것은 데이터의 양이 아니라 그 자료들의 의미를 해석하고 알아채는 통찰력. 나와 상대, 그리고 세상을 읽어주는 빅데이터에 호기심과 관심을 갖자.

똑똑한 온라인 홍보마케팅 예산 세우는 법

마케팅 예산 세우기는 어렵고 민감한 문제이다. 무슨 매체에 얼마를 써서 어떤 결과가 나오는지 정확한 예측이 어렵고 관련 정보 찾기도 쉽지 않다. 온라인 홍보마케팅이든 전반적인 홍보마케팅이든 원칙은 같다. '정해진 룰은 없다'라는 것. 회사/단체 상황, 마케팅 목표, 실행 방식에 따라 달라질 수밖에 없다. 우리 회사, 나에게 맞는 예산을 잡는 것이 중요하다. 온라인 홍보마케팅 예산 구성의 기본적인 원칙을 살펴보자.

소규모 사업자, 스타트업, 온라인 판매 주력 회사라면 예산을 높여라

국내외 조사결과에 따르면 마케팅 예산에서 점점 온라인 홍보마케팅의 비중이 커지고 있다. 미국 CMO 서베이의 2019년 8월 발표 자료에 따르면 현재 전체 마케팅 비용 중 온라인이 44.3%이며 5년 이내 55%에 육박할 것으로 보인다cmosurvey.org 참조. 실제로는 이보다 높은 회사가 많다. 더구나 온라인 민감성이 큰 국내 비즈니스 환경에서는 체감 비율이 훨씬 높다.

특히 회사 규모가 작고 새롭게 시작하는 사업은 전체 예산 대비 온라인 홍보마케팅 비중을 높이는 것이 좋다. 매출의 10% 이상이 온라인에서 발생한다면, 온라인 홍보마케팅 예산을 전체 마케팅 규모의 50% 이상 책정해도 무방하다.

제품이나 서비스 인지도를 높이는 데는 초기 투자가 필요하다.

광고+콘텐츠 마케팅+온라인 사이트 관리비 등으로 구성하라

일반적으로 마케팅 예산집행의 항목은 온라인 광고, 소셜미디어 마케팅, 콘텐츠 마케팅, 동영상 광고, 마케팅 성과분석 순으로 구성된다.

온라인 홍보마케팅비를 배분할 때는 대략 40% 정도를 온라인 광고비로 책정하는 것이 보통이다. 예를 들어 온라인 광고 40%, 소셜미디어, 콘텐츠 마케팅, 검색엔진 최적화에 40%, 마케팅 테크놀로지 개발/유지 10%, 기타이메일마케팅, 마케팅 교육 10% 등으로 짜는 식이다. 물론 업종이나 회사 상황 등에 따라 비율은 조정해가면 된다.

광고 말고 콘텐츠에 돈을 써라

점차 광고에 대한 비중이 줄고 소셜미디어 마케팅이나 콘텐츠 마케팅, 동영상 플랫폼유튜브 등 활용 등으로 홍보 마케팅의 무게중심이 옮겨가고 있다. 적은 비용으로 효과를 보기에도 좋고, 장기적으로 회사나 제품의 브랜딩에도 이들이 더 효과적이기 때문이다. 결국 답은 콘텐츠에 있다. 잠재고객에게 유용하고 가치 있는 양질의 콘텐츠를 만들어 다양한 방식으로 '연결'해가자.

콘텐츠 마케팅의 정의는 아직 여러 관점에서 시험되며, 규명되고 있는 상황이다. 큰 틀에서 보면 '광고처럼 보이지 않는 광고'의 형식이다. 고객들은 영업사원이 굳이 방문해서 팸플릿을 주지 않아도 인터넷을 통해 다양한 정보를 먼저 취득할 수 있다. 정보가 넘쳐나는데 굳이 구태의연한 영업 멘트를 듣고 있을 필요가 없고 이에 설득당하지도 않는다.

콘텐츠 마케팅은 B2B 영업에서 강력한 무기가 된다. 광고처럼 직접적이고 단기간에 수치화되는 효과가 아니지만 장기적으로 브랜딩을 해서 수익을 창출하는 최고의 방법이다.

매출 급상승이 아니라 '매출 안정화'를 목표로 하라

제대로 온라인 홍보마케팅을 하고 있는지, 예산 투입이 적정한지를 판단하는 데 좋은 기준이 되는 것이 매출과 전환율이다. 마케팅의 목적은 궁극적으로 매출과 연계시키는 것이기에 마케팅은 장기전이다. 비용과 인력을 총동원하여 단기적으로 매출이 급상승되었다가 그만큼 자원을 투입하지 못할 때는 곧바로 매출이 떨어지는 악순환을 겪어서는 안 된다. 안정적인 매출을 위해서는 나에게 맞는 적정 마케팅 방법을 시스템화하고 지속해서 운영해가는, 즉 온라인 홍보마케팅 체질로 만들어가는 것이 중요하다.

테스트를 통해 가성비를 높여가라 광고수익률, 전환율 분석

온라인 홍보마케팅이 적절하게 되고 있는지 확인할 또 다른 방법은 광고수익률과 광고전환율 분석이다. 방문자 유입 수를 더 늘릴 여지는 없는지, 광고수익률을 높일 방법은 무엇인지 정기적으로 확인한다.

예를 들어 쇼핑몰의 경우 대략 초기에는 키워드 검색광고의 경우 광고수익률ROAS이 200~300% 정도이다. 이후 매출이 오르면서 키워드 광고로 1,000%까지 나온다. 브랜드 인지도가 높아지고 기존 회원 유지가 잘된다면 키워드 광고를 줄여도 매출은 꾸준히 증가할 수 있다. 상담을 받아야 하는 업종의 경우에는 초기 1% 정도 방문자가 늘어나고, 평균적으로 2~3% 문의를 남기는 것으로 알려져 있다.

이런 업계의 기준에 비해 우리 사업의 온라인 광고 시행 결과가 만족스럽지 않다면, 마케팅 비용이나 진행방법을 분석해서 광고 예산 투입을 늘리거나 줄일지를 판단한다. 현재 결과에 만족한다면 2차 광고 집행 때 예산을 증액할 수 있다.

"첫술에 배부르랴"는 온라인 홍보마케팅 전략 수립에 꼭 필요한 말이다. 돈으로 하는 것이지만 돈만으로 할 수 없는 것도 바로 온라인 홍보마케팅이다. 큰 그림을 가지고 여러 방법을 테스트해가며 나에게 맞는 마케팅 방법을 찾아가야 한다. 홍보마케팅 근육은 이렇게 단련되는 것이다.

속지 말고 야무지게
온라인 광고 계약 노하우

예전에는 광고라 하면 TV, 신문, 잡지, 라디오 등 전통적인 4대 매체를 중심으로 한 고비용 상품이 전부였다. 하지만 이제는 온라인을 통한 다양한 광고가 대세이다. 온라인 광고는 기존 4대 매체 광고보다 제작이 쉽고 적은 비용으로 실행할 수 있으며 타깃고객에 맞춰 특화된 형태로 제작 · 배포가 가능한 이점이 있다. 또한 일방적으로 우리의 메시지를 전달하는 기존 광고방식과는 달리 공급자–수용자 간 쌍방향 커뮤니케이션과 시간 · 공간 제약 없이 무한 정보 제공이 가능하며, 광고의 노출과 매출 효과 측정이 용이해 여러모로 비즈니스에 도움이 된다. 따라서 작은 회사, 소상공인, 개인의 사업 활동에서 시의적절하게 실행하는 온라인 광고는 사업성장에 중요한 자양분 역할을 한다.

온라인 광고, 알고 시작하기

온라인 광고를 실패 없이 잘 집행하기 위해서는 약간의 '공부'가 필요하다. 주요 광고매체인 포털사이트에는 매체별로 시행하고 있는 광고의 종류, 과금 방식 등을 자세히 설명되어 있다. 모든 광고 상품에 대해 속속들이는 아니어도 어느 정도 큰 흐름이나 과금 방식은 익혀두자. 그래야 광고를 노출하는 목적에 맞게 적절한 예산 집행을 할 수 있다. 온라인 광고에서 기본적으로 거론되는 용어에도 익숙해지자. 온라인 광고의 광고비 산정을 위한 지표로 고

국내 대기업, 중견기업도 온라인 광고 비중 늘려

홍보 전문잡지 〈더피알〉이 국내 전자, IT, 통신, 금융, 제약, 식음료, 유통, 소비재 부문 71개 대기업과 중견기업을 대상으로 시행한 '2019년 광고 계획과 광고매체 선호도' 조사결과이다.

2019년 광고 예산을 가장 많이 편성한 매체

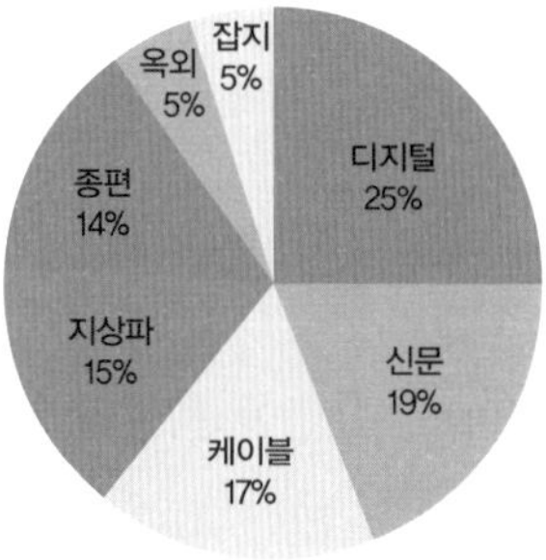

디지털 매체 선택 이유 :
목표 타깃과 접점이면서 노출 빈도가 높음. 반응 대비 효율이 높고 성과 측정 용이.

광고비를 가장 줄이고 싶은 매체
(광고 효과가 떨어지는 매체)

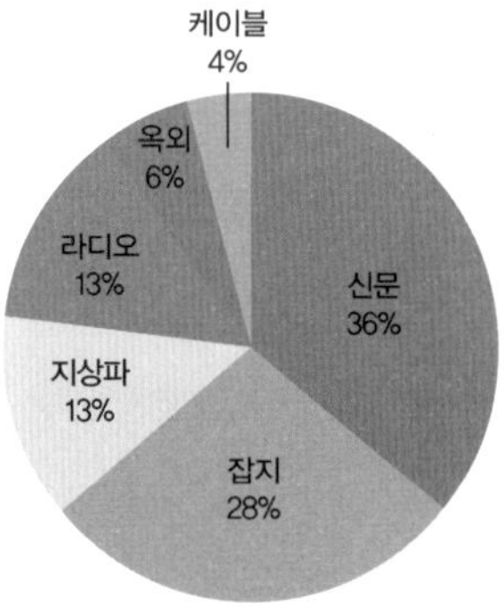

광고비를 늘리고 싶은 매체

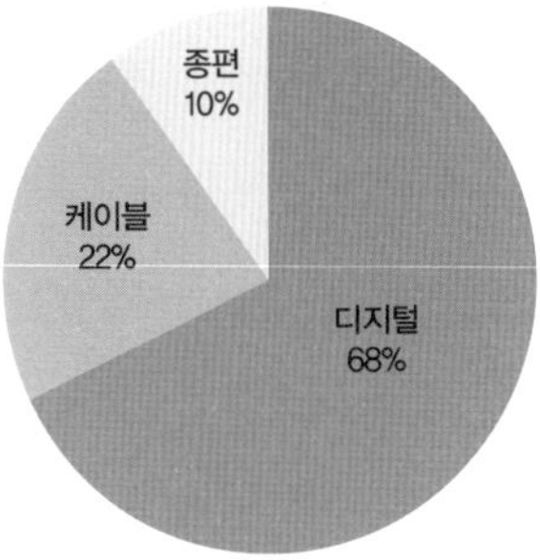

디지털 광고 플랫폼별 예산 집행 선호도

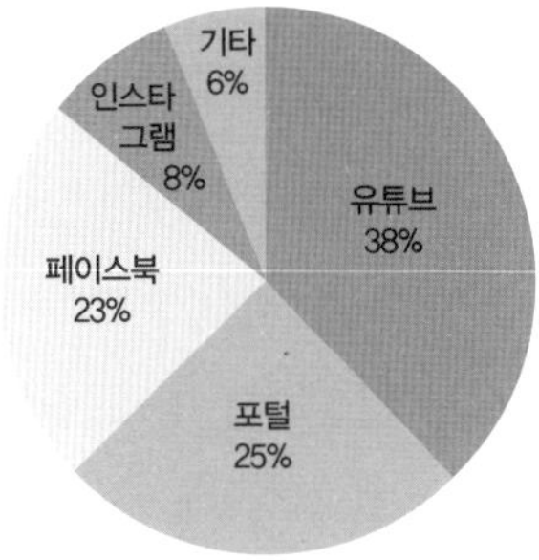

협업하고 싶은 에이전시

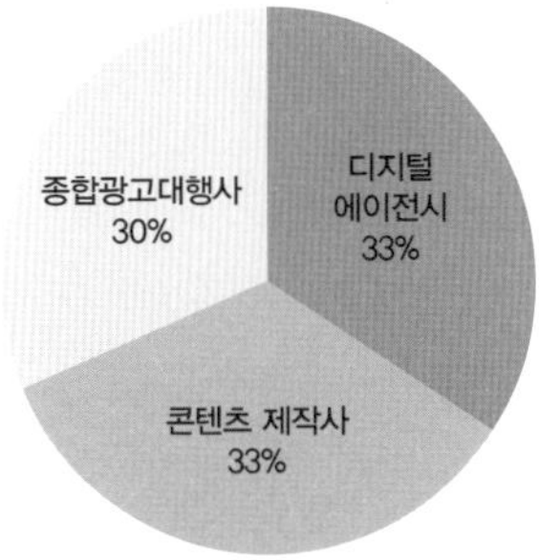

광고 외 고려하고 있는 마케팅 활동

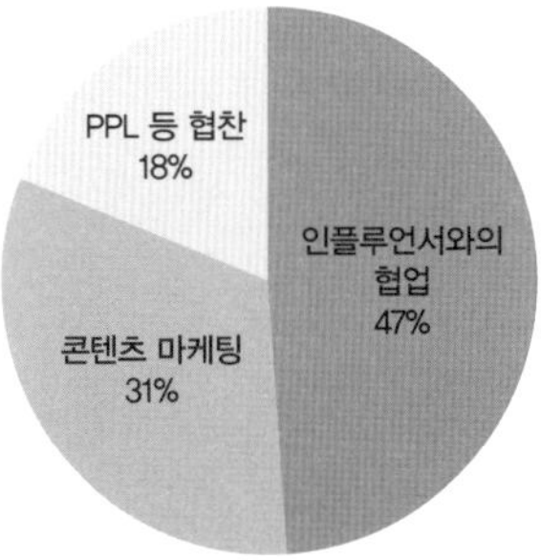

객 1,000명에게 광고가 노출되는 것에 따라 산정하는 노출당 비용Cost Per Mile; CPM, 고객이 광고를 클릭하는 것에 따르는 클릭당 비용Cost Per Click; CPC, 제품 구매나 회원 가입 등 고객이 하는 행동에 따라 비용을 청구하는 행동당 비용 Cost Per Action; CPA이 있다.

온라인 광고는 광고업체 직원의 전화 권유나 방문을 통해 진행하는 것이 보통이지만 사업자광고주가 직접 네이버, 다음 등 매체에 의뢰해 진행하는 것도 가능하다. 대행사를 통해 광고를 집행하더라도 어느 정도 내가 알고 있어야 광고 전략을 수립할 수 있고 실행에서도 손해 보는 일이 없다.

작은 회사가 선호하는 대표 온라인 광고 유형 세 가지

가장 보편적으로 실행하는 온라인 광고 유형을 분류해보면 검색광고, 노출형 광고디스플레이 광고, 바이럴 마케팅입소문 마케팅의 세 가지이다.

검색광고 키워드 광고

검색광고는 네이버, 다음, 구글 등 검색 사이트에서 검색어를 입력하면 화면에 관련 업체의 광고가 노출되도록 하는 방식이다. 사업자가 원하는 키워드를 사용하여 관련 상품을 광고하며키워드 광고 저렴한 비용으로 광고를 시작할 수 있는 게 장점. 과금 방식은 이용자가 광고를 클릭할 때만 광고비가 부과되는 방식CPC 클릭당 비용으로, 광고주들 간 입찰에 의해 결정된 '클릭당 과금액×이용자 클릭횟수'로 계산된다. 검색광고의 노출 순위는 단순히 광고 비용입찰가만으로 결정되지 않고, 광고 품질도 함께 반영된다. 효율적으로 검색광고를 하기 위해서는 광고관리시스템에서 키워드 클릭수, 키워드 단가, 광고 노출 순위 등을 확인하는 것이 좋다.

노출형 광고 디스플레이 광고

노출형 광고란 그림이나 동영상을 배너로 거는 형태로 광고주들의 상품을 홍보하는, 시각적 효과를 볼 수 있는 광고이다. 단기간에 많은 방문자를 유입시키고, 상품 정보나 이미지, 이벤트 등의 관련 정보를 한눈에 보이도록 제공할 수 있다는 장점이 있다. 노출형 광고는 매체마다 다양한 유형이 존재하며 상품별로 일정 단가가 정해져 있다. 단가 확인은 각 매체 노출형 광고디스플레이 광고 사이트에서 가능하다.

배너 광고는 미리 정해진 규격에 이미지나 동영상 파일 등을 사용해서 회사 웹사이트 유입을 유도한다. 일반 배너와 네트워크 배너로 구분되는데 일반 배너의 경우 고정형 배너이다. 과금 방식은 노출당 비용CPM으로 포털사이트에서 많이 쓰인다. 국내 대표 포털사이트인 네이버를 이용하는 사람들의 수를 생각할 때 메인화면에 걸리는 배너 광고의 효과는 아주 크다. 그만큼 광고비도 비싸다. 네이버 메인 페이지 배너 광고의 경우 피크 시간대인 14~15시의 1시간에 3,000만 원 선. [이 시간대 네이버 메인 페이지 접속 수=광고 노출량가 1,100만 명. 시간당 광고비가 3,000만 원. 1,100만 명÷3,000만 원= 2.73원/건] 노출 건당 광고비가 2.73원이면 분명 효율이 있지만 단일 광고 시행에 드는 돈이 커서 웬만한 광고 예산이 없으면 할 수 없다.

네트워크 배너는 포털사이트를 제외하고 각 언론사, 커뮤니티 사이트, 개인 블로그 등에 계약을 통해 광고를 송출하는 방식으로 기사를 읽는 도중 노출되는 광고 등이다. 네트워크 배너는 일반 배너 대비 초기 비용이 상대적으로 저렴한 편50만 원 이하 가능이며, 대다수 과금 방식은 클릭당 비용CPC이다. 내 사이트를 방문한 고객을 대상으로 리타겟팅이 가능한 것도 큰 장점이다.

일반 배너 사례

네트워크 배너 사례

바이럴 마케팅

바이럴 마케팅이란 매체에서 판매하는 정식 광고 상품은 아니지만, 소비자의 입에서 입으로 전해지도록 하여 상품을 홍보하는 입소문 마케팅을 말한다. 블로거를 통한 식당 홍보, 지식 검색과 카페 댓글을 통한 사업체 홍보 등이 바이럴 마케팅에 해당한다. SNS 광고도 활발해지고 있는데, 우리 회사의 제품/서비스를 홍보하는 쿠폰, 이벤트 광고를 진행할 때 많이 활용한다. 흥미로운 콘텐츠로 사용자를 홈페이지로 유입할 때 확산 효과를 높이기 위해 광고를 붙여 시행하기도 한다페이스북 광고, 인스타그램 스폰서, 카카오스토리 광고 등. 광고주가 바이럴 마케팅을 직접 하기 어려운 경우 대행업체를 활용하는 방법이 있으나 제작하는 콘텐츠의 품질에 따라 비용이 천차만별이고 결과도 보장할 수 없어 가장 많은 광고 분쟁이 발생하는 부분이다.

불법 부당광고 계약 No! 온라인 광고 계약 체결 체크포인트

작은 회사, 소상공인, 자영업자들은 종종 온라인 광고 제안 전화를 받곤 한다. 생각보다 저렴한 광고비로 단박에 우리 홈페이지와 SNS 팔로어를 올려준다는 말에 솔깃하면서도 불안감을 떨칠 수 없다.

'과연 이 말이 맞는 걸까? 사기당하는 거 아니야?'

온라인 광고에 대한 소상공인들의 수요가 급증하면서 그만큼 피해도 속출하고 있다. 이에 한국인터넷진흥원과 온라인 광고분쟁조정위원회가 '온라인 광고 계약 안내서'를 제작, 홈페이지http://ecmc.or.kr/onlinead에 배포하는 등 피해를 줄이려는 노력을 하고 있다.

온라인 광고 계약 전 주의사항 Q&A

Q: 공공기관, 대기업, 유명 포털사이트의 공식 대행사이니 믿을 수 있다? (X)

A: 미팅에서 구두로 대기업, 공공기관, 유명 포털사이트의 공식 대행사를 사칭하는 업체가 있으니, 매체별 광고 홈페이지 또는 고객센터를 통해 확인한다.

Q: 상대방이 말로 설명한 내용은 계약서에 적혀 있지 않아도 지켜진다? (X)

A: 비용 결제 전 서면 계약서에 안내받은 내용이 있는지 꼼꼼히 살펴볼 것. 계약서에 명시되어 있지 않음을 들어 이행하지 않을 수 있다.

Q: 전화 권유 시 계약서 확인 전에 카드번호를 불러줘도 된다? (X)

A: 바로 결제되는 것이 아니라고 말하더라도 이를 믿고 카드번호를 불러주어 결제가 이루어지면 계약이 체결된다. 카드번호를 불러주는 행위 자체가 계약 동의로 간주될 수 있으므로 주의하자.

Q: 장기 카드 할부로 결제하므로 취소가 자유로울 것이다? (X)

A: 장기 카드 할부계약이 월 단위로 청구되기 때문에 취소가 자유로울 것이라고 믿고 결제를 할 경우라도, 추후에 계약 미이행 등에 따른 중도해지 시 취소의 어려움이 있다. 비용은 매월 직접 송금할 것.

Q: 계약서 약관은 나중에 읽어봐도 상관없다? (X)

A: 계약 체결 시 해지가 가능하다고 했어도 약관상 해지 불가 특약 등을 들어 분쟁이 발생할 수 있으니 반드시 꼼꼼히 살피고 이해 안 되는 부분은 질문할 것.

Q: '효과 없을 시 전액 환불 가능'이라고 했으므로, 효과가 없으면 바로 해지가 가능하다? (X)

A: 계약서에 해당 사항이 기재되어 있는지, 해지 시 위약금 조항이 있는지 살펴보

자. 추후 계약서 내용을 들어 과도한 위약금을 청구할 수 있다.

Q: 월 관리비 형태로 나가는 계약에서 광고비 산정방식은 중요하지 않다? (X)

A: 현재 주요 포털사이트의 검색광고는 클릭당 과금 방식을 사용하고 있으니 월 관리비 형식으로 계약을 체결할 경우 실제 지불 금액보다 광고에 투입되는 금액이 적어 손해가 발생할 수 있다. 꼭 산정방식을 확인할 것.

Q: 실질적으로 실행 가능한 광고 방식인지 확인하였는가? (X)

A: '연관 검색어와 자동완성기능 노출' '지도 검색 상위 노출' 등은 인위적 조작이 불가능한 영역이기 때문에 실질적으로 실행이 어렵다. 계약 체결 시 꼼꼼하게 확인하자.

Q: 계약 시 홈페이지는 무료 제작이라고 했으니 비용이 발생하지 않는다? (X)

A: 광고 상품 계약 시 홈페이지를 무료로 제작해준다고 하였더라도, 계약서에 홈페이지 제작이 명시되어 있다면 이는 홈페이지 도급 계약도 체결된 것으로 본다. 따라서 중도 해지 시 홈페이지 제작 비용이 발생할 수 있으니 주의해야 한다.

Q: 위법적인 형태의 광고는 아닌지 확인하였는가? (X)

A: 팝업 형태로 홈페이지가 새 창으로 연결되는 광고, 불법 프로그램 설치를 통한 광고 등은 법 위반이다. 위법적인 요소가 있는지 확인할 것.

Q: 파워블로그를 통한 홍보이므로 홍보 효과가 클 것이다? (X)

A: 파워 블로그를 통한 홍보라고 했어도 방문자가 거의 없는 블로그에서 진행하는 때도 있다. 그 블로그 방문자(유입량)가 얼마인지 꼭 확인하고 계약서에 명시할 것.

Q: 포털사 검색 시 블로그가 상위 노출되는 계약을 체결했다? (X)

A: 이는 매체별로 정해진 일정 방식에 의해 결정되므로, 임의로 조작할 수 없다.

온라인 광고 무료 교육 사이트

온라인 광고에서 트렌드 · 소비자 변화, 광고 관리 방법 등을 동영상 강의와 간단한 설명으로 알려준다.

네이버 온라인 광고 교육

https://saedu.naver.com/edu/self-study/thumbnail.nhn

카카오 다음 교육

https://adplus.biz.daum.net

구글 애드워즈 교육 센터

https://support.google.com/adwords

광고관리시스템

각 매체별로 광고주가 직접 광고를 확인, 관리할 수 있는 시스템을 제공하며, 이 홈페이지를 통해 공식대행사도 확인 가능하다.

네이버 http://searchad.naver.com

다음 http://ad.kakaocorp.com

네이트 http://keywordshop.nate.com

눈에 잘 띄게 하는 검색엔진 최적화 전략

온라인 홍보마케팅에서는 '발견되는 것'이 중요하다. 검색엔진 최적화SEO는 Search Engine Optimization의 약어로 네이버, 구글 등 검색엔진에서 내 콘텐츠와 웹사이트를 상위 페이지에 노출시키기 위해 하는 작업이다. 검색엔진들이 요구하는 '좋은 웹사이트 조건'을 적용해서 최적화시키는 것이다. 검색 시 광고 영역이 아니라 웹사이트 영역으로 들어가 신뢰도가 더 좋다. 소셜미디어에 비해 검색엔진을 통한 트래픽이 300배 이상 많고 해외는 구글이라는 검색엔진을 기본으로 사용하는 만큼 해외 진출을 준비 중이거나 B2B, IT 계열 사업자라면 반드시 검색엔진 최적화에 신경 쓰자.

모든 홍보마케터의 목표는 제품과 서비스를 출시하고 나서 트래픽과 매출을 높이는 것인데 최적화는 그런 목표 달성을 위한 한 방법이다. 다른 마케팅 기법과 비교해보면 효과를 더욱 실감하게 되는데 검색광고는 계속 광고비를 지출해야 노출 효과가 있는 반면 검색엔진 최적화는 한번 구축해놓으면 광고비 지출 없이도 효과가 지속된다.

검색엔진 최적화의 목적은 단순히 사이트 접속량만 높이는 것에 그치지 않는다. 포털사이트 어디에서 찾아도 우리 회사명, 제품명, 서비스명이 긍정적으로 보이고, 좋은 브랜드 이미지를 구축해나가게 하는 것이 진정한 검색엔진 최적화이다.

검색엔진 최적화를 위한 기술적 요소는 초보 마케터는 직접 하기 어려울 수 있다. 그럴 때는 전문가를 고용해서라도 새로 홈페이지를 구축하거나 기존 사이트의 리뉴얼 시 최적화 기술을 적용시킨다. 그러나 검색엔진 최적화 전략의 핵심은 기술적인 요소에만 있는 것이 아니다. 검색엔진의 상위 랭킹에 오를 만한 좋은 콘텐츠를 만드는 것이 더 중요하다. 타깃 소비자에게 좋은 콘텐츠를 어떻게 검색엔진을 통해 전달할 것이냐의 문제인 것.

검색엔진 최적화는 크게 양질의 콘텐츠를 만들고 좋은 키워드를 찾는 것이다. 이 둘은 검색엔진 최적화 외에도 검색광고, 이메일광고, 동영상 제작 스크립트 등 다양한 홍보마케팅에 활용할 수 있어서 더욱 가치가 있다.

검색엔진 최적화 전략

검색엔진 최적화의 기본은 '좋은 콘텐츠'

여기서 좋은 콘텐츠는 인기 검색어나 문구를 찾아내서 검색에 잘 걸리게 하는 것은 물론이며 타깃고객들에게 도움이 되는 정보이자 우리 브랜드의 핵심 가치를 드러내는 것이다. 기술적으로 접근해서 일시적으로 사이트 접속량을 올리는 것뿐 아니라 실제로 내 제품/서비스를 이해하고 구매할 진성 고객층을 끌어모아야 한다. 사이트에 들어왔는데 볼 것이 없거나 정보가 빈약하면 이내 나가버린다. 좋은 콘텐츠를 만들어 꾸준히 올리는 것이 온라인 홍보마케팅의 정석이다.

좋은 키워드 선정

검색이 많이 되는 키워드를 콘텐츠에 사용하여 검색 포털에서 많이 노출되도록 해야 한다. 검색이 많이 되는 키워드는 네이버 데이터랩이나 구글 트렌드 등의 빅데이터 사이트를 활용하여 파악한다. 구글 트렌드에 접속하면 국내뿐 아니라 전 세계 사용자들이 키워드로 검색한 빈도수가 가장 높은 검색어의 경우 100, 절반 정도는 50 등으로 수치화되어 있어 관심도를 파악할 수 있다.

링크 연계

링크 연계는 외부 홈페이지에 자사 사이트 링크를 게재하여 접속률을 높이는 방법이다. 신뢰성 있는 사이트에 자사 사이트를 링크, 첨부해서 접속률을 높인다. 간편하면서 효과 있는 방법이 보도자료 발표 때 자사 사이트를 같이 게재하는 것이다. 신제품을 출시했거나, 상을 받았거나, 행사를 진행할 경우 적절한 매체에 보도자료를 배포하는데 이때 보도자료에 사이트 링크를 추가한다. 언론기사에 사이트 주소가 노출되면 독자들의 링크 접속이 유도되면서 방문율이 높아진다.

웹사이트 URL 최적화

검색엔진은 인터넷에서 자료를 쉽게 찾도록 도와주는 소프트웨어이다. 검색엔진은 인터넷의 웹사이트를 순회하며 자료를 수집하는데 이 순회 시스템을 '크롤러'라고 한다. '크롤러'가 우리 사이트를 잘 찾아 데이터를 수집하도록 하는 방법 중 하나가 URL 주소 최적화로 URL 키워드를 읽기 쉽게 만드는 것. 알아볼 수 있는 단어가 거의 없는 지나치게 길고 암호 같은 URL을 유저 친화적으로 만드는 것이 좋다. 예를 들어 유아용품 사이트의 URL을 '684/x2/175837958a.html'이라고 한다면 기억하기도, 활용하기도 어렵다. 대신 'car-seat-for-new-born-baby'라는 명확하고 단순한 URL을 사용하자.

소셜미디어 공유

이는 웹페이지에 소셜미디어 채널을 연결해 같이 볼 수 있도록 하는 것이다.

콘텐츠를 우리가 보유한 미디어인 SNS를 통해 직접 유통하는 것이라 할 수 있다. 잠재고객의 관심에 맞는 콘텐츠를 소셜미디어에 발신하고, 검색상에서도 잘 발견될 수 있도록 한다. 소셜미디어 채널도 검색엔진 최적화의 한 솔루션으로 통합 관리할 필요가 있다. 구글 웹사이트 최적화 랭킹 요소 분석 자료를 살펴보면 웹사이트의 소셜미디어 활동 관련 지표가 있다. 그 웹사이트가 구글플러스에서 얼마나 공유되었는지, 페이스북으로부터 들어오는 트래픽은 어느 정도인지와 같은 지표를 통해 구글은 해당 웹사이트의 품질을 평가한다. 웹사이트의 콘텐츠를 부지런히 소셜미디어에 연동하고 공유하는 작업도 검색엔진 최적화에서 중요하다.

모바일 검색 최적화

모바일 검색 최적화는 PC가 아닌 모바일에서 검색이 잘되는지를 말한다. 내 사이트가 모바일 친화적인 사이트인지 아닌지는 구글이 제공하는 모바일 친화성 테스트https://search.google.com/test/mobile-friendly를 통해 알아볼 수 있다. 모바일 검색 최적화 방법은 처음부터 사이트를 '반응형 웹사이트'로 제작하거나, 모바일용 웹사이트를 따로 운영하는 것이다. '반응형 웹사이트'는 하나의 페이지 소스로 다양한 기기의 페이지 해상도, 레이아웃에 맞는 화면을 유동적으로 보여준다. 따로 모바일용 웹사이트를 운영하면 비용과 시간이 필요하므로 홈페이지 제작 단계부터 반응형 웹사이트로 구축하는 것이 좋다.

검색엔진 별로 달라지는 최적화 전략

검색엔진의 상위에 노출되면 큰 마케팅 효과를 가져오는데 검색엔진별로 그렇게 만드는 방법에 약간의 차이가 있다.

‘키워드’는 빅데이터로 분석해 설정하자

네이버를 기준으로 키워드 설정법을 살펴보자. 네이버 광고 시스템(https://searchad.naver.com/)에 접속, 검색량과 경쟁 정도를 분석한다.

검색량이 높은 키워드

키워드는 ‘직감’이 아닌 고객의 ‘검색량’으로 설정해야 한다. ‘남자시계’ vs ‘남성시계’ 중 유저들은 어떤 단어로 더 많이 검색할까? 네이버 검색량 기준(PC, 모바일 포함) ‘남자시계’의 월간 검색 수는 7만 700건, ‘남성시계’는 1만 5,240건이다. 즉 고객들은 ‘남자시계’라는 키워드를 ‘남성시계’보다 네 배 더 많이 검색한다. 네이버에 광고를 진행한다면 키워드는 ‘남자시계’로 설정해야 한다.

경쟁 정도가 낮은 키워드

키워드 선택 시 한 가지 더 중요한 것이 경쟁 정도이다. 이는 키워드로 검색했을 때 블로그 수, 리뷰 수 등의 추이를 통해 정해지는데, 다수의 광고주가 참여한 광고일수록 경쟁 정도가 높다. 경쟁이 높으면 광고비가 올라간다. 따라서 키워드는 검색량이 많으면서 경쟁 정도가 낮은 것으로 찾는다.

연관 키워드	PC, 모바일 월간 검색 수	1개월 간 블로그 리뷰 수
강남역 맛집	236,300	3,192
강남 맛집	184,700	25,275

표를 보면 ‘강남역 맛집’이 ‘강남 맛집’보다 검색량은 많은데, 블로그 리뷰 수는 여덟 배나 적다. 고객들이 많이 검색하고, 경쟁 정도가 낮은 ‘강남역 맛집’으로 키워드를 선택하는 것이 좋다.

구글형 – 독자적 콘텐츠 전략과 축적

구글의 검색엔진에 노출되기 위해서는 자사의 독자적인 콘텐츠 허브를 만들고, 좋은 콘텐츠를 꾸준히 발행하는 것이 유리하다. 구글에서는 주로 검색을 통해 콘텐츠를 접하게 되기 때문이다. 콘텐츠를 어떤 방향으로 만들지 뚜렷하게 전략을 세우고, 차근차근 좋은 콘텐츠를 노출시키면 이 모든 것이 자산이 된다. 시간이 걸리지만 분명 효과가 있다.

네이버형 – 네이버의 룰블로그, 포스트 등에 따라 콘텐츠 재발행하기

검색 위주인 구글과 달리 네이버는 메인화면에서 기사를 비롯해 다양한 콘텐츠를 보여준다. 사용자가 찾아보지 않아도 자연스럽게 흥미로운 주제로 콘텐츠를 접하게 되고, 해당 콘텐츠가 좋다면 트래픽이 급격하게 오르기도 한다. 네이버를 노린다면 네이버의 블로그나 포스트를 통해 콘텐츠를 재발행하는 것이 필요하다. 즉 네이버의 룰을 착실히 따라야 하는 것.

본인의 웹사이트나 SNS 채널을 통해 콘텐츠를 쌓아가더라도 네이버 노출을 효과적으로 하기 위해서는 네이버 블로그나 포스트를 만들고 콘텐츠를 다시 업로드해야 한다. 그다음 자사 브랜드에 맞는 네이버 판 채널의 메인 페이지에 노출시키는 전략을 쓴다. 네이버 판 에디터에게 선정되기 위해 해당 에디터에게 이메일을 보내 제휴를 요청한다.

네이버 판은 에디터가 직접 큐레이션하기 때문에 의도적으로 클릭수를 늘려 메인에 올리는 방법은 먹히지 않는다. 대신 네이버 판의 메인에 선정되려면 몇 가지 기준을 만족시켜야 한다. ▲콘텐츠의 주제가 시의적절해야 하고 ▲제목이 매력적인 키워드로 설정되어야 하며 ▲고객들이 찾는 주제와 내용으로 구성된 양질의 콘텐츠여야 하고 ▲ 꾸준히 콘텐츠를 발행해야 하는 것들이다.

글로벌 홍보마케팅 담당자들이 말하는 가장 효과적인 검색엔진 최적화 방법과 난이도

글로벌 마케팅 전문가들을 대상으로 한 설문조사에서 응답자 10명 중 7명이 검색엔진 최적화의 효과가 점점 더 높아지고 있다고 했으며, 검색엔진 최적화를 위한 기본 조건으로 콘텐츠 개발을 꼽았다.

아래 표를 보면 알 수 있듯이 응답자의 57%가 '양질의 콘텐츠 제작'이 가장 효과적인 검색엔진 최적화 전략이면서, 29%는 콘텐츠 제작을 가장 어려운 검색엔진 최적화 방법이라고 했다. 두 번째는 '인기 검색어/문구 조사'가 검색엔진 최적화에 효과적인 전략으로 나타났고, 외부 홈페이지에 자사 사이트를 게재하는 '링크 구축'은 세 번째로 효과적이지만 가장 실행하기 어려운 전략이라고 꼽았다.

검색엔진 최적화 전략	가장 효과적인 방법	가장 어려운 방법
콘텐츠 개발	57%	29%
인기 검색어/문구 조사	50%	29%
링크 구축	46%	52%
웹사이트 구조	43%	39%
메타데이터 태그	34%	29%
소셜미디어 공유	32%	33%

* 총 응답자: 279명
* 자료 출처: Ascend2, "Search Engine Optimization Survey Report"(2017년 11월)

구글형 검색엔진 최적화 방법

- 콘텐츠별로 키워드를 설정하는데, 그 범위를 좁게 한다. 예를 들어 '홍보'보다는 '언론홍보', '언론홍보'보다는 '언론홍보 사례' 등으로 키워드를 설정하는 식이다.
- URL 주소에 키워드가 들어가게 한다. 제목에 키워드를 넣을 수 없는 경우 주소를 수정해 키워드가 들어가게 하면 좋다. 예를 들어 'http://artncomm.com./검색엔진최적화전략'으로 하는 식.
- 소제목에도 키워드를 넣어 검색엔진에 잘 걸리게 하고, 삽입 이미지의 파일명에도 키워드가 들어가게 하자. 이미지 파일을 올린 후 파일 대체 텍스트에 키워드를 넣을 수 있다.
- 글을 올린 후 구글 두 줄 요약을 수정한다. 수정을 안 하는 경우 제일 앞 문단이 자동 노출되므로, 앞 문단에 명확하게 이 글의 목적을 소개한다.

네이버 판 에디터 이메일 주소

네이버 경제M dl_biz@navercorp.com
네이버 비즈니스 dl_business@navercorp.com
네이버 Job& dl_naverjob@navercorp.com
네이버 푸드 dl_food_partner@navercorp.com
네이버 리빙 dl_living@navercorp.com
네이버 과학 nv_science@naver.com 등

먹히는 온라인 채널 콘텐츠를 만드는 열 가지 법칙

홍보마케팅에서 가장 중요한 것은 무엇을 가지고 소통할지, 즉 홍보마케팅 거리를 만드는 것이라고 했다. 실시간으로 잠재고객과 소통하고 이들의 관심을 유지해야 하는 온라인 홍보마케팅에서는 더욱 그러하다. 홍보거리는 제품이나 서비스에 대한 설명서나 이미지, 회사 소개글, 제품 기획자의 의도를 밝히는 인터뷰, 제품 개발 중 있었던 인상적인 에피소드, 이 제품/서비스가 각광받게 된 사회 트렌드, 잠재고객들의 라이프스타일 등 다양한 이야기가 될 것이다. 글로 쓰기도 하고 사진, 영상으로 만들 수도 있다.

예를 들어 인스타그램 계정을 운영한다면 경쟁업체뿐 아니라 뉴스피드에 넘쳐나는 수많은 예쁘고 공감 가는 사진, 영상 콘텐츠들과도 경쟁해야 한다. 우리은행 SNS팀이 "우리의 경쟁상대는 타 금융이나 재테크 관련 사이트가 아니라 뷰티 채널들입니다"라고 할 정도로 콘텐츠 성격이나 타깃의 스펙트럼이 넓어졌다. 동영상 플랫폼인 유튜브가 온라인의 강자로 떠오르면서 영상 콘텐츠에 대한 요구도 높아졌다. 이처럼 다양한 형태의 콘텐츠가 넘쳐나면서 작은 회사 홍보마케팅 담당자들의 콘텐츠 제작에 대한 고민도 깊어지고 있다.

잘 만든 하나의 콘텐츠를 여러 채널에 활용하는 원 콘텐트 멀티 플랫폼

SNS 채널을 운영할 때 블로그, 페이스북, 인스타그램, 유튜브 등 모든 채널마다 각각 다른 콘텐츠를 만들어 올린다면 큰 노력과 시간이 필요하다. 하나의 콘텐트를 여러 채널에 활용하는 '원 콘텐트 멀티 플랫폼One-Content Multi-Platform, OCMP'이 현실적인 대안이 된다. 예를 들어 페이스북 페이지와 카카오스토리, 유튜브와 네이버 TV 등 특성이 유사한 플랫폼을 묶어 콘텐트를 동시 발행하면 효과를 극대화할 수 있다. 즉 하나의 콘텐트를 제작 후 각 온라인 채널에 등록해서 최대한 많은 사람에게 노출시킨다. 다만 단순히 똑같은 내용을 여러 채널에 올리는 것이 아니라, 플랫폼 성격에 맞게 적절한 가공이 필요하다.

먹히는 SNS 콘텐츠 만드는 열 가지 법칙

콘셉트 정하기 - 마케팅 전략에 맞춰라

특히 온라인 콘텐츠의 초기 단계에서는 전략에 맞춰 통일감 있게 가야 한다. 어떤 날은 제품 사진과 설명을 올리고 다음 날은 개인 일상, 또 다음에는 신문기사 포스팅 등으로 논지를 흐리면 안 된다. 전사적 홍보마케팅 전략에 따라 제품이나 서비스, 회사 소개, 대표이사 홍보 등 콘텐츠의 주인공을 정하고, 그 주인공을 다양한 방법으로 알리는 콘텐츠를 기획해간다.

원두커피 제조 · 생산 · 유통사인 B사는 마케팅 전략을 '레플리카모방품'로 정했다. 어느 날 문재인 대통령이 좋아하는 커피 블렌딩 관련 기사가 보도되었는데 B사는 그 기사를 보자마자 당장 페이스북 영상 콘텐츠를 뚝딱 만들어 올렸다. 청와대를 배경으로 달이 뜨면서 해당 블렌딩에 들어가는 커피 종류를 소개한 뒤 '제이 샷'이라는 이름을 노출했다. 다소 조악해 보일 수도 있는 간단한 영상이었지만 발 빠르게 광고와 제품 출시를 실행하여 폭발적인 반응을 얻었다. 이는 레플리카라는 회사의 마케팅 콘셉트를 시의적절하게 콘텐츠화해 성공한 사례이다.

브랜드 스토리로 '나다움'을 확보하라 – 인물, 스토리를 담아라

콘텐츠를 만들 때 제품/서비스 설명만 나열하고 딱딱하게 작성한다면 고객들에게 오래 기억되기 어렵다. '설명'이 아니라 '이야기'를 건네는 것이 중요하다. 이야기에는 '사람'이 등장해야 하는 법. 콘텐츠에 사람 냄새를 풍겨야 한다.

스마트워치의 귓속말 서비스를 개발한 스타트업 '이놈들연구소'는 통화를 할 때 손가락으로 귀를 막기만 하면 내용이 새어나갈 걱정 없이 상대방의 말을 듣고 답할 수 있는 '팁톡' 서비스를 개발했다. 창업자 C씨는 제품 개발 계기를 '여자친구와 통화하는 내용이 스피커로 흘러나와 민망해하던 선배 때문'이라고 했다. 이런 경험은 누구나 한 번은 하게 되는 만큼, 듣는 순간 서비스를 이해하고 기획 의도에 공감하게 된다. 이 회사는 사생활 노출 방지 내용으로 영상을 제작해 유튜브에 올리고, 언론 인터뷰에서도 개발 아이디어를 말하는 등 그 '스토리'로 지속적인 콘텐츠를 생산, 큰 관심을 끌어냈다. 콘텐츠에 왜 이 제품/서비스를 시작했는지, 개발자를 비롯한 현장 직원 등이 직접 전하는 이야기를 담아보자. 사람 냄새가 물씬 나는 콘텐츠에 정답이 있다.

비하인드 스토리를 콘텐츠로 활용하기

비하인드 스토리 콘텐츠는 많은 이들의 호기심을 자극하며, 비밀을 공유하는 듯한 과정을 통해 친근감을 형성시킨다. 롯데제과는 유산균 샌드 '요하이'의 광고모델로 아이돌 그룹을 기용해 제품 광고가 공개되기 전 촬영 현장 비하인드 사진을 인스타그램에 올리며 기대감과 주목도를 높였는데, 이후 공개된 광고 영상은 140만 회가 넘는 유튜브 조회 수를 기록했다. 또 바이럴 영상을 제작해 조회 수가 1만씩 누적될 때마다 멤버별 비하인드 영상을 공개하는 이벤트로 고객 참여를 끌어냈다.

비하인드 스토리 콘텐츠는 기존의 정형화된 콘텐츠보다 가벼운 성격으로 만들어져 내용이 유연하다. 다만 자연스럽게 연출한다고 지나치게 무분별하게 촬영하고 검열 없이 내보냈다가는 오히려 역풍을 맞을 수 있다. 앞 제과 광고에서 자연스러운 모습으로 큰 효과를 낸 아이돌 그룹이 이후 모 음악 채널에서 진행한 라이브 방송에서는 욕설 논란을 일으키며 곤욕을 치른 예만 봐도 그렇다. 자연스러움을 드러내되 지나치게 가벼워지지 않도록 주의해야 한다.

정보가 있는 Why 콘텐츠

온라인 콘텐츠 중 인기 있는 것이 특정 상황, 현상의 원인을 설명하는 'Why 콘텐츠'이다. 페이스북에서 가장 많이 공유되는 콘텐츠도 건강, 뉴스, 과학 카테고리이다. 유튜브에서도 정보성 '튜토리얼 영상'이 주목받고 있다. 정보성 콘텐츠는 두터운 팬층을 만들고, 직접적인 참여를 끌어낼 수 있다.

꾸준히 콘텐츠 아이디어 얻기 – Feedly, 구글 알리미 등

콘텐츠가 힘을 얻으려면 꾸준히 생산 · 제공되어야 하는데 지속적으로 콘텐츠를 만들어내기가 그리 쉬운 일은 아니다. 초반에는 제품/서비스 설명, 경험담, 후기, 리뷰 등의 콘텐츠를 만든다고 해도 이후 어떤 내용으로 연결해야 할지 막막해진다. 이럴 때는 관련 언론보도나 학술 자료, 발표 등을 관심 있게 리서치한다. 기자들도 기사를 쓸 때 가장 많이 참고하는 것이 다른 언론기사이다. 자료를 많이 보아야 한다.

나에게 유용한 언론기사와 자료를 쉽게 모니터링하고자 할 때 유용한 방법이 RSS 리더기인 Feedlyhttps://feedly.com, 구글 알리미https://www.google.co.kr/alerts, 플립보드https://ko-kr.about.flipboard.com, 마이크로소프트 뉴스https://news.microsoft.com/ko-kr 등의 활용이다. RSS란 뉴스와 블로그 등 웹사이트에 새롭게 업데이트된 정보를 실시간으로 보여주는 맞춤형 인터넷 정보 서비스이다.

글쓰기 실력을 닦아라

콘텐츠는 글쓰기가 기본이다. 제품/서비스에 대한 유튜브 영상을 제작하려고 해도 글로 쓴 스크립트가 있어야 한다. 글쓰기는 창의적인 작업이기 때문에 연습이 필요하다. 평소 독서를 많이 하면 장기적으로 글쓰기 근육이 단련된다. 글로 내 의도를 적확하게 표현하는 능력은 비즈니스에 있어 꼭 필요하다.

영상 콘텐츠가 대세 – 무료 프로그램 활용하기

홍보마케터라면 이제 페이스북 광고나 블로그 콘텐츠를 영상으로 만들고 유튜브 채널 운영을 적극적으로 검토해야 한다. 그런데 '영상 제작은 초보자가 하기 어렵고, 비용도 많이 든다'고 생각한다. 'lumen5' 'adobe spark', 어도비의 동영상 전문 프로그램인 애프터 이펙트After Effect, 프리미어Premire 등 쉬운 동영상 편집 프로그램이 많아졌다. 예를 들어 'lumen5' 프로그램에서는 블로그 글을 활용해서 쉽게 동영상을 제작할 수 있다. 크리에이트 비디오를 누른 뒤 유형을 선택하고, 분위기 테마를 정한 뒤 간단하게 영상 편집을 하고 완료를 누르면 1분 안에 동영상 제작이 가능하다.

이미지화 작업으로 콘텐츠 매력적으로 만들기망고보드 등 활용

사람들은 SNS에 넘쳐나는 콘텐츠 중 핵심 내용만 보고 싶어 한다. 텍스트를 볼 때 전체를 정독하지 않는다. 그런데 이미지가 포함된 콘텐츠는 텍스트로만 구성된 콘텐츠보다 두 배 더 많이 공유된다. 즉 눈에 띄는 이미지를 활용하면 콘텐츠를 효과적으로 전달할 수 있다. 카드뉴스, 인포그래픽 이미지 등을 활용해 시각적으로 풍부하고 강력한 포스팅을 할 수 있다. 다만 영상 제작과 마찬가지로 초보자들이 쉽게 하기 어렵고, 비용도 더 든다.

이럴 때는 쉬운 디자인 제작 플랫폼인 '망고보드www.mangoboard.net' '타일요

https://tyle.io/' 프로그램을 활용하자. 예를 들어 '망고보드'는 무료로 다섯 개까지 이미지 제작이 가능한 서비스로 카드뉴스, 인포그래픽, 포스터, 배너, 유튜브 썸네일 등 기본 템플릿을 제공해 디자인을 만들 때 편하다.

만들기 쉽고 눈길 끌기 좋은 콘텐츠 형식, 리스티클

리스티클listicle=list+article은 리스트 형태의 아티클을 의미하는 신조어로 가장 많이 공유되는 콘텐츠 유형 중 하나이다. 리스티클에서 '열 가지' '3대' '10대' 등 숫자는 사람들에게 공유가 잘되는 마법이다. 전체 내용을 한눈에 파악하기 쉽고 헤드라인부터 흥미를 유발하며 시선을 사로잡기 때문. 이 글의 제목이 '먹히는 온라인 채널 콘텐츠를 만드는 열 가지 법칙'이 된 이유도 여기에 있다.

콘텐츠 노출 비결 – '소나기'형 말고 '가랑비'형으로

SNS 콘텐츠는 무엇을 제작했는지도 중요하지만 '어떻게 노출할지'도 전략적이어야 한다. 효율을 올리기 위해서는 반짝 폭탄처럼 쏟아내기보다 지속해서 꾸준히 콘텐츠를 올리는 것이 효과적. 초반에만 열심히 해서 하루에 몇 개씩보다 일주일에 한두 개씩 몇 달간 지속적으로 올리는 것이 좋은 채널이 되는 방법이다.

SNS 콘텐츠에서 공유의 의미는 절대 작지 않다. 공유를 통해 우리의 고객을 영업사원으로 만들 수도 있다. 잊지 말자. 잘 만든 콘텐츠는 우리가 잠든 밤에도 고객들이 자발적으로 공유하며 우리 회사를 홍보시킨다는 것을!

바이럴 홍보마케팅 성공 전략

비즈니스에서 가장 중요한 것은 어떻게 상품이나 서비스를 '유통'하느냐이다. 유통은 내 상품이나 서비스 혹은 그에 대한 정보를 어떤 경로를 통해 타깃 시장이나 고객에게 제공할지를 결정하고 새로운 시장기회와 고객 가치를 창출하는 활동이다. 전통적으로 유통은 '제조업자 → 도매상 → 소매상 → 소비자'의 단계를 거쳐왔다. 오늘날 그 어떤 상품보다 강력한 유무형 자산이 되는 '콘텐츠'도 마찬가지이다. 힘들게 만든 콘텐츠들을 어떻게 유통해서 많은 사람에게 보여주고 반응을 일으킬지가 고민이다.

그런데 온라인은 복잡한 기존 유통 단계를 없애고 나와 소비자를 단박에 이어준다. 오프라인 매장이나 영업직원 한 명 없이도 얼마든지 내 상품/서비스를 홍보하고 판매까지 할 수 있다. 24시간 365일 쉬지 않고 말이다. 온라인에서 상품과 서비스 콘텐츠를 보고 좋아하는 사람이 생기면서 그들이 스스로 '영업사원'이 되어 입소문을 내주기도 한다. '내 입'이 아닌 '남의 입'으로 하는 홍보라는 효과만점인 성과를 확보할 수 있다. '온라인 유통'이 우리에게도 마술봉이 되게 하려면 어디서 어떻게 시작해야 할까?

'상위 노출'보다 효과적인 '지인 추천'의 시대

사업의 규모나 업종, 영리 혹은 비영리 형태, 단체나 개인의 구분 없이 온라인 홍보마케팅, 특히 바이럴 마케팅에 관한 관심이 높다. 바이럴 마케팅은 전파가 가능한 인터넷의 여러 매체를 활용하여 기업이나 개인이 홍보하고자 하는 것을 확산시키는 마케팅이다. 블로그, SNS, 커뮤니티 등에 배포된 콘텐츠, 상품평, 후기 글이 사람들 사이에 유행하면서 바이러스가 퍼져나가는 것처럼 빠르게 전파되는 것을 의미한다. 기업 등이 일차적으로 정보 제공을 하지만 이들이 인위적으로 메시지를 퍼뜨리기보다 수용자를 중심으로 자발적으로 확산되는 것이 특징이다.

일반적으로 많이 진행되는 바이럴 마케팅 방식은 블로그, 포스트, 페이스북, 카카오스토리, 인스타그램, 네이버밴드 등 다양한 소셜미디어를 직접 운영하며 자사가 알리고 싶은 메시지를 생산하는 것이다. 혹은 파워 블로그 모집, 체험단블로그, 페이스북 운영, 서포터즈 운영, 카페 제휴, 페이스북 인기 팬 페이지 제휴, 인기 커뮤니티 등에 콘텐츠 등록의 방법으로 다른 이들의 채널을 빌려 확산시킬 수도 있다.

하지만 이것만으로는 아쉬운 감이 있다. 방법은 무궁무진하다. 인터넷 매체에 좋은 콘텐츠거리를 만들기 위해 오프라인 행사를 하거나 아예 오프라인 매장을 열기도 하고 인플루언서, 크리에이터들이 오프라인 유통과 협업하는 일이 일상으로 일어나는 등 다양하고 창의적인 바이럴 마케팅들이 연일 나오고 있다.

'바이럴 마케팅에 가장 효과적인 매체는 이것이다'라고 딱 부러지게 말하기도 어렵다. 급변하는 온라인 환경에서 대세 매체의 등장과 지속 주기가 아주 짧아졌기 때문. 온라인 마케터나 관계자들의 한숨이 깊다.

불과 1, 2년 사이 블로그 → 페이스북 → 인스타그램 → 유튜브로 온라인 마케팅의 강자가 바뀌었다. 이러니 지금 유행해서 떠오르는 매체에 무작정 맞추기보다는 매체나 시기에 상관없이 적용되는 홍보마케팅의 원리를 지켜가는 것이 더 전략적이다. 그 원리는 바로 이것이다.

'나다운 콘텐츠를 나에게 맞는 매체에 실어 지속적으로 전달하기.'

작은 회사, 스타트업, 1인기업가의 똑똑한 SNS 마케팅 활용법 세 가지

온라인 홍보마케팅은 대기업, 중소기업, 스타트업, 1인기업, 단체, 개인이 비교적 공평하게 겨뤄볼 만한 장이다. 같은 도구온라인매체를 어떻게 사용하느냐에 따라 예기치 못한 성과와 실패가 속출하는 곳이기도 하다. SNS 마케팅을 단순히 우리 조직을 알리고 잠재고객과 소통하는 보조 마케팅 수단으로 생각하지 말고 좀 더 전략적으로 활용하자. 즉 오늘 SNS에 게시글 하나 올리고, 댓글로 소통하는 것이 내 사업을 키우는 중요한 비즈니스 활동이 된다.

SNS로 고객 개발하기

고객은 제품을 만들어놓으며 자동으로 찾아오는 존재들이 아니다. 고객도 개발해야 한다. 그러려면 직접 잠재고객을 찾아 인터뷰하고 관찰하고 탐색하는 과정이 필요한데 이를 저비용으로 폭넓게 할 방법이 바로 SNS 마케팅이다. 우리의 아이디어 혹은 서비스/제품을 구매할 사람이 정말 있는지 없는지를 SNS를 통해 알아갈 수 있다. 관련 사이트나 커뮤니티에서 설문으로 의견을 수렴하고 시제품이나 사진 동영상을 올려 반응을 살펴보는 것으로도 큰 인사이트를 얻을 수 있다.

가성비 좋은 시장조사, 가설검증 도구

지속적인 기술 개발과 짧은 시간 안에 이를 상품화하는 능력이 작은 회사나 스타트업을 성장시킨다. 아이디어를 시장에서 먹히는 상품으로 구현하기 위해서는 가설 세우기→검증하기→보완하기의 순환을 안정적으로 시행해야 한다. 이를 빠르고 적은 비용으로 할 방법 역시 소셜미디어에 있다. 자전거를 대여해주는 업체에서 '우리 서비스는 경기도에서 서울로 출퇴근하는 35세 전후 직장 남성이 좋아할 것이다'라는 가설을 세웠다고 하자. 페이스북 광고를 통해 '지역: 경기/나이: 35/성별: 남성/ 관심사: 직장인, 자전거'로 설정하여 메시지를 던져 반응을 볼 수 있다. 핀셋으로 찍어 올리듯 정확한 타깃에 메시지를 전달하는 것이 가능하다.

경쟁사를 막는 진입장벽 만들기

작은 회사와 스타트업에게 가장 큰 위협은 경쟁업체의 등장이다. 치열한 비즈니스 정글에서 생존하는 데도 SNS가 힘이 된다. SNS 마케팅은 비용은 적게 들지만, 효과를 내기까지는 시간이 걸린다. 그래서 조금이라도 먼저 시작해서 우리 회사를 알고 지지하는 진성 고객을 많이 확보하는 것이 유리하다. 블로그를 예로 들어 한 기업은 하루에 하나씩 매일 3년 동안 글을 작성해 1,000개의 글이 있고 새로 진입한 경쟁사는 자본을 무기로 일주일 사이에 1,000개의 글을 작성하였다고 하자. 결과적으로 두 기업 모두 동일한 1,000개의 글이 있지만 3년 동안 꾸준히 작성한 곳은 파워블로그로 브랜드가 구축되어 있을 것이고 일주일에 1,000개를 작성한 곳은 검색에서 스팸 처리가 될 것이다. 결국, 온라인에서는 대기업이든 1인기업이든 일정한 시간과 노력을 들여야 성과를 얻을 수 있다.

구매로 이어지는 성공적 바이럴 마케팅의 단계별 콘텐츠 전략

모든 홍보마케팅 실행에 있어 똑같이 적용되는 태도는 '좋은 친구되기'이다. 돈과 인력을 앞세워 공격적으로 광고하거나 자랑 일색을 늘어놓고, 처음부터 구매를 요구하는 식의 접근으로는 상대의 마음을 살 수 없다. 친구를 사귀려면 재미있고 유익한 이야깃거리를 만들어 자주 만나야 한다.

다양한 인터넷 매체를 활용하여 내 메시지를 전달하는 바이럴 마케팅에서 가장 중요하고 기본이 되는 것이 바로 콘텐츠, 즉 이야깃거리이다. 이것이 홍보마케팅 소재이다. 콘텐츠는 사진, 동영상, 텍스트, 혼합형 등 매체별로 조금씩 형태가 달라질 수 있다. 그러나 근본적으로 염두에 두어야 할 것은 내가 무엇을 말하고자 하는지, 이 메시지가 수용자들에게 어떤 이점즐거움, 정보 등을 주는지가 잘 드러나야 한다는 점이다. 또 처음부터 내 할 말만 늘어놓지 말고 단계별로 적절한 이야깃거리를 내놓자.

[1단계 나를 소개하라] 브랜드를 인지시키는 콘텐츠 만들기

먼저 온라인 세상에 브랜드회사, 제품, 서비스, 개인를 노출하여 인지시키는 콘텐츠가 필요하다. 상대가 좋아하고 이해하기 어렵지 않은 수준의 정보를 배포하여 관심을 끄는 것이 중요한데 이 부분은 가장 많은 창의력이 요구된다. 눈길을 끄는 콘텐츠를 만들어야 하기 때문이다. 인지 단계에서는 직접 매출로 이어지지 않아도 미래를 위한 투자로 보고 지치지 않도록 유의한다. 클릭이나 조회 수, 공유 횟수 등을 보면서 타깃고객들의 유입경로와 성향을 파악하며 콘텐츠를 기획해가자.

[2단계 도움이 돼라] 친분을 쌓는 콘텐츠 만들기

얼굴 트는 단계를 통해 내 콘텐츠에 반응하는 잠재고객들의 성향 등을 파악한 뒤에는 좀 더 적극적으로 고객 맞춤형 콘텐츠를 기획한다. 이들의 참여 욕구를 이해하거나 문제를 파악하여 해결방안을 제시하는 식이다. 즉 잠재고객의 문제점과 연관 있는 사례연구, 제품 스토리, 매뉴얼 제공, 웹 세미나 등 심도 있는 콘텐츠를 제공해 고객의 의사결정을 도와준다. 이들은 이미 블로그 콘텐츠나 유튜브 영상을 보았기 때문에 어느 정도 친밀감이 형성된 상태이다. 따라서 이 단계에서 도움을 받으면 브랜드의 목소리를 보다 쉽게 수용한다. 이벤트를 개최하거나 온라인 상담, 추가 자료 제공을 위해 이메일을 수집하는 적극적인 활동을 해도 거부감이 적고 호응률도 높다.

[3단계 나를 팔아라] 구매를 유도하는 콘텐츠

잠재고객이 우리를 인지했고 좋아요/구독신청을 했으며 자료를 다운로드하고 고정적으로 자료 수령을 위해 이메일까지 등록했다면, 이제 적극적으로 구매를 유도할 차례이다. 이때는 상대가 구매에 확신을 가질 수 있도록 해야 한다. 이메일을 통해 제품 사용을 권유하며 상세 정보를 제공하고 환불 조치, 가이드 동영상, 개별 컨설팅 등을 제안할 수 있다. 할인쿠폰이나 샘플 제공 등도 효과적이다.

혼동해서 쓰는 개념 짚고 가기

SNS(Social Network Service 혹은 Social Network Site, 사회관계망서비스)

사회적 관심이나 활동을 공유하는 사람들 사이의 교호적 관계망이나 교호적 관계를 구축해주고 보여주는 온라인 서비스 또는 플랫폼. 링크드인, 페이스북, 인스타그램, 트위터, 카카오톡, 라인 등을 말한다.(위키피디아)

소셜미디어

트위터, 페이스북과 같은 소셜네트워킹 서비스(social networking service, SNS)에 가입한 이용자들이 서로 정보와 의견을 공유하면서 대인관계망을 넓힐 수 있는 플랫폼. SNS, 블로그, UCC, 위키, 팟캐스팅과 비디오캐스팅 등 온라인상에서 정보를 매개로 참여가 가능한 도구와 프로그램을 소셜미디어라 지칭(Newson & Patten, 2008)한다. SNS을 포함하여 조금 더 큰 범주로 간주된다.

소셜미디어 마케팅(= SNS 마케팅)

기업에서 소셜미디어를 이용하여 고객과 직접 소통하면서 상품이나 서비스를 홍보하는 것. 트위터, 페이스북, 카카오톡, 라인 등과 같은 SNS가 폭발적으로 증가하면서 많은 기업들이 소셜미디어를 마케팅에 활용하고 있다.

소셜 마케팅(≠소셜미디어 마케팅)

소셜 마케팅은 상업 마케팅의 기술을 활용해 공익을 위한 개인의 자발적인 행동 변화를 유도하고자 프로그램을 개발, 실행, 평가하는 과정이다. 즉 소비자가 원하는 제품이나 서비스를 제공하여 자발적으로 제품 또는 서비스를 이용하게끔 유도하는 마케팅.

바이럴 마케팅의 효과를 높이는 양념 전략
서포터즈/체험단/인플루언서 초청

전략적인 콘텐츠 개발을 통해 꾸준히 채널 유지 · 관리를 하면서 채널이 안정화되었다면 서포터즈/체험단 운영을 고려해볼 만하다.

서포터즈 운영은 충성 고객 창출, 댓글과 리뷰 콘텐츠 생산, 배포, 추후 제품 개발에 대한 아이디어 확보 효과를 기대할 수 있다.

체험단은 소정의 상품이나 제품(서비스) 제공으로 모으는데 체험단이 되었다는 것만으로도 해당 제품이나 서비스에 호감을 느끼게 되어 비교적 긍정적인 리뷰 콘텐츠를 생산해준다. 체험단이 가진 다양한 소셜 채널은 우리 브랜드의 확산에 도움이 된다. 체험단을 모집할 때는 제품의 성격, 시기 등을 생각하여 기준을 세우고 운영할 때는 꼭 가이드라인을 정리해 전달해야 우리가 의도한 바가 충분히 반영될 수 있다. OOO키워드는 꼭 포함해서 후기 글을 작성케 한다든지, 제품 이미지는 반드시 착용 컷으로 하는 식의 룰을 정해 알려준다.

체험단보다 영향력이 더 큰 그룹이 파워 블로거, 인플루언서, 유튜브 유명 크리에이터 등이다. 이들과 협업할 때는 대가를 지불하는 것이 보통이고, 콘텐츠 작성 시 반드시 대가를 받고 진행한 것임을 명시해야 한다.

지금은 유튜브 천하
영상 콘텐츠로 세상과 연결하기

홍보마케팅 담당자는 늘 어떤 미디어 매체와 플랫폼이 인기를 끄는지, 그것의 생리는 어떠한지 알려고 애쓴다. 매일 300만 개의 콘텐츠가 페이스북에서 공유되고 23만 장의 사진이 인스타그램에 올라오며 1분마다 72시간 분량의 영상이 유튜브에 게재된다. 누구나 콘텐츠를 공급하고 배급할 수 있는 그야말로 콘텐츠의 시대가 왔다. 콘텐츠만 잘 만들면 성공할 수 있을까?

하버드 MBA 전략 담당 바라트 아난드 교수는 저서 《콘텐츠의 미래》에서 콘텐츠의 힘은 그 자체의 완성도가 아니라 콘텐츠와 사용자 간 '연결성'에 있다고 했다. 즉 '세상에 먹히는 형태의 콘텐츠'를 만들고 '도달률 높은 플랫폼'에 올려서 사람들에게 보내야 하는 것. 시대나 시점에 따라 어떤 형태의 콘텐츠와 플랫폼이 도달률이 높은지는 계속 변한다. 얼마 전까지 우리는 네이버 천하를 살다 구글에 적응해야 함을 깨닫고 있으며, 페이스북과 인스타그램에서 북적이던 사람들이 유튜브로 옮아가고 있음을 목격 중이다.

사이버 옹알이까지 이해하는 유튜브, 우리 일상을 접수하다

실수로 키패드를 눌렀을 때와 같은 의미 없는 문자 같지만 놀랍게도 유튜브 검색창에 치면 키즈 콘텐츠로 연결된다. 겨우 '엄마' '아빠' 말을 하는 유아들이 '직관적'으로 스마트폰을 움직여 직접 콘텐츠를 검색하는 일이 많아지면서 키워드를 정확하게 입력하지 못하는 유아들의 오타를 이해한 검색결과라 한다.

유튜브가 사이버 옹알이까지 접수한 것일까? 유튜브 측은 "아이들에게 맞추어 의도한 기능은 아니고 검색 알고리즘상에서 일어나는 현상 정도로 파악하고 있다"고 밝혀 사이버 옹알이를 유튜브 마케팅에 활용하기는 아직 불가능해 보이지만 퍽 재미있는 현상임에는 틀림없다.

앱 분석업체 와이즈앱이 발표한 자료2018년 11월 기준에 따르면, 한국 모바일 동영상 앱의 사용시간과 점유율에서 유튜브가 압도적 1위이다. 유튜브는 3,122만 명이 총 317억 분을 이용했으며, 구글 플레이의 '동영상 플레이어/편집기'로 등록된 모든 앱의 총 사용시간인 369억 분 중 86%를 점유했다. 카카오톡197억 분, 네이버126억 분를 훌쩍 뛰어넘는 기록이다. 유튜브 월 사용자 수는 3,093만 명, 국내 유튜브 월간 순 이용자는 2,500만 명에 이른다. 특히 10대들의 경우 카톡보다 유튜브를 네 배 더 많이 사용한다.

최근 한국언론진흥재단 미디어연구센터가 발표한 유튜브 이용실태 조사결과에 따르면 20세 이상 성인 남녀 1,218명 가운데 94.2%가 유튜브 동영상을 본 적이 있다고 답했다. 유튜브는 검색, 음원 스트리밍 등 다양한 활용기능을 통해 멀티 플랫폼으로 이용자들을 흡수 성장하고 있다. 최근까지 대개 화장품, IT 전자기기, 공연과 행사, 맛집 정보 등은 네이버나 구글을 검색해서 글과 사진으로 된 포스팅에서 찾았지만 요즘 모바일 이용자들은 유튜브에서 동영상을 보면서 정보를 얻는다. IT 제품에 대한 리뷰 동영상을 통해 작동법을 익히고 브이로그 영상을 찍어 일상을 공유한다. 유튜브가 TV이자 검색창, 학교/학원, SNS, 일기장, 친구가 되는 세상이다.

유튜브를 알아야 돈을 번다

유튜브에 우리의 실질 고객, 잠재고객, 미래 고객이 모두 몰려 있다.

밀레니얼 세대, Y세대로도 불리는 1980년대에서 2000년대에 걸쳐 태어난 2030세대는 약 25억 명, 세계 인구의 1/3이다. 산업 측면에서 보면 이들은 소득과 소비가 둘 다 전성기를 향해가는 젊은 세대로 이들이 소비문화 트렌드, 마케팅의 주요 이슈들을 점유하고 있다. 유튜브, SNS 채널 등을 통해 크리에이터란 이름으로 활동하는 주력 세대들도 이들이다.

90년대 중반에서 2010년 사이에 태어난 1020 세대인 Z세대는 2020년에 전 세계 소비자의 40%를 차지할 거라 예상되며 시장에 본격 등장했다. Z세대는 디지털 DNA와 사회의식을 갖고 태어났다. Y세대가 네이버를 끼고 산 이미지 세대라면 Z세대는 유튜브로 세상을 보는 영상 세대이다. 이들과 소통하기 위해서는 영상 콘텐츠가 필수이다. 광고가 아닌 바이럴 홍보에 주력해야 하며 제품 판매보다 스토리 전파가 우선이다.

시니어 세대도 유튜브의 강력한 이용자 군으로 떠오르고 있다. 한국에 사는 50대 이상의 유튜브 사용시간이 1년 새 70% 이상 증가했다. 시니어 세대는 페이스북, 인스타그램을 거치지 않고 바로 네이버에서 유튜브로 이주했으며 시청시간, 의견 수렴 정도가 그 어느 세대 못지않아 홍보마케터의 관심을 끌고 있다.

비즈니스를 하는 데 유튜브를 활용해야 하는 두 번째 이유는, 앞의 대상들이 민감하게 반응하는 콘텐츠 형태가 동영상이며 이 동영상 콘텐츠에 가장 적합한 플랫폼이 유튜브이기 때문이다. 동영상 마케팅은 온라인에서 브랜드를 알릴 수 있는 효과적인 전략 중 하나로 더욱 주목받는다.

'누구나 할 수 있는' 유튜브, 그러나 쉽지 않은 작업

유튜브를 홍보마케팅에 활용한다는 것은 브랜드명이나 콘텐츠상품, 서비스, 인물 등를 유튜브에 노출하는 것이다. 방법은 두 가지. 직접 유튜브 영상을 만들고 채널을 운영하는 것과 유튜브에 돈을 들여 광고하는 방식이다. 유튜브 광고는 다시 직접 광고 영상을 제작하여 유튜브에 돈을 내고 게시하는 방법과 유튜브에서 자신의 제품/서비스와 관련도가 있는 유명 크리에이터유튜버와 컬래버레이션으로 제품 소개/사용 후기 영상 등을 만드는 방법이 있다.

유튜브는 동영상을 만들어야 하는 채널이다. 이는 블로그에 글을 올리고 페이스북에 카드뉴스를 게재하거나 인스타그램에 사진을 올리는 것과 비교할 때 상대적으로 더 많은 시간과 인력, 돈이 들어가는 작업이다. 직접 스마트폰으로 촬영하고 무료 동영상 편집 프로그램을 활용하여 편집한다면 실질적으로 비용이 들어가지는 않지만, 매번 기획과 제작에 시간이 많이 소요되니 이 또한 비용 제로는 아니다.

영상 퀄리티를 높이기 위해 동영상을 외부 전문가에게 의뢰하여 만들면 100만 원 이상 수천만 원까지 요구한다. 유튜브에 많이 올라오는 제품/서비스의 사용 후기 영상은 다수의 구독자를 거느린 유명 크리에이터들이 생산할 때 파급력이 커진다. 이러한 크리에이터와의 컬래버 작업은 보통 MCN다중채널네트워크, 유튜브 크리에이터를 위한 기획사을 통해 섭외하고 후기, 리뷰 영상 한 편당 제작 송출비가 100만 원 이상이 드는 것으로 알려져 있다. 콘텐츠와 광고시장을 점령해가는 유튜브의 기세를 보며 '나도 유튜브 마케팅 좀 해볼까' 하는 마음이 굴뚝같아도 선뜻 나서기가 힘든 이유이다.

효과 좋고 가성비 높은 '유튜브 사용법'은 직접 유튜버 되기

그럼에도 유튜브는 홍보마케팅에 있어 간과할 수 없는 매력적인 채널이다. 오히려 자본과 인력에서 열세인 작은 회사와 스타트업, 1인기업이 콘텐츠의 힘으로 큰 효율을 볼 기회의 채널이다. 홍보마케팅에서는 운영자가 콘텐츠를 스스로 올리고 상대와 소통하는 자신의 미디어온드 미디어, Owned Media를 확보하는 것이 중요하다. 방송사, 신문사들이 여론 형성에 막대한 영향력을 가질 수 있었던 것은 방송과 신문이라는 자신들의 미디어를 가지고 있었기 때문이었다. 수십만, 많게는 수백만 명의 구독자를 보유한 유튜버는 그 자신이 하나의 거대 미디어가 되어 콘텐츠를 만들고, 광고 수익을 올린다. 이렇게 축적한 브랜드 파워는 기업과의 컬래버 광고 제작, 컨설팅, 강의, 오프라인 매장 등의 부대사업으로 이어져 큰 수익을 창출하기도 한다.

광고 말고 스토리! '쉽고 재미있고 유익한' 콘텐츠로 다가가라

어떤 콘텐츠의 유튜브 채널이 먹힐까? 이에 대한 답은 참 단정하기 어렵다. '귀여운 반려동물 영상이 먹힌다' '먹방이 좋다' '연예계 핫 이슈를 다뤄라' 'ASMR 영상이 대세' '사회적으로 쟁점이 되는 뉴스를 거론하라' 등 세세한 요령들이 떠오르고 사라지고 또 거론되곤 한다. 즉 정해진 답이 없다는 것. 요즘 뭐가 유행인지를 살피는 것보다 '내가 무엇을 사람들에게 보여줄 수 있는가?' '왜 이 영상을 만드는가'를 살피는 것이 우선이다. 내 이야기 중 어떤 것으로 소통하여 상대에게 유익함을 줄 수 있을지 말이다.

회사나 단체의 유튜브 채널은 단순히 재미를 위해서가 아니라 홍보마케팅을 목적으로 한다. 하지만 이런 의도를 그대로 드러내면 유튜브 세계에서는 '재미없는' 콘텐츠로 외면당한다. 대기업 통신사나 큰 화장품 브랜드들이 유튜브 채널에 TV에서 방영 중인 CF 영상이나 회사 홍보 영상 등을 올려두곤 하는데 이런 고품질의 영상이 유튜브에서는 영 인기가 없다. 성의 없이 일방적으로 광고하는, 즉 영혼 없는 콘텐츠로 느껴지기 때문이다. 오히려 자신의 화장대 앞에서 민낯을 드러낸 채 화장품 리뷰를 하거나 10평 남짓 작은 오프라인 패션매장에서 옷과 액세서리를 스타일링하는 영상을 보여주는 콘텐츠가 훨씬 인기 있다. 각자 뷰티 크리에이터, 의류판매자라는 상업적 의도를 앞세우기보다 뷰티 정보를 나누고, 패션 노하우를 전해주는 선의를 보임으로써 영업적 이익을 자연스럽게 가져오는 형식이다. 친구처럼 격의 없는 모습을 보여주며 지속해서 콘텐츠를 올려 구독자들에게 '늘 옆에 있는' 친밀감을 만들어간다. 시대가 가고 유행이 바뀌어도 유튜브 콘텐츠 기획에서 변하지 않을 노하우를 유추해볼 수 있다.

'광고 말고 스토리를 말하라.
그 스토리는 쉽고 재미있고 유익한 것이어야 한다!'

동영상 마케팅에 관한 흥미로운 통계 자료

출처: 〈포브스〉 '17 Stats And Facts Every Marketer Should Know About Video Marketing'(2017. 9)

- 2019년까지 동영상 트래픽이 모든 인터넷 트래픽 중 80%를 차지할 것이다. (SmallBizTrends)
- 유튜브 보고서에 따르면 매년 모바일 동영상 소비가 100% 증가하고 있다. (Hubspot)
- 이메일에 동영상을 포함시키면 클릭률이 200~300% 증가한다. (Hubspot)
- 효과적인 동영상 콘텐츠 유형 3: 고객 성공 사례(51%), 튜토리얼(50%), 사용 설명 영상(49%) (Curata)
- 55%의 사람들은 매일 온라인으로 동영상을 시청한다. (Digital Information World)
- 모바일로 동영상을 소비하는 사람 중 92%는 다른 사람들과 동영상을 공유한다. (RendrFx)
- 소비자 중 90%는 제품 설명 동영상이 구매 의사 결정에 도움이 된다고 말했다. (Hubspot)
- 소셜미디어에서 동영상 콘텐츠는 텍스트, 이미지 콘텐츠를 합친 것보다 1,200% 많이 공유된다. (SmallBizTrends)
- 웹페이지에 동영상을 포함하면 전환율을 80% 더 높일 수 있다. (Unbounce)
- 동영상을 본 후 64%의 소비자가 온라인으로 제품을 구매할 가능성이 더 커졌다. (Hubspot)
- 동영상 마케팅을 활용하는 회사는 41% 더 많은 웹 트래픽을 가질 수 있다. (SmallBizTrends)
- 경영진 중 59%는 텍스트 콘텐츠보다 동영상 콘텐츠를 더 선호한다. (Digital Information World)

유튜브 영상 콘텐츠 성공 사례, 블렌드텍

미국 샌프란시스코 출신 톰 딕슨은 엔지니어링을 전공한 후 몇 개의 회사를 전전하다 취미로 만들어본 가정용 분쇄기에서 착안, 1995년 믹서기 제조회사 블렌드텍(Blendtec)을 설립했다. 하지만 제품은 우수한데 설립 10년이 되도록 인지도가 없었다.

2006년 톰은 고심 끝에 대학 동기 조지 라이트를 마케팅 책임자로 고용했다. 조지는 블렌드텍에 출근한 지 얼마 지나지 않아 공장 바닥에 톱밥이 잔뜩 쌓인 것을 보았다. 주범은 바로 사장인 톰이었다. 매일 공장에 와서 믹서를 뜯어보거나 내구성과 분쇄력을 시험하기 위해 나무판을 작게 잘라 믹서에 넣다 보니 톱밥이 쌓였던 것.

조지는 당장 골프공, 쇠갈퀴, 구슬과 톰에게 입힐 흰 연구복을 한 벌 샀다. 여기에 든 돈은 총 50달러. 그는 톰에게 카메라 앞에서 지금까지 하던 대로 분쇄력 실험을 해보라고 했다. 단단한 유리구슬, 골프공도 믹서기에서 가루가 되었지만 기계는 멀쩡했다.

이 동영상을 유튜브에 올렸는데 사람들의 반응이 뜨거웠다. "믿을 수 없다" "다른 것도 갈아봐 달라"는 요청이 이어졌다. 일주일 만에 동영상 조회는 600만 회를 기록했다.

이 회사의 실험 영상 '이것도 갈릴까요?(Will It Blend? – 유튜브 채널 이름이기도 함)' 시리즈가 공개된 지 2년 만에 믹서기 매출은 700%나 증가했다.

작은 회사와 개인의 성공 유튜브 마케팅 사례

브이로그가 정보와 커머스의 장이 되다

여행 전문 1인미디어 라이브 서비스 앱 트립미(tripme)를 만든 스타트업 메리홀리데이는 여행을 준비하거나 관심 있는 일반인, 외국인과 자연스럽게 교류하려는 사람, 여행업 관계자, 여행 전문 콘텐츠 크리에이터 들이 앱을 통해 자유롭게 일상과 여행을 공유하는 1인 라이브 방송을 할 수 있도록 지원한다. 1020대 트렌드 중 하나인 일상을 영상으로 보여주는 '브이로그'를 적극 활용한 사업 형태. 트립미는 한발 나아가 여행자들의 경험과 정보를 유통까지 하는 커머스 기능을 추가했다.

2개월 만에 구독자 10만 명을 모은 유튜버 '돈 버는 방법, 신사임당'

매일 똑같은 배경에서 10여 분 남짓 돈 버는 방법을 이야기하는 것으로 단박에 수십만의 팬을 모은 유튜버가 있다. 전직 케이블 경제TV PD 주 모 씨는 퇴사 후 온라인 쇼핑몰을 운영하며 노하우를 쌓아오던 중 게임회사를 퇴사하고 막막해하는 친구에게 쇼핑몰 시작 방법을 알려주는 '창업 다마고치' 영상을 유튜브에 올렸다. 사업 아이템 정하기, 상위 노출과 쇼핑몰 시장조사 방법, 도매처 찾기와 비즈니스 인맥 만들기 등 실전에 바로 쓸 수 있는 생생한 정보를 친구끼리 수다 떠는 것처럼 날것으로 내보냈다. 0원으로 시작해서 1개월 만에 500만 원을 버는 과정을 '유튜브판 리얼리티쇼'처럼 보여주며 폭발적인 반응을 만들었다. 구독자 수도 1개월 만에 4만, 2개월 후 10만을 넘어섰다.

유튜버 신사임당은 이렇게 말했다

"내가 전직 PD라서 영상 촬영 기법이나 기획에 유리해 성공했다고 생각할 수 있지만 그렇지 않다. 영상적으로 아무런 기법을 쓰지 않고 핸드폰으로 찍어 올렸다. 사람들을 움직이고 설득하는 것은 '감정'이다. 내가 답답했던 것, 도움 받고 싶었던 마음을 좇아 선의로 영상을 만들었는데 이것이 큰 반향을 불러일으켰다."

초보 유튜버를 위한 무료 동영상 편집/제작법

영상 편집/제작이 익숙하지 않다면 유료 프로그램으로 시작하는 것보다는 무료로 동영상을 제작하는 프로그램을 이용해보기를 권한다. 익숙해진 후 유료로 전환하면 된다.

〈스마트폰에서 하는 동영상 편집 프로그램〉

- 멸치 어플리케이션 영상(사진) 제작 템플릿 제공 앱
- 키네 마스터(KineMaster) 전문가 수준의 편집 기능을 모두 갖춘 동영상 편집 앱
- 비디오메이커(Video Maker) 포토 에디터, 비디오 커터 등 무료 비디오 편집기
- 비바 비디오(Viva Video) 동영상 편집 프로그램

〈컴퓨터로 뚝딱 만드는 편집 프로그램〉

- 곰믹스(GomMix) http://gom2.gomtv.com/release/gom_mix.htm
- 뱁믹스(VapMix) http://www.vapshion.com/vapshion/php/downloadpage.php
- 파워 디렉터(Power Director) https://software.naver.com/software/summary.nhn?softwareId=GWS_002531
- 모바비(Movavi) https://software.naver.com/software/summary.nhn?softwareId=GWS_002301
- 베가스(Vegas) – 유료 https://software.naver.com/software/summary.nhn?softwareId=GWS_001462
- 어도비 프리미어(Adobe Premiere) – 유료 https://www.adobe.com/kr
- 에프터 이펙트(After Effects) – 유료 https://www.adobe.com/kr

온라인 광고 효과 점검하기

온라인을 통해 제품/서비스 혹은 개인 마케팅을 할 때 광고를 적절히 사용하면 효과가 있다. 지하수를 끌어 올릴 때 마중물을 부어주듯 신생기업의 홍보와 신규고객 창출 마케팅을 할 때는 광고 집행이 도움이 된다. 그러나 막상 광고를 시작한 뒤에도 신경 쓸 일이 많다. 제대로 광고가 나가고 있는지, 광고 효과는 있는지 걱정이다. 다양한 온라인 광고 상품을 진행할 때 어떤 광고를 확대하고, 중단하는 것이 효과적일지 운용에도 고민이 많다. 광고를 하는데도 매출이나 사이트 방문객 수가 제자리라면 더욱 시름이 깊어진다.

광고 효과가 미진하거나 혹은 점점 떨어진다면 이는 점검이 필요하다는 의미이다. 내가 세웠던 마케팅 계획 대비 결과치가 어느 정도인지, 우리 사이트가 어떻게 운영되고 있는지 분석해보자. 이는 단순히 온라인 광고 효과 여부를 아는 것뿐 아니라 사업 운영 전반이 제대로 돌아가고 있는지, 내 고객은 어떤 성향을 지녔는지 들여다볼 계기가 된다. 점검하면 보인다. 왜 결과가 계획과 달랐는지, 그래서 앞으로 무엇을 더 해야 할지 말이다.

바쁠수록 돌아가라 – 사이트 방문자 분석부터 꼼꼼히

홈페이지, 자사 쇼핑몰 등 사이트 방문 고객들을 분석하는 작업을 '로그분석'이라 한다. 고객들이 어떻게 사이트를 알고 왔는지, 어떤 행동을 하고 나갔는지, 일정 기간 고객들이 얼마나 와서 얼마만큼 구매해 가는지, 어떤 페이지에 관심이 많은지 등을 알아본다.

사이트 방문자 분석으로 어떤 온라인 광고 상품에서 문의가 들어오는지 꼼꼼히 파악해 광고비 대비 비효율적인 광고를 줄이고 반대로 효율 높은 광고를 확대할 수 있다. 온라인 광고를 줄이고자 할 때, 체류 시간을 비교하여 짧은 것은 줄이고 긴 것은 유지한다. 평균 체류 시간이 길다는 것은 그만큼 광고를 본 후 문의하기 위해 머물렀다는 의미이다.

로그분석은 구글 애널리틱스, 네이버 애널리틱스 프로그램 활용

로그분석 프로그램은 유료인 에이스카운터www.acecounter.com, 로거https://logger.co.kr와 무료인 구글 애널리틱스https://analytics.google.com, 네이버 애널리틱스https://analytics.naver.com 서비스가 있다. 무료 서비스로 우선 감을 익히고 더 필요할 때 유료 프로그램을 사용하면 된다.

구글 애널리틱스는 구글 계정을 개설하고 홈페이지 사이트만 있다면 이용 가능하다. 한글로 설정 가능하며, 구글 광고와 연계가 편하다. 네이버 애널리틱스의 이용방법은 구글 애널리틱스와 같으며, 네이버만의 정보를 확인할 수 있고 보기 쉽도록 표, 그래프, 파이차트 등 다양한 시각 디자인이 있어 익숙하지 않은 사용자들도 쉽게 활용 가능하다.

로그분석 4단계 - 접속 추이, 유입경로, 검색어, 체류 시간&반송률

1단계 '접속 추이' 살펴보기

로그분석 서비스에서 어떤 지표를 관심 있게 봐야 할까? 기본적으로 방문자 수, 페이지 뷰는 물론이고 요일별 접속자 수와 주간, 한 달 동안의 시간대별 접속자 수 등 '접속 추이'를 살펴본다. 예를 들어, 유아 옷 쇼핑몰 사이트의 경우 로그를 분석했더니 보통 월, 화요일, 주말에 방문자가 많고 수요일에 방문자가 크게 떨어졌다면 이 쇼핑몰에서는 수요 특가 행사를 진행해서 방문자 유입 계획을 세울 수 있다.

이처럼 무슨 요일, 어느 시간에 방문자가 많은지 알면 온라인 광고를 더 효율적으로 집행할 수 있다. 로그분석은 주간, 월간으로 한 번씩은 해보는 것이 좋은데 늘 방문자 추이가 똑같지 않기 때문이다. 시즌에 따라 달라질 수도 있다. 여름 시즌에는 주간 방문자보다 야간 방문자가 높은 사이트가 있는데, 이런 경우 낮 동안만 광고를 집중하면 효과가 떨어진다.

2단계 유입경로 파악하기

다음으로 봐야 할 것은 '유입경로'이다. 특히 광고 외에 어떤 경로를 통해 방문했는지 살펴본다. 예를 들어 아래 도표를 보면 검색엔진, 직접 유입, 소셜네트워크SNS 유입순으로 확인된다. 검색광고 유입은 유료인 만큼 무작정 많이 시행할 수는 없다. 지속해서 사이트 운영을 해나가기 위해서는 온라인 광고 외

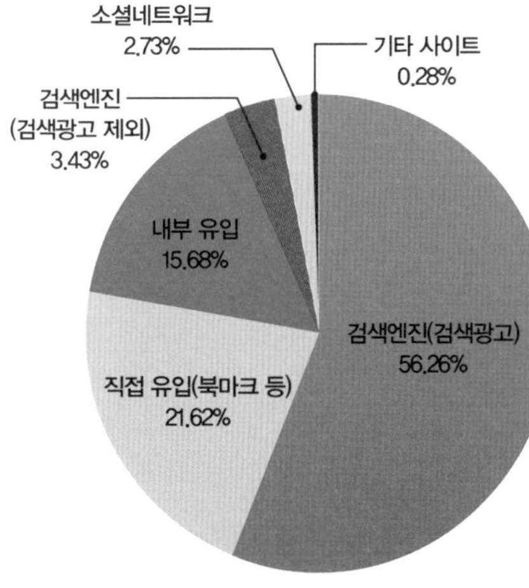

방문자 경로 비율 예시

유용한 방법을 전략적으로 찾아나가야 한다. 우리 사이트가 검색엔진 최적화가 되어 있는지, 검색 등록은 잘되어 있는지 확인해본다. 인지도가 높은 사이트들을 보면 광고 유입도 있지만, 사이트명 검색이나 직접 검색 유입이 더 큰 비중을 차지한다. 온라인 광고를 통해 신규고객을 늘린다면 직접 방문이나 사이트명 검색을 통한 방문자가 계속 늘어날 것이다.

3단계 '검색어' 파악하기

만약 방문자 대다수가 검색광고를 통해 유입된다면 직접 사이트명을 검색한 방문자가 매우 저조하다는 의미이다. 홈페이지가 포털사이트에서 원하는 '검색어'의 사이트 영역이나 웹 문서 영역에 노출이 잘되는지 살펴본다. 사이트 검색명이나 회사명 조회 수가 매우 저조하다면 온라인 광고 방향을 브랜딩에 맞추어서 다시 만들어야 할 수도 있다. 즉 무작정 검색광고를 시행하기보다 회사 이름이나 사이트를 알릴 수 있는 언론홍보, 확산력 있는 콘텐츠 개발과 적극 유포, 이벤트 등을 시행하는 것이 우선이다.

그다음 검색어 중에서 회원 가입 전환과 구매 전환은 어떤 검색어로 되었는지 살펴본다. 예상했던 검색어에서 대다수 회원 가입, 구매 전환이 일어나겠지만, 의외의 검색어를 찾아낼 수도 있다. 평소 생각하지 못했던 검색어로 전환이 일어났다면 해당 검색어의 유입경로를 파악해보고, 어떻게 확장할지 살펴본다. 현재 전환이 높은 검색어와 낮은 검색어로 구분하여, 검색엔진 최적화와 검색광고에 적용함으로써 더 높은 전환을 일으킬 수 있다. 또 홈페이지 내부에 검색창이 있다면 내부 검색어를 활용할 수 있다. 내부 검색어의 경우 고객들이 찾고자 하는 것을 찾지 못하여 검색하는 경우가 많으므로 어떤 검색어로 내부 검색을 하는지 살펴보고 이 또한 검색광고나 검색엔진 최적화를 할 때 적용하는 것이 좋다.

4단계 체류 시간과 반송률

'체류 시간과 반송률'도 항상 눈여겨본다. 체류 시간은 한 고객이 들어와서 머문 시간이고, 반송은 방문했다가 마음에 들지 않아서 홈페이지를 이탈해버린 수치이다. 즉 방문자 대비 얼마만큼의 비율로 나가버렸는지 지표가 되는 것이 반송률이다. 우선 검색어별로 반송률을 조사하여, 방문자가 왜 해당 키워드로 방문했다가 나가버렸는지 알아본다. 해당 키워드가 온라인 광고를 하는 키워드라면 우리 사이트에 제일 처음 들어오게 되는 랜딩 페이지에 변화를 주어야 한다. 랜딩 페이지별로도 체류 시간과 반송률 체크가 가능하다.

아래 표를 보면 검색어 C, E, F의 반송률이 높게 나오고 있다. 만약 이벤트 페이지나 회원 가입 유도 페이지를 새롭게 제작했는데 체류 시간도 짧고 반송률도 높다면 빨리 수정해야 한다. 이때 홈페이지 내부 이동 경로도 함께 살펴본다. 특히 홈페이지 전체 체류 시간이 짧다면 고객의 이동 경로가 매우 짧다는 의미다. 이런 경우 볼 것이 없어서상세페이지 설명이나 비주얼 자료가 부족해서, 다른 정보로 이동이 쉽지 않아 나가는 경우다. 고객의 동선을 살피고 결제 완료, 회원 가입 완료 외에 종료 페이지가 가장 높은 페이지를 찾아 수정해야 한다.

검색어	유입수	유입률	구매건수	구매율	매출액	반송수	반송률	전환수
합계	70,550	100%	332	0.5%	36,837,750	15,721	22.3%	10,287
A	34,333	48.7%	203	0.6%	23,388,900	4,385	12.8%	7,170
B	4,491	6.4%	4	0.1%	548,800	1,214	27.0%	404
C	2,507	3.6%	0	0.0%	0	1,718	68.5%	59
D	1,454	2.1%	37	2.5%	4,354,100	141	9.7%	338
E	920	1.3%	0	0.0%	0	506	55.5%	66
F	545	0.8%	7	1.3%	157,000	242	44.4%	16

검색어에 따른 반송률 예시

광고 효과를 판단하는 척도와 이에 따른 응급처치법

광고가 과연 효과가 있는지는 일반적으로 광고비비용와 그것을 통해 얻은 매출과 이익효과 비교로 파악한다. 진행 중인 온라인 광고가 효과가 있는지 판단할 때 근거가 되는 척도가 전환율CVR과 광고효과ROAS이다.

전환율은 얼마나 많은 사람이 광고를 본 후 행동을 '전환'했는지 측정하는데, 보통 링크 클릭이나 구매와 같은 행동으로 이어진 정도이다. 특정 행동으로 전환한 사람의 수를 광고를 클릭한 사람의 수로 나누고 100을 곱한다.

전환율(CVR) = 전환수/유입수×100

업종별로 구매전환율 평균이 각기 다르긴 하지만 일반적으로 대형 온라인 쇼핑몰의 경우 2~3%, 신생 쇼핑몰은 1~2% 선으로 가늠한다. 구매전환율이 높을수록 가격 대비 상품의 퀄리티가 만족스럽다거나, 제품이 다양해서 선택의 폭이 넓고, 시의적절한 아이템 구비 등 마케팅 활동이 원활함을 의미한다. 고객들이 사이트에서 의사결정하는 데 필요한 정보를 충분히 받고 있음을 뜻하기도 한다.

지속해서 구매전환율이 오르지 않거나 오히려 하향세라면 가격, 상품, 프로모션 등과 함께 사이트 전반을 체크해본다. 상품에 대한 고객의 호기심, 호감도, 궁금증을 풀 충분한 설명이 있는지, 퀄리티 좋은 비주얼 자료가 제공되는지 등. 상세페이지를 잘 만드는 것은 구매전환율 관리의 기본이다.

유입수를 낮춰 전환수를 올리겠다는 전략을 세웠다면 세밀한 타깃팅으로 진성 고객을 찾는 마케팅에 주력한다. 타깃고객을 설정하여 SNS 광고를 하고, 그들이 많이 모인 커뮤니티에 홍보 활동 등을 적극적으로 펼쳐볼 수 있다. 반면 유입수는 유지하면서 전환수를 올리겠다는 전략이라면 내 상품의 랜딩

페이지나 상세페이지를 수정 · 편집해서 만족도를 높인다. 악성 후기 등이 올라오면 적극적으로 관리하고 좋은 후기가 많이 실리도록 유도한다. 즉 우리 사이트에 들어온 잠재고객은 최대한 전환을 하도록 하는 것.

그러나 아무리 전환수가 늘더라도 상품/서비스의 판매에서 얻은 이익보다 광고비용이 크면 의미가 없다. 예를 들어 단가가 만 원, 이익률이 30%3,000원인 상품이 있다고 가정할 때 이 상품을 판매하기 위한 광고비용이 3,000원이라고 하면 이익은 제로가 되어버린다. 광고비용이 3,000원 이상 계속 지출된다면 전환이 늘어날수록 적자가 확대된다. 전환은 광고 운용에 있어서 중요한 지표이지만 전체 비즈니스의 성공을 판단하려면 '매출과 이익' 관점에서 입체적으로 고려해야 한다.

두 번째 광고비용대비수익은 광고비 대비 일어난 매출의 효율성을 보는 지표이다. 여기서 '수익'은 투자금을 빼지 않은 순수 매출이다. 이 수치가 높을수록 비용 효율성이 높고 광고를 잘 운영했다고 할 수 있다.

광고비용대비수익(ROAS) = 매출/광고비용×100

ROAS는 매출을 비용으로 나눈 값으로 예를 들어 매출이 2,000만 원이고 온라인 광고비용이 200만 원일 경우 ROAS 값은 1,000%가 된다. 인터넷 쇼핑몰 시장의 성장기에는 ROAS 평균이 400%, 최고 1,000% 선이었다. 하지만 최근 매년 광고효율이 하락세인 것을 고려하여 초기 진행 시에는 200~300% 정도로 잡고 이를 달성한 뒤 계속 변화를 주는 것이 좋다.

ROAS를 점검할 때는 단순히 수치만 보고 효과가 좋다/나쁘다로 판단할 수 없다. ROAS에만 기대지 말고 광고 대상인 제품/서비스의 성격에 따라 마케팅 전략을 달리한다. 의류, 화장품, 기호식품과 같이 구매자들의 고관여, 감성 영역에 있는 아이템일 경우에는 더욱 그렇다.

관여도란 재화나 서비스를 구매할 때 소비자가 정보 탐색에 시간과 노력을 기울이는 정도로 정의되는데 앞에서 언급한 의류, 화장품, 기호식품 등이 대표적인 고관여 군이다. 이 분야는 단순히 광고 노출로 인한 선택이 아니라 이미지와 브랜드력 등으로 인해 구매되는 상품들이다. 이런 경우 단순 ROAS 성과 기반의 광고를 지속하기보다 브랜드 이미지를 강조하는 이미지와 영상을 제작해서 노출하고, 인플루언서를 활용한 사용 설명 후기 콘텐츠 제작, 언론홍보 등 브랜드 강화 전략이 수반되어야 한다.

당장 매출이 일어나야 하는 상황이라면 신규고객 중심의 ROAS 기반 광고에 집중하고, 투자기간과 비용 등에서 여유가 있다면 제품/서비스 브랜딩 광고 관점에서 접근하는 것이 좋다.

온라인 홍보마케팅은 시간을 가지고 꾸준히 해야 한다. 물량 공세를 퍼부어 반짝 띄우려는 '꼼수'는 이내 효과가 떨어진다. 돈으로 산 거짓 팔로어보다 진짜 고객들의 진솔한 후기를 많이 확보하겠다는 마음가짐이 오히려 전략적인 태도이다. 어느 정도 내부적인 후기도 쌓이고, 시장에서 좋은 반응이 나타날 때 온라인 광고를 과감히 확장하여 효과를 키우자. 처음부터 한 매체에 올인하기보다 두 개 이상의 광고 상품을 혼합하여 진행하며 광고 결과를 꼼꼼히 분석해서 나에게 맞는 광고 상품을 잘 추려내자. 광고 시행보다 먼저 신경 써서 해야 할 중요한 일이 있다. 온라인 홍보마케팅을 하기 전에 고객들이 들어왔다가 실망해서 나가버리지 않도록 사이트를 잘 구성해놓는 것이 우선되어야 하는 것. 내가 할 숙제를 먼저 잘했을 때 성과도 크다.

PART 7

위기 때 더 빛을 발하는 홍보

평소에 하는 위기관리

작은 회사, 스타트업, 소상공인, 비영리단체, 1인기업에 위기는 치명적이다. 위기관리 대응 전문팀이 따로 없으니 체계적으로 잠재위기를 모니터링하기 어렵고 위기상황이 발생한 후에도 제대로 대처하지 못하는 경우가 왕왕 있다. 문제가 터진 뒤 그제야 상황을 파악하고 대책을 마련하느라 동분서주하다 보면 대응해야 하는 적절한 시기를 놓치기 일쑤이다. "우리 회사에는 그럴 일이 없다"라고 낙관하거나 "위기를 어떻게 막아, 그냥 당하는 수밖에"라고 처음부터 포기해서는 안 된다. 위기는 누구에게나 일어날 수 있고 100% 사전예방이 불가능하지만, 평소에 관리하고 발생 시 잘 대응하면 피해를 최소화할 수 있다.

위기가 꼭 나쁜 것만은 아니다. 비싼 수업료를 내야 하지만 위기로부터 많은 것을 배울 수 있다. 조직의 소통체계나 문화를 돌아볼 기회를 얻고 위기의 발생과 대응 과정을 잘 축적하면 그 어떤 자료보다 중요한 경영 노하우가 된다. 또 위기를 잘 극복하는 모습을 보임으로써 조직 호감도가 높아진 예도 있다.

기업과 단체에 일어날 수 있는 아홉 가지 위기 유형

조직의 입장에서 볼 때 위기란 높은 수준의 불확실성을 유발하며 조직의 존립 목표를 위협한다고 여겨지는 일련의 구체적specific이며 예기치 않은unexpected, 비일상적인nonroutine 사건이다. 좀 더 경영학적으로 접근하면, '주주가치에 감소를 초래하는 모든 사건들' '조직의 전략적, 업무적 또는 재무적 목표를 달성하는 데 영향을 줄 수 있는 불확실한 미래의 사건들'을 의미한다. 즉 위기는 조직과 조직원의 미래 성장과 이익 혹은 생존에 위협을 가할 가능성이 있는 사건이다. 잘못 대응하면 해당 조직을 넘어 업계와 이해관계자들에게까지 부정적인 영향을 미친다.

조직위기의 유형은 조직의 상황, 환경에 따라 다양하지만 미국의 위기관리 전문가 티모시 쿰스 교수는 크게 9개 유형으로 범주화했다. 우리 조직은 잠재적으로 어떤 위기에 노출될 수 있을지 떠올리면서 살펴보자.

루머 조직 또는 제품에 관한 거짓 정보가 유포되는 경우이다. 온라인 미디어와 SNS가 널리 이용되면서 악성댓글, 소문 유포 등의 피해가 점점 커지고 있다.

자연재해 조직이 기후나 천재지변에 의해 피해를 보는 경우로 지진, 홍수, 태풍, 폭풍, 허리케인 등이 있다.

악의 외부인이나 적대자들이 조직에 대한 분노를 표출하거나 조직의 변화를 유도하기 위한 목적으로 취하는 극단적인 방법에 따라 피해를 보는 경우로 SNS 악성댓글, 제품 훼손, 납치, 악의적 루머, 테러, 스파이 활동 등을 말한다.

기술적인 문제 회사가 사용하거나 공급하는 기술들이 오작동하거나 고장을 일으킨 경우로 산업재해, 소프트웨어 오작동, 제품 리콜 등이 있다.

작업장 폭력 전 · 현직 직원들이 회사 내에서 다른 직원들에게 폭력을 행사하는 사건이 발생한 경우로 직장 내 동료에 대한 살인 또는 상해 사건 등이 그

예이다.

저항 불만을 품은 이해관계자들이 조직에 맞서는 경우로 불매 운동, 파업, 소송, 정부에 의한 과징금, 항의 등이 이에 해당한다.

대규모 피해 사고로 인해 중대한 환경 피해가 발생한 경우로 기름 유출이나 방사능 유출 등이다.

인적문제 사람의 실수로 인해 혼란이 야기된 경우로 산업 재해와 제품 리콜 등이다.

조직의 범죄 이해관계자를 해치거나 위험에 빠뜨릴 수 있음을 알면서도 충분한 사전 주위 없이 조직이 그러한 행동을 취하는 경우로 사회적 가치보다 경제적 수익을 우선하는 행위, 이해관계자에 대한 계획적인 기만행위, 경영자의 부도덕하거나 불법적인 행위 등이 이에 해당한다.

위기는 발생 후 대응하면 늦다

아이러니하게도, 대다수 위기는 우리가 생각지도 못했던 일이 벌어지는 것이 아니라 막연하게나마 '이건 좀 위험한데…'라고 걱정했던 게 터지는 경우가 많다. 우리는 위기 발생 시그널을 알게 모르게 감지하고 있다. 위기는 발생 후 대응하면 '늦다.' 단순히 위기 발생 시 후속조치가 아니라 위기의 예방, 위기에 대비하는 계획 수립 등 관리 기술이 필요하다. 사업을 시작하는 순간부터 위기 발생 가능성이 있는 이슈를 염두에 두고 관리하면서 평소 대비책을 세워야 하는 것. 위기관리는 '매일 평상시'에 해야 한다.

위기관리에서 가장 중요하고 우선해서 할 일은 위험요소의 최소화다. 평소 조직 안팎을 점검하며 잠재적 위기를 감지하고 문제 발생 시 해결할 수 있는 순발력을 키워간다.

법 준수하며 비즈니스하기

최근 스타트업이나 개인의 위기와 이슈를 보면 법을 지키지 않아 발생한 경우가 많다. 단기적 이익을 얻기 위해 위법을 하고 탈세하거나 제대로 노무 관련 법을 지키지 않았다가는 더 큰 손해를 자초하게 된다. 위기관리는 위법사항을 막는 것이 아니다. 법을 지키며 착실하게 비즈니스하는 것, 이것이 효과적인 위기관리의 첫걸음이다.

여론을 이해하고 거스르지 않기

스타트업이나 소상공인, 1인기업, 프리랜서 등은 치열한 비즈니스 현장에서 고군분투하느라 해당 업무와 직접 연관성이 떨어지는 사회현상에는 관심을 덜 기울일 수 있다. 경쟁업체나 업계 동향은 민감하게 정보를 업데이트하면서 정작 넓은 시각으로 사회 읽기에는 둔감해지는 것. 사회 전반에서 어떤 일들이 어떻게 발생하고 있는지를 관망하며 큰 흐름을 읽어내야 한다.

최근 사회적으로 반복되는 위기와 이슈를 정리해보면 미투, 세대갈등, 갑질, 환경, 리콜, 이념갈등 등을 꼽을 수 있다. 미투는 여성 비하, 페미니즘 등 젠더 이슈로 확산되고 남녀 간 편 가르기, 성 대결 구도로 이어진다. 그 어느 때보다 젠더 감수성이 요구된다. 갑질 이슈는 매년 그 범위가 넓어지는데 여전히 회사 대표가 여론의 도마 위에 오르는 일이 잦다. 라돈이나 자동차 화재, 식품 이물질로 대표되는 제품 안전성 문제 또한 화제가 됐고 그로 인한 리콜 이슈 역시 큰 관심을 받았다.

동영상 소비 증대로 인한 유튜브의 급성장, 인플루언서 활용 마케팅이 확대되면서 앞으로는 연예인처럼 인플루언서와 유튜버들의 문제가 그들과 협업하는 회사의 이슈로 확대될 가능성도 커졌다. 온라인 홍보마케팅 활동이 치열해지면서 더 자극적인 콘텐츠가 만들어지거나 일반적 윤리, 상식 기준을 넘는 행위가 증가할 위험 역시 높다. 이런 온라인 위기들은 일반대중에 의해 촉발되고 또 확산하는 경향을 보인다. 즉 몇몇 언론을 대상으로 막는 것만으로는 안 된다. 작은 회사와 소상공인, 스타트업, 개인 등이 적극적으로 이용하는 온라인 마케팅도 이제는 충분히 검증하고 위기관리를 하며 활용해야 할 시점이라는 의미이다.

타산지석 전략 – 타사 위기에서 배우기

위기의 유형은 몇 가지 형태로 범주화된다. 비슷한 범주 안에서 상황이 조금 다르고, 이에 대응하는 회사의 방식만 다양하다. 지금 우리가 겪고 있는 위기나 문제도 이미 다른 조직들에서 발생해서 알려진 것이 대부분이다. "저 회사가 골치 아픈 상황이니 우리에게 기회가 되겠군"이라는 생각에 머문다면 경영인으로서 작은 것만 보는 셈이다. 경쟁사나 동종업계에서 위기가 발생하면, 그 위기가 우리 조직에도 충분히 발생 가능함을 자각하고 위기 발생 과정과 사후 관리방식을 제대로 벤치마킹해야 한다.

조직문화 돌아보기 – 평소 소통하는 문화 정착

조직문화는 사람이 만들어가는 것이다. 창업 시기에는 모든 조직원이 가족처럼 친밀하게 소통하고 창업철학을 나누었다 해도 조직이 커져 새로운 직원이 들어오고 시간이 흐르면서 조직문화나 소통 정도가 달라질 때가 많다. 위기가 발생했을 때 가장 적나라하게 드러나는 것이 그 조직의 소통 정도이다. 대표자는 문제가 발생했을 때 전 조직원이 일사불란하게 한마음으로 움직일 것이라고 무턱대고 믿기보다 현재 내부가 어떤 분위기인지, 조직원 간 서로 소통이 잘되고 있는지 객관적으로 평가해보아야 한다.

많은 경우 위기는 내부에서 일어난다. 직원 간 갈등, 이해 부족, 비합리적 업무환경의 방치 등이 불씨가 되어 조직 존립 자체를 위협하는 큰 위기로 번진다. 건강한 조직문화가 이루어지려면 조직의 철학과 비전을 대표만 주창하는 것이 아니라 업무체계와 조직원의 생각에 스며들게 해야 한다. 이런 문화는 위기를 사전에 방지하고, 위기 발생 시에도 해결의 원동력이 되는 든든한 자산이다.

100-1=0. 위기에 적절하게 대응하지 못할 때 조직과 나에게 일어날 수 있는 상황이다. 한 번의 실수, 위기 불감증이 수년간 쌓아올린 성과를 한순간에 날려버릴 수 있다. 작은 징후부터 잘 살펴보자. 우리를 겸허하게 돌아보는 것이 위기관리의 시작이다.

나에게 맞는 위기관리 매뉴얼 만들기

불안과 걱정을 최소화하는 가장 좋은 방법은 그것과 대면하는 것이다. 막연하게 두려워하지 말고 구체적으로 종이에 쓰거나 말로 정리해보면 문제점이 선명하게 보인다. 어떠한 위기상황들이 잠재적으로 존재하는지 사전에 도출해보고 이에 대한 대응방안을 시뮬레이션해보라. 위기관리 매뉴얼은 이러한 위기관리 계획을 정리하여 조직원, 이해관계자들과 공유하는 것이다.

위기관리 매뉴얼의 시작은 잠재위기 구체화부터

위기관리 매뉴얼 작성은 회사 경영진은 물론 가능한 많은 직원이 함께 모여 향후 6개월에서 1년 이내에 발생할 수 있는 이슈를 구체화하는 것에서부터 시작하자. 최근 자주 접수되는 고객 불만 사항, 매출 현황, 경쟁업체 동향, 뉴스 기사, 빠르게 변하는 소비 트렌드, 직원 고용 때 일어나는 문제 등에 대해 조직 내 전 업무 담당자가 자유롭게 의견을 모아본다.

타사에서 발생한 위기를 잣대로 우리 내부를 들여다보면 좀 더 선명하게 보인다. 최근 큰 문제가 되었던 스타트업 대표의 갑질 논란의 경우, 그것이 딱 그날 하루에만 일어났던 사고는 아닐 것이다. 위기는 살피지 않을 때 독버섯처럼 커지는 법이다.

온라인을 기반으로 비즈니스를 할 때는 온라인발 잠재위기 도출과 대응책 마련에 더욱 유의해야 한다. 홈페이지에서 소비자 게시판을 운영하거나 SNS 미디어상에 소통 창구를 만들면 문제를 한곳으로 모아 관리할 수 있다. 온라인상의 소비자 불만에 대응할 팀을 조직하여 평상시 역량을 키운다. 이를 위한 담당자는 온라인 미디어에 친숙하고 활용능력이 높으며 사내 현업 부서와 긴밀하게 협업할 수 있는 사람이 맡는 것이 좋다.

위기관리 매뉴얼에서 중요한 것은 양量이 아니라 질質

이렇게 도출된 문제점과 이슈들을 유형별로 나눠 범주화해보면 막연하게 생각했던 것보다 오히려 '몇 개 안 되는' 것을 알게 된다. 문제를 수면 위로 올려보면 우리가 컨트롤할 수 없는 것과 지금 당장 해야 하는 일 등이 명확히 보인다. 외부 환경 변화에 따라 일어나는, 즉 내부 관리 범위를 넘어서는 것은 모니터링 위주의 위기관리로 넘기고, 직접 개입이 필요한 핵심 위기관리는 중요도와 시급성에 따라 관리 범위를 촘촘히 짤 수 있다.

이제는 시나리오를 써볼 차례이다. 실제로 위기가 발생했다고 가정하고 어떻게 접수해서 누구에게 보고하고, 위기관리팀을 어떻게 구성하며, 외부 어떤 기관과 협력할지 등을 세세하게 정해본다.

위기관리 매뉴얼은 무조건 두껍고 자세하다고 좋은 것이 아니다. 정부기관이나 대기업의 위기관리 매뉴얼 양식을 벤치마킹해 두툼한 책자 한 권 분량으로 잘 만들어두어도 이것이 컴퓨터나 작성자의 머리에만 있다면 아무 소용없다. 위기관리 매뉴얼은 조직원이 모두 숙지하여 위기 시 바로 머리에 떠올릴 수 있어야 한다. 그래서 전문가들은 '각 기업이나 단체별로 필요한 내용을 핵심적으로 정리하여 10페이지를 넘지 않도록 작성하라'고 조언한다.

위기관리 매뉴얼 작성 시 꼭 챙겨야 할 체크리스트 여섯 가지

① 위기가 발생했을 때 컨트롤 타워(최종 위기관리 책임자)는 누구인가?
② 위기상황에서 회사의 공식 입장을 발표할 대변인은 누구인가?
③ 가상의 위기관리팀 멤버는 누구인가?
④ 위기 중 수시로 보고하고 정보를 주고받을 보고체계는 결정되어 있는가?
⑤ 조직 내부의 비상연락망은 정리되어 있는가?
⑥ 필요 시 자문을 얻을 외부기관(법률, 노무, 홍보 등) 목록은 가지고 있는가?

규모가 큰 조직은 위기관리팀을 전문적으로 구성하여 대응하겠지만 작은 회사나 스타트업, 1인기업은 대표와 몇몇 직원이 즉흥적으로 모여 대응해나가야 한다. 이것이 꼭 절대적 열세를 의미하지는 않는다. 위기관리에서 가장 중요한 '빠르고 정확한 소통'이 가능하다면 '핵심인력으로 구성된 작은' 위기관리팀이 더 효율적일 수 있다.

작은 회사의 특성인 빠르고 원활한 상호 커뮤니케이션 역량을 집중할 때이다. 도출된 위기 유형에 따라 조직원 전원이 책임과 역할을 부여받아 각자 위기관리 책임자가 되게 하는 것도 좋은 전략이다. 가령 우리 회사에서 일어날 수 있는 위기를 유형화했을 때 8개 정도라면, 이를 각자 업무와 연관하여 직원 8명을 각 위기별 책임자로 정하는 것이다. 위기 발생 시 총괄 책임자CEO 등를 중심으로 협업하도록 독려한다. 조직원 스스로 위기관리 책임자 혹은 위기관리팀의 일원이라는 소속감이 책임감으로 이어질 수 있다. 그들에게 시나리오에 대한 숙지에 이어 모의훈련까지 제공할 수 있으면 더 좋다.

위기상황에 맞는 대응 전략 짜기

위기를 수습할 때 우리 회사는 어떤 입장을 취해야 할지, 대응방법이나 수위 등이 고민된다. 무조건 사과해야 할지, 조목조목 따져 싸워야 할지 말이다. 그 어느 쪽만 정답이라고 할 수 없다. 명백하게 잘못한 경우에는 신속히 인정하고 대책에 집중하는 자세를 보여야 한다. 우리 쪽에 법적 책임이 없다 하더라도 무조건 방어 태세로 일관하기보다 겸허한 유감의 태도를 보이는 것이 좋다. 반면 부당한 루머나 악의적 공격에는 단호하게 대처해서 피해가 확산되는 것을 막아야 한다. 악플러의 공격, 오보, 내부갈등으로 피해를 보았을 때 어떻게 대처할 수 있는지 그 방안을 알아보자.

[위기관리 시나리오 1] 온라인상에서 악플러의 무분별한 공격이 이뤄지고 있다면?

SNS에 무분별한 악성댓글악플을 다는 악플러로 인해 정상적인 사업장 운영이 어렵고 치명적인 손해를 보는 정도라면 적극적인 방어를 해야 한다. 악플러에 대한 증거 수집이 우선 할 일이다. 악성댓글이 게시된 날짜, 아이디, 내용이 다 나올 수 있도록 캡처해 보관한다. 평소 이슈 관리와 SNS의 꾸준한 모니터링이 필요한 것도 미연에 피해를 막기 위함이다. 1차적으로 악플러에게 경고를 한 뒤에도 변화가 없다면 경찰서에 고소장을 접수한다. 수사기관을 통해서 수사가 진행될 경우 비용과 시간이 들고 이긴다 해도 우리에게 부정적 이미지가 생길 수 있기 때문에 가능한 이 단계까지는 가지 않고 그전에 합의를 보는 것이 최선이다.

[위기관리 시나리오 2] 사실과 다른 왜곡된 언론보도가 난다면?

왜곡된 언론보도로 인한 피해가 발생했을 때는 신속히 방어전략을 실행한다. 언론기사는 파급력이 강하고 한번 보도되면 기정사실화되는 경향이 크니 그 어느 때보다 빠른 판단이 요구된다. '시간이 지나면 괜찮아지겠지'라는 안일한 생각으로 대응하지 않으면 이 기사가 온라인에서 공유되면서 이슈가 확산될 수 있다. 우선 언론보도의 사실관계를 파악하는 것이 급선무이다. 정말로 문제가 되는 사항이 내부에 있지는 않은지 법적, 사회적으로 위반되는 것은 없는지 정확하게 확인한다. 이런 내부확인을 통해 사실과 다른 내용이 언론에 보도된 것으로 판단되면 아래의 단계를 밟아갈 수 있다.

① 잘못된 기사 내용에 대한 사실, 근거 등을 문서로 정리한다. 그리고 우리가 원하는 바가 무엇인지 내부적으로 명확히 결정한다. 잘못된 부분을 삭제, 수정 요청할 수 있고, 바로잡는 내용으로 정정보도를 요구하거나 사실관계에 대한 우리 회사의 주장이나 반박 내용을 게재하는 반론보도를 요구할 수 있다.

② 기사를 쓴 기자에게 연락을 취해 사실 전달과 함께 우리의 요구사항을 협의한다. 기사 하단에 적혀 있는 기자 이메일로 연락을 하거나, 언론사에 전화해 기자 연락처를 요청한다. 정정보도를 낸다는 것은 기자가 자신의 실수를 인정하는 것이기 때문에 정확한 근거와 사실 자료가 없이는 수긍하지 않는다.

③ 기자와 협의가 안 될 때는 해당 언론사에 정식으로 공문을 발송한다. 공문에는 사실과 다른 내용 보도로 인한 피해 사항을 적은 뒤 입증하고 소명할 자료를 첨부한다. 또한 정정, 반론보도 등 원하는 보도의 게재 방법과 보도문안을 첨부하는 것도 효과적이다.

④ 기자나 언론사에서 요구를 수용하지 않으면 언론중재법에 의해 운영되고 있는 언론중재위원회나 전문가변호사의 도움을 받는다. 언론중재위원회는 홈페이지 접속하여http://www.pac.or.kr/ 언론 피해 구제 절차 섹션에서 언론조정신청서를 다운로드하여 작성한다. 보도가 있음을 안 날로부터 3개월, 보도가

난 날로부터 6개월이 경과하면 언론중재위원회에 조정을 청구할 수 없다. 언론중재위로 가는 경우 기자, 언론사와의 관계가 악화되고 언론사를 상대로 승소하기도 쉽지 않으니 가능한 해당 기자나 언론사와 협상을 통해 해결하는 것을 우선시한다.

[위기관리 시나리오 3] 내부에서 나온 얘기가 위기가 된다면?

대외 커뮤니케이션 못지않게 내부 소통이 중요하다. 과거에는 사내 이슈로 머물렀지만 이젠 바깥으로 터져나와 기업 위기로 확산되는 사례가 많다. 순식간에 정보가 확산되는 디지털 시대인데다 직원들의 회사에 대한 인식도 예전과 달라졌다. 직원들은 블라인드 앱이나 오픈 채팅방 같은 비공식 채널에서 그들만의 이야기를 나눈다. 경영자들은 임직원들의 무조건적인 충성심을 기대하는 것에서 벗어나 그들과 진정한 대화를 나누고 불만을 해소하려는 합리적인 내부 소통 시스템을 수립해야 한다.

대표나 위기관리 담당자는 주기적으로 내부 임직원들의 불만을 수렴하고 이에 대한 해소방안과 사기 진작책 마련에 힘을 쏟아야 한다. 표면적 해결이 아닌 내부 이슈의 근본적인 대응책을 찾고 직원들의 목소리를 진실되게 반영하려 노력할 것. 경영상 중요한 사항을 결정할 때는 내부에서 일어날 수 있는 동향을 충분히 예상해 검토하고 평상시에도 직원 간 원활한 소통이 이뤄지도록 분위기를 만들어가는 것이 내부에서 발화될 수 있는 위기를 관리하는 방법이다.

모든 위기상황에 통하는 묘책이나 정답은 있을 수 없다. 그 어떤 뛰어난 위기관리 전문가라 해도 위기를 한번에 잠재울 방법을 제시하기란 쉽지 않다. '위기는 언제든 발생한다'를 인정하는 것에서 시작하자. 평소에 최악을 상상하며 대비방안을 머릿속에 그려보는 것, 그것이 위기관리의 비책이다. 머릿속에서는 끔찍한 위기도 내가 수시로 바로 세우고 고치고 대응할 수 있으니 얼마나 다행인가?

위기란 참 묘한 존재이다. 그것을 회피하고 모른 척하면 예상보다 더 큰 파장이 들이닥치고, 반면 수면 위로 올려 준비하면 오히려 조용하게 지나가곤 하니 말이다.

사고가 났을 때 Do & Don't

이슈와 위기관리에 신경을 쓰고 관리 매뉴얼을 정비하여 만전을 기해도 사고나 재해 등 불상사를 완벽하게 피할 수는 없다. 중요한 것은 일어난 뒤에 어떻게 대처해야 하는가이다. 위기가 닥쳤을 때 꼭 해야 할 일 다섯 가지와 절대 해서는 안 되는 다섯 가지를 살펴보자.

위기 시 꼭 해야 할 일Do 다섯 가지

신속한 사실관계 확인

위기가 닥쳤을 때는 사태를 정확히 아는 일이 우선이다. 사실과 소문, 팩트와 추측을 가려내는 것이 가장 먼저 할 일이다. 무조건 방어적으로 숨기거나 섣불리 개인적 의견을 넣어 외부에 얘기해서는 안 된다. 육하원칙을 활용해 무엇이, 언제, 어디서, 왜, 어떻게 발생했는가를 따져 사실 파악에 나선다.

실시간 여론 동향 파악과 공유

언론이나 SNS상에서 어떤 시각으로 이 사건을 인식하고 보도하는지 빨리 파악한다. 뉴스를 모니터링하고 SNS에 어떤 글이 달리는지 알아내 이에 대한 대응 태도를 세운다. 댓글 하나하나에 민감하게 반응하거나 언론과 싸우지 말고 우선 큰 틀에서 여론 동향을 살펴보라는 것. 단 모니터링에 너무 많은 시간을 쓰거나, 시간이 지나면 잠잠해지겠지라며 회피하는 것은 옳지 않다. 위기 관리의 최대의 적인 '실기', 즉 적절한 타이밍을 놓치는 우를 범할 수 있다.

피해자에 대한 공감과 사과

피해자가 생긴 사건이라면 피해자에 대한 공감과 사과가 먼저이다. 신문이나 방송 등 각 언론사에 배포하는 보도자료에도 피해자의 아픔에 공감한다는 내용과 피해자를 향한 진심 어린 사과의 표현이 있어야 한다. 회사 내부에도 피해자가 발생할 수 있음을 깨닫고 이에 관한 확인과 대응에 나서자. 대표의 책임감 있는 태도와 진정성 있는 사과가 위기 국면을 전환시켜 해결의 실마리가 되는 경우도 많다. 물론 그 반대로 책임을 회피하는 태도로 공분을 사는 일이 더 많은 것도 사실이다.

신속한 언론 대응

사실 파악과 조직의 입장이 정해진 뒤에는 공식적으로 조직이 발신할 메시지를 만든다. 이 자료가 추후 언론보도 시 제목이나 내용으로 활용될 가능성이 크므로 신중하게 작업한다. 위기 전문가들에 따르면 사건 발생 24시간 이내에 핵심 메시지를 발표해야 상황을 수습하는 데 효과적이다.

온라인에서 실시간으로 형성되는 여론의 향방에도 촉각을 세워야 한다. 여론 방향에 따라 해당 사건의 폭발력이나 휘발성의 수준을 조심스럽게 가늠해 다음 행보를 결정해간다. 즉 잠잠해질지, 더 확대될 우려가 있으니 다음 액션을 준비해야 할지 등을 말이다. 여론 주도층, 신뢰도 높은 학자나 변호사 등 유리한 증언을 해줄 인사를 확보하는 것도 좋은 전략이다. 위기 시 언론이 접촉하는 전문가 의견은 여론에 큰 영향을 미친다. 이때 우리의 입장을 이해하고 객관적으로 설명해줄 전문가 그룹이 있으면 적극 언론에 소개하여 그들의 이야기를 듣게 하는 것도 도움이 된다. 이와 함께 핵심 메시지를 전달할 주체와 방식도 신속하게 결정한다. 위기 시 조직의 대변자 역할은 회사 대표나 조직의 장이 맡는 것이 일반적이다.

회사 내부 소통 강화

외부에서 발생한 위기에 잘 대응하기 위해서는 내부가 단단히 결속해야 한다. 위기가 발생했다면 외부에 대응하기 전 또는 동시에 내부 임직원들과의 커뮤니케이션이 이뤄져야 한다. 지금 발생한 상황을 조직원들이 잘 이해하고 회사의 계획이나 방침에 따라 일사불란하게 움직여야 하는 것. 직원들에게 사건의 개요를 신속하게 설명하고 외부에서 문의가 오면 위기관리 책임자나 담당팀에 연결하도록 일원화된 창구를 공지한다. 부정확하거나 혼선을 유발할 수 있는 내용이 내부직원의 입에서 나가지 않도록 원 보이스One Voice를 확립할 것. 회사 내 비상연락망과 메신저, 이메일 등을 활용해 시시각각 발생하는 추가적인 위기상황이 사건 대응팀에 실시간으로 전달되도록 긴밀한 연락 체계를 갖추는 노력도 필요하다.

위기상황에서 절대 하지 말아야 할Don't 다섯 가지

때로는 해야 하는 일보다 '하지 말아야 할 일'을 알고 행하는 것이 더 효과적일 수 있다. 바로 위기 때가 그렇다. 당황해서 우왕좌왕하며 임기응변식으로 대처하면 상황을 더 악화시킬 뿐이다. 최근 발생하는 기업과 조직들의 위기를 보면 하지 말아야 할 일을 해서 문제를 더 크게 키운 경향이 많았다. 지나치게 감정적인 호소, 대표의 부적절한 개입, 논란의 핵심을 비껴간 사과문 등이 대표적이다.

거짓말하지 마라

거짓말, 혹은 사실 왜곡, 축소 등은 더 큰 화를 불러온다. 거짓은 반드시 드러나게 되어 있고, 그것이 밝혀지면 여론으로부터 괘씸죄까지 더해져 곤욕을 치르게 된다. 사실 파악을 통해 본인 잘못이 확인되면 신속하게 인정하고 그에 대한 대책을 밝히는 것이 문제를 진정시키는 최선이다.

핑계와 입장 해명은 다르다

피해자를 만나거나 언론에 응대할 때는 겸손하지만 당당한 태도로 임하고 항상 객관적인 사실을 기반으로 이야기한다. 핑계와 해명은 다르다. 상대를 설득하고자 할 때는 팩트에 기반한 객관적 해명이어야 한다.

이때 말로 하기보다 문서로 작성하여 전달하는 것이 효과적이다. 억울한 마음에 감정적으로 대하거나 피해자와 언론에 불평을 쏟아내는 방식은 안 된다. 회사 입장만 강조하거나 타 기업, 타인에게 피해가 갈 수 있는 단어의 사용은 삼간다. 피해자 개개인이나 매체별로 대응하기보다 회사나 단체가 가진 미디어홈페이지, SNS 등가 있으면 그곳을 통해 정제된 내용의 사실들을 올리는 것이 효율적이다.

어려운 전문 · 기술 용어 사용을 자제하라

피해자, 대중, 언론 등에 사실을 전달할 때는 쉽고 간결한 용어를 써야 한다. 기술적인 내용이라며 전문용어를 남발하면 혼란만 가중시킨다. 기술적으로 설명하기보다 문제의 핵심으로 바로 들어가 어떤 문제에 피해가 발생했고 이를 어떻게 해결할지 상대방의 눈높이와 궁금증에 맞춰 내용을 전달한다. 소통의 시작은 상대가 이해하는 언어를 사용하는 것이다.

미디어의 연락을 피하거나 '노코멘트'를 남발하지 마라

위기 시 무대응이야말로 제일 위험한 전략이다. '사실 파악이 안 되었으니 연락을 받지 말자'라며 아예 외부 전화를 차단하면 감정적 분노를 일으켜 부정적인 보도와 여론을 만든다. 모든 상황이 파악되지 못한 경우라 해도 침묵하지는 말 것. '지금 파악 중이며 언제쯤 입장 정리를 하겠다'는 현재 상황을 알려주는 것만으로도 좋은 소통이 된다. 무대응으로 일관하면 다른 이해관계자들이 나서서 사실이 아닌 내용을 주장하고 의문을 제기해 이것이 자칫 기정사실화되는 위험을 초래할 수 있다. '정보의 공백'으로 인한 위험을 만들지 않는 것이 중요하다. 가능한 한 빨리 회사의 입장을 정리하여 자료를 배포하고 대중, 미디어와 소통하자. 발표가 어렵다면 그 이유를 설명해야 한다. 노코멘트는 책임감 없는 조직으로 비쳐진다.

개인적인 의견은 노출하지 마라

언론과의 통화, 인터뷰는 개인이 아닌 회사의 공식 입장임을 명심해야 한다. 친분이 있는 기자라고 무조건 한번 봐달라고 하거나 하소연을 늘어놓고 미확인 내용을 유포하면 안 된다. 위기 시 언론과의 접촉은 무조건 보도로 이어진다는 사실을 잊지 말자. 회사의 입장과 대치될 수 있는 개인 의견, 추측성 발언, 변명은 위기관리에 도움이 되지 않는다. 언론이나 미디어와 접촉하기 전 사전 리허설을 하면 실수를 줄일 수 있다.

좋은 사과로 위기 극복하기

위기 대응책으로 가장 많이, 또 먼저 나오는 것이 사과이다. 그런데 그 사과라는 것이 결코 쉬워 보이지 않는다. 여론에 떠밀려 대표가 나와 고개를 숙이지만 이런 조치는 조직 차원에서 볼 때 경영적 결단을 한 일대 사건임에도 불구하고 여론을 잠재우기는커녕 더 큰 비난을 불러일으키곤 한다. 대표이사가 사죄한다고 기자를 불러놓고는 단상에서 빠르게 사과문을 읽고 질문 하나 받지 않고 퇴장하는 경우 등이다. 혹은 사과하는 듯하다가 결국 변명과 남 탓으로 일관하는 '사과 아닌 사과'를 해서 공분을 사기도 한다. 온라인상에서 불만을 얘기하는 고객과 댓글을 주고받으며 말싸움을 벌이다 결국 여론의 비난을 못 이겨 사업장을 접는 소상공인도 있다.

'좋은 사과'를 위한 다섯 가지 조건

사과에도 '좋은 사과' '나쁜 사과'가 있다. 사과는 내가 한다고 끝나는 것이 아니다. 상대에게 받아들여질 때 의미가 있다. 좋은 사과를 위한 다섯 가지 조건을 알아보자.

'타이밍'

사과할 일이 있으면 우물쭈물하지 말고 적기에 해야 한다. 신속하게 실행하는 빠른 판단이 필요하다. 위기가 발생한 지 24시간 안에 어떤 대응을 하느냐에 따라 위기가 기회가 될 수도, 조직에 큰 화가 되기도 한다. 정확한 내용을 확인하겠다는 핑계로 시간을 끄는 것은 사태만 악화시킬 뿐이다. 잘못이 확인되면 신속하게 사과해야 한다.

공감한 후 사과

진심을 담아 용기 있게 사과하기 위해서는 먼저 상대방의 분노와 상처를 이해하고 공감해야 한다. 공감 없이는 진심 어린 사과가 나오지 않는다. 피해자, 잠재적 피해자가 겪었을 분노와 상처를 진심으로 받아들여야 사과할 용기가 생긴다.

사건이 벌어지게 된 책임이 회사, 나에게 있다는 사실을 밝히기

회사가 고객에게 물질적 또는 정신적 피해를 줬다는 사실을 솔직하게 인정한다. 잘못을 인정하는 것이 '진짜 사과'이다. 누가, 누구에게, 무엇을 잘못했다는 건지 알 수 없는 사과는 빵점이다. "본의는 아니었지만, 만약 우리 회사로 인해 문제가 생겼다면 사과한다"는 식의 '조건부 사과'도 최악이다. 형식만 사과지 상대를 더욱 화나게 만드는, 사과 아닌 사과인 것. 누구나 어떤 상황에서든 쓸 수 있는 '만능 사과문'이라는 것은 없다. 사과하는 마음이 느껴지지 않는 자동응답시스템ARS의 기계음 같은 사과는 상대의 화를 더 돋운다.

보상의지 전달

보상이란 내 잘못으로 인해 발생한 잘못을 바로잡기 위한 대책을 마련해 상황을 피해 이전으로 회복한다는 의미이다. 필요하거나 가능하다면 금전적 · 물질적 보상이 함께 이뤄지는 것이 좋다.

비슷한 실수를 되풀이하지 않겠다는 재발 방지 약속

즉 '사후 어떻게 하겠다'라는 방안을 명확히 제시하자. 잘못이 일어난 근본 원인을 밝혀내 다시는 이런 일이 재발하지 않도록 하겠다는 의지의 표현을 보여줘야 제대로 사과가 받아들여진다.

좋은 사과는 '진정성'을 바탕으로

위기관리를 하면서 가장 중요하게 거론되는 말이 '진정성'이다. 좋은 사과는 진정성을 기반으로 해야 한다. 위기 대응에 적용해보자면, 진심 어린 마음으로 타자의 감정에 이입하며 공감함으로써 소비자와 대중이 내 메시지에 진정성을 느끼게 해야 한다. 회사의 위기관리 능력은 곧 회사에 대한 평가와 직결된다. 기업의 사회적 책임과 도덕성에 대한 요구가 커지는 가운데 고객들은 회사의 제품과 서비스를 넘어 기업의 활동과 의도, 위기 시 보이는 태도까지 기업 평가의 잣대로 삼기 때문이다. 진정성에 바탕을 둔 위기 커뮤니케이션은 위기로 인해 발생하는 손상과 손해를 최소화하고, 소비자의 비난을 호감으로 되돌릴 유일한 방법이다.

다시 한 번 되새기게 된다. 진정성이 답이라고.

제대로 된 사과로 위기를 기회로 바꾼 기업

에어비앤비, 문제의 근본을 해결하다

숙박 공유 플랫폼 스타트업 에어비앤비도 창립 3년 차에 심각한 위기상황을 맞았다. 그러나 적극적인 사과와 사후대책 마련으로 오히려 호감도와 사업 안정성을 높이며 급성장했다. 자신의 집을 에어비앤비에 내놨다가 투숙객이 집을 엉망으로 만들어버린 억울한 일을 당한 호스트 여성이 에어비엔비에 항의했지만 적절한 피드백을 받지 못하자 이를 블로그에 올리며 일이 일파만파 퍼져버린 것. 에어비앤비에 집을 내놓는 것이 위험하다는 인식이 퍼지면 아무도 에어비앤비 호스트가 되려고 하지 않을 것이고 이는 사업 자체가 무너지는 위험으로까지 번질 수 있었다. 와중에 에어비앤비 최고경영진 중 한 명이 피해자에게 연락해 항의 글을 내려달라고 요구한 사실까지 알려지면서 더 큰 위기에 빠졌다. 그러나 에어비앤비는 피해자에게 진심 어린 사과를 했고, 피해자의 건의사항을 적극 수용하여 24시간 고객 핫라인을 운영키로 했다. 에어비앤비 호스트들은 이런 종류의 피해를 보면 에어비앤비로부터 100만 달러의 지원을 받을 수 있도록 보상체계도 획기적으로 구축했다. 위기에 미봉책이 아닌 근본적인 해결방안을 마련함으로써 에어비앤비는 비난 여론을 잠재우고 사업 구조 자체를 개선시켰다.

배달의민족, 직접 잘못이 아니어도 적극적으로 해결하다

국내 배달앱 스타트업 배달의민족(이후 배민)도 적극적인 사과와 대응책 마련으로 위기를 극복했다. 한 가맹점주가 온라인에 음식 주문자의 개인정보를 노출하고 협박하는 사건이 발생해 이후 '배달의민족으로 음식 주문하기 무섭다'라는 여론이 형성된 것. 이는 해당 가맹점주의 잘못으로 배민에게는 법적 책임이 없었음에도 전사적으로 적극적인 대응에 나서 배민은 해당 음식점 주인과 당장 가맹계약을 끊고 피해자에게 필요한 모든 지원을 약속했다. 피해자가 원한다면 새 번호의 휴대전화와 이사비용까지 지원키로 한 것. 배민으로 향하던 비난은 잦아들었고 오히려 회사에 대한 호감도가 증가했다.

PART 8

궁극의 홍보, 나 홍보

'나'라는 브랜드를 론칭하라

조직의 홍보마케팅는 크게 두 가지 방향으로 나뉜다. 개별 제품/서비스에 대한 판매 중점 홍보마케팅과 조직 전반에 대한 브랜딩 혹은 이미지 홍보이다.

판매 중점 홍보마케팅은 상품 홍보를 극대화하여 영업이익을 높이는 것에 초점을 맞춘다. 반면 브랜딩 혹은 이미지 홍보는 특정 상품보다는 조직 전반을 홍보한다. 대표이사 홍보PI, 기업의 가치와 철학 홍보, 기업의 사회적 책임에 대한 홍보CSR, 로고 · 상표권 관리CI, 위기관리, 직원 소통관리에 대한 내부 커뮤니케이션 등이 여기에 속한다.

둘 중 어느 것이 더 중요하다고 단정 지을 순 없다. 단기적으로 영업이익을 내는 데 도움을 주는 판매 중점 홍보마케팅만큼 중장기적으로 조직의 가치를 높여 무형의 자산을 쌓아가는 이미지 홍보의 가치가 점점 더 커지고 있다. 그러나 시간, 비용, 인력이 부족한 작은 조직에서는 회사의 이미지 홍보, 특히 대표이사 홍보가 먼 일처럼 느껴질 수 있다. "내가 뭐 내세울 게 있다고 홍보를 할까? 일만 열심히 하면 되지"라며 말이다.

'나'라는 브랜드를 론칭해야 하는 이유

작은 조직일수록 조직 전반에 대한 이미지 홍보, 특히 대표이사 · 사장 홍보가 중요하다. 중소기업, 스타트업, 1인기업, 그리고 프리랜서의 경우, '회사=

사장'이다. 창업의 원동력은 사장의 철학과 의지였으며 사장 주도하에 제품과 서비스를 개발 · 출시했을 것이다. 직접 영업을 하고 주주나 투자자를 만나 회사 소개도 도맡아 한다. 간혹 기자를 만나면 새롭게 출시되는 상품에 관해 소개 브리핑도 할 것이다. 직원 채용, 교육 등 조직관리도 사장의 일이다. 회사에서 가장 기술력과 영업력이 높은 사람이 누구인가? 앞으로의 회사 발전 방향과 마스터플랜이 누구의 머릿속에 있는가? 조직에 대한 애정과 조직 성장에의 열정이 가장 높은 사람은? 가게를 운영한다면 제일선에서 고객과 대면하는 사람은 누구인가?

'나'라는 대답이 나온다면, 바로 당신이 회사이고 조직이다. 말 그대로 대표주자인 것. 그러니 스스로를 홍보마케팅하는 것이 회사와 상품홍보에도 큰 영향을 미친다. '나'를 홍보마케팅하는 목적은 '조직이나 회사를 대표하는 존재로의 나'를 외부시장, 업계, 사회 등가 알게 하고, 조직의 철학과 가치를 이해하게 하며, 이를 통해 인정과 사랑을 획득하는 것이다. 상품과 서비스 판매에 대한 홍보마케팅이 돌격부대라면 회사 이미지 홍보, 사장 홍보는 엄호부대이다. 짧은 전투가 아닌 장기전으로 이어지는 전쟁에서는 엄호부대가 얼마나 든든한가에 따라 성패가 갈린다.

'나'를 홍보해야 하는 또 하나의 이유는 바로 회사의 성장과 더불어 나의 성장도 꾀하기 위함이다. 소상공인, 1인기업가, 프리랜서 역시 내 얼굴을 명함으로 하여 고객을 만난다. 브랜드는 탄생한 뒤 계속 성장하며 확대된다. '나'라는 브랜드로 그렇다.

'나 홍보'의 시작은 목적에 따른 콘셉트 정하기

홍보마케팅을 진행하는 방법은 그 대상이 제품이든 사람이든 큰 틀에서는 같다. 홍보마케팅 목적에 따른 현재 상황과 사업적 목적을 고려하여 '나'를 어떤 콘셉트로 드러낼지 구체화해본다. 억지로 이미지를 꾸며내어 연극을 하라는 것이 아니라 내가 가진 여러 측면 중 상대에게 호감과 신뢰를 주어 회사 이미지까지 올릴 수 있는 모습을 탐구하고 개발해가자는 것이다.

비즈니스 성격과 나의 강점, 향후 성장하고자 하는 비전 등에 따라 '나 홍보'의 방향을 함축적으로 콘셉트화할 수 있다. 조직 성격이나 상황에 따라 꼼꼼하고 철두철미한 IT 개발자나 협상에 능통한 문제 해결자, 흥이 넘치는 엔터테이너, 옆집 언니처럼 다정다감한 카페 사장님, 박학다식하고 통찰력 넘치는 학자풍 이미지 등을 부각할 수도 있다.

'나 홍보'의 콘셉트는 나를 정의하는 문구로 표현된다. 구체적으로 정의해서 듣는 순간 이미지나 콘셉트를 연상할 수 있는 것이 좋다. "내가 신문기사에 난다면 나를 뭐라고 소개할까?" 혹은 내가 책을 썼을 때 "저자 소개란의 첫 문장에 뭐라고 쓰일까"를 떠올려 정리해보자. 콘셉트는 그 사람의 이미지와 활동 내용을 바탕으로 만들어진다. 억지로 입혀진 이미지는 몸에 맞지 않는 옷처럼 어색해 보인다. 본인은 물론 상대도 단박에 그 위선을 알아차린다. 이미지와 콘셉트는 만들어지기보다 내면에서 우러나올 때 더 강력해진다.

'나 홍보'가 필요한 순간

'나 홍보'가 필요한 순간은 언제일까? 결론부터 얘기하면, 기업 활동이나 사회생활을 하는 모든 순간이다. 특히 '나 홍보'로 대중적 인지를 만드는 효과적인 상황은 언론과 만날 때이다. 인터뷰, 취재, 칼럼 기고 등은 정제된 나를 보여줄 절호의 기회이다. 내가 예상하지 못한 상황에서 해야 하는 인터뷰라도 그 순간만큼은 가장 적절하고 우호적인 이미지로 나올 수 있도록 준비하자.

언론과 만날 때는 가능한 사전에 충분히 준비한다. 언론 취재의 의도가 무엇이고 어떤 정보를 요구하는지, 그에 맞춰 나는 어떤 이야기를 하고 어떤 자료를 제공할지, 어떤 이미지로 나갈지를 정한다. "나는 평생 언론을 만난 적도, 만날 일도 없어"라고 생각하는가? 디지털 시대에는 적절치 않은 생각이다. 전통적 의미의 언론매체가 아니어도 요즘에는 '유사 언론매체'가 넘쳐난다. 회사 홈페이지, 블로그, 유튜브, 인스타그램, 페이스북, 전화, 문자, 카카오스토리 등을 통해 타인에게 나를 보일 수밖에 없는데 그 전파력이나 파급효과가 언론매체에 뒤지지 않는다. 이외 IT나 기술업계에서 마케팅의 일환으로 자주 진행하는 기술 세미나, 교육, 강연회 등에 참석해야 할 일도 많다. 원하지 않아도 우리는 수많은 노출의 순간을 갖게 된다. 그리고 그 순간을 통해 드러나는 이미지, 글, 발언, 제스처와 표정 등이 '나'로 축적된다.

'나 홍보'의 핵심요인은 '스펙'이 아닌 '스토리'

흔히 '나 홍보'의 시작을 스펙의 나열로 생각한다. '몇 년도에 어디서 출생하여 ○○○대학교를 나와 ○○○회사에서 근무하고 ○○○자격증을 소지한…' 이라는 스펙의 나열은 상대에게 별다른 감흥을 남기지 않는다. '최초' '최고' '유일'이라는 수식어도 이내 그 힘을 잃고 만다.

'나 홍보'를 스펙이 아닌 스토리로 접근해보자. '어떤 제품을 만드는 사람'이 아닌 '어떤 스토리를 가진 사람인지' 이야기할 때 사람들은 더 귀를 기울인다. 스펙은 내가 가진 것과 못 가진 것을 극명하게 드러내며 암묵적으로 경쟁을 요구한다. 성공과 실적만이 중요하게 취급된다. 반면 스토리는 실패나 성공을 넘어 결과를 향해가는 과정의 중요성을 알고 건강하게 극복해가고자 하는 인간적 면모를 드러내 보여준다.

우선 나를 찬찬히 들여다보자. 작은 이야기라도 내 것이면 모두 소중하다. 창업하게 된 계기와 추구하는 가치, 철학, 인생과 사업에 교훈을 얻었던 작지만 특별한 에피소드 등을 정리해본다. 그리고 앞으로 내가 어떤 일을 해나가고 싶은지, 되고 싶은 내 모습도 스토리로 엮어볼 수 있다. 그런 스토리가 있는 사람과 함께 일하고 싶고 그 사람이 만드는 제품이나 서비스가 사고 싶어지지 않을까?

'나'라는 브랜드를 론칭시키고 성장시켜나가는 일은 나만의 강력한 경쟁력을 갖는 것이다. 나 브랜드의 론칭은 지금 이 사업을 위해서도 꼭 필요한 과제이다. 자신의 분야에서 탁월한 사람으로 성장해가기 위한 중요한 한 걸음이다. '나' 브랜드는 단순히 직업과 직책을 말하는 것이 아니다. 직장에서 퇴사하거나 지금 하는 일을 그만둔 뒤, 혹은 은퇴한 후에도 '나' 브랜드는 유지되어야 한다. 이렇게 '나' 브랜드는 지속적으로 노력하고 돌봐야 하는 존재이다. 스펙은 사라져도 브랜드는 남는다.

지금 바로 '나'라는 브랜드를 론칭하자.

자신의 일과 강점을 콘셉트화한 사례

'Idea Doctor' 이장우

브랜드마케팅그룹 이장우 회장은 퍼스널 브랜드마케팅의 선두주자이다. 이 회장은 스스로를 기획자, 마케터, 홍보인을 뛰어넘는 'Idea Doctor'로 명명하고 트레이드마크(상표권) 신청까지 했다.

'Story Doer' 김정태

《스토리가 스펙을 이긴다》의 저자 김정태는 유엔 산하 기구 유엔거버넌스센터 홍보담당관을 역임했다. 그는 단순히 스토리텔러(story teller)가 아닌 실천적인 의미를 강조하여 '스토리 두어(story doer)'로 자신을 브랜딩했다. 이와 함께 커뮤니케이션과 홍보를 통해 국제 분야의 가치 달성과 확산을 꿈꾸는 국제활동가(internationalist), 공익적인 콘텐츠를 기획 발굴하고 유통시키는 사회적 출판 기획자(social publisher), 개개인의 잠재력을 포착하여 지원하는 휴먼 벤처 캐피탈리스트(human venture capitalist) 등으로 스스로를 콘셉트화해서 소개한다.

나 홍보 론칭을 위한 네 가지 준비작업

오늘 아주 중요한 고객 한 분을 소개하고자 한다. 당신에게 평생 이윤을 가져다줄 그는 오늘보다 내일이 더 기대되는 사람이다. 지금은 좀 평범해 보일 수 있지만, 미래 성장 가능성이 아주 크다. 무엇보다 그 고객은 충성심이 높아서 절대 당신을 떠나거나 배신하지 않을 것이다. 당신 회사가 성장하기 위해서는 꼭 그 고객을 잡아야 한다. 그가 잘되도록 열과 성을 다할 것. 그것이 당신이 성공하는 길이기도 하다. 그럼 그 고객을 만날 준비가 되었는가? 그렇다. 그 고객은 바로 당신 자신이다.

그 고객을 알리는, '나 홍보'의 시작을 위한 네 가지 준비작업을 알아보자.

스스로를 중요한 고객처럼 대하기

'나 홍보'는 스스로를 중요한 고객으로 여기는 태도에서 시작한다. 객관적이되 애정과 관심을 가지고 나 자신을 보려는 노력 말이다. 자존감을 갖고 긍정적이며 문제 해결적 태도로 자신을 대할 것.

마음이라는 것은 참 신기하다. 고객의 상담 전화 한 통, 거래처에 보내는 의뢰서 한 장, 회사 홈페이지나 블로그에 올리는 글 하나에도 그 마음이 고스란히 녹아 나온다. 그래서 나를 대하는 내 마음도 중요하다. '나를 사랑하고 존중하는 마음'. 그것이 '나 홍보'의 시작에서 꼭 갖춰야 할 중요한 요소이다.

내 콘텐츠는 무엇인가? 완성형이 아니라 진행형이다

나를 대표하는 콘텐츠는 무엇일까? 일정 시간 동안 지속해서 계발해온 내 역량과 소질, 관심사 등이 모여 남과 차별화되는 정체성identity을 만드는데, 이것을 나만의 콘텐츠라고 할 수 있다. 이 콘텐츠로 벌써 당신은 사업을 시작했을 수 있다. 자신을 다른 사람이나 사회에 소개할 때 언급되는 타이틀이거나, 상품이 되며, 이웃이나 사회에 나누는 재능일 수도 있다.

나만의 차별화되는 특성, 콘텐츠를 찾는 것은 나 들여다보기에서 시작된다. 지금 하고 있는 일이나 활동에서 내 능력이 어떻게 쓰이고 있는지 살펴보자. 직책이나 역할, 자격증처럼 가시적으로 확인할 수 있는 능력에서부터 취미, 특기, 관심사 등까지 폭넓게 들여다본다. 기술과 경험, 취향, 기호 등이 모두 당신의 귀중한 유무형 자산이다. 현재 습득하기 위해 노력하고 있는 미완의 역량까지 포함할 수 있다. 콘텐츠는 완성형이 아니라 진행형이니까.

업무와 일상을 기록하고 정리하라, 역사가 된다

중요한 기획을 해야 하는데 생각이 떠오르지 않아 답답할 때 어떻게 하는가? 책이나 인터넷을 찾아보고 혹은 그 분야를 잘 아는 사람을 만나 물어보기도 할 것이다. 이렇게 문제 해결을 위한 자료와 아이디어를 이리저리 맞추다 보면 예기치 않은 순간 딱 생각이 떠오르곤 한다. 이처럼 여러 자료와 경험을 융합하고 섞고 붙여서 참신하고 더 업그레이드된 대안을 찾을 수 있다. 자료들이 풍부하고 잘 정리되어 있을수록 그것을 원재료로 한 융합과 창조가 풍성하게 일어난다.

나만의 콘텐츠를 키워나갈 때도 그렇다. 내가 어떤 일을 해왔고, 무엇을 좋아하고 잘하며, 어떤 비전이 있는지 '자료'들이 있으면 객관적으로 파악해갈 수 있다. 단편적으로 진행했던 일들도 펼쳐놓고 들여다보면 연결점이 보이며 새 아이템으로 재구성하는 아이디어가 떠오르곤 한다.

업무나 일상을 정리하고 기록하는 것의 유용함이 여기에 있다. 지난 몇 달간 열심히 수행한 프로젝트도 시간이 좀 흐른 뒤에는 가물가물해진다. 나중에 참고삼아 찾아보려 하면 컴퓨터 안 폴더를 여기저기 뒤져야 해서 제대로 찾지 못하고, 많은 경우 그런 자료가 있었는지조차 잊어버린다.

그나마 찾은 자료들은 피상적인 수치나 결과물만 보여준다. 그 일을 수행하면서 배웠던 교훈, 아쉬웠던 실패 스토리, 그 실패 속에서 '다음에는 이렇게 해봐야지' 하고 떠올렸던 아이디어 등은 연기처럼 사라진다. 시간과 비용을 들여 수료한 강의 내용, 업계 사람들의 네트워크 미팅, 시장조사 자료 등도 '그때만 유용했던 자료'로 컴퓨터 안에 잠들어 있다.

업무는 그 순간 잘해내는 것만큼이나 이후 정리하고 기록하는 것이 중요하다. 그래야 내가 어떤 일을 했고, 어떤 성과를 올리고, 무슨 실수를 했으며 이를 바탕으로 무엇을 더해나가야 할지 '근거 있는' 계획을 세울 수 있다. 모든 것은 기록하면 역사가 된다. 나만의 특별한 콘텐츠는 만들어지고 또 '발견'되기도 한다. 기록이 있으면 그 발견이 훨씬 쉽고 풍부해진다.

콘텐츠와 성향에 따라 '나 홍보'를 실행할 주력 홍보 매체 정하기

어떻게 내 존재를 알려나갈까? 작은 회사나 조직에서는 상품과 대표자의 역량이 서로 강하게 연결되어 있다. 즉 나를 알리는 것이 회사, 상품 서비스를 알리는 효과적인 방법이다. 외부에 나를 알리는 방법은 온오프라인상에서 다양하게 존재한다. 광고, 언론홍보, 외부 강연, 이벤트, 저술, 모임 참여, 고객 미팅, 블로그, SNS 홍보, 유튜브 활용 등. 온라인과 오프라인 채널을 믹스해서 다양한 접근을 할 때 효과가 커진다. 그러나 이 모든 것을 동시에 하기에는 비용과 시간, 역량이 부족할 수 있는데, 이때 필요한 것이 선택과 집중이다. 내 콘텐츠와 성향에 따라 가장 효과적이고 지속가능한 매체가 무엇일까 살펴보자.

글로 표현하는 콘텐츠가 강점일 때는 책을 출간하거나 블로그 활동이 유리하다. 영상 콘텐츠에 적합한 콘텐츠인데다 스스로 방송을 통한 소통이 재미있는 사람은 유튜브 채널을 활용하는 것이 좋다. 감성적 사진을 자주 올리며 시각적 콘텐츠를 쌓아가는 것에 재미가 있다면 인스타그램을 떠올릴 것이다.

다양한 매체들은 향후 서로 유기적으로 연결될 수 있다. 블로그에 올린 글을 영상으로 만들거나 책으로 출판할 수 있다. 인스타그램 사진들을 짧은 글과 함께 모아 포토 에세이북으로 발표하는 것도 충분히 가능하다. 온라인에서 소통해온 독자들을 오프라인 미팅으로 만나거나, 그 콘텐츠를 상품으로 하는 오프라인 매장을 열 수도 있다. 우선은 자신의 콘텐츠에 맞고 꾸준히 할 수 있는 채널을 하나 정해 한 발을 떼는 것이 중요하다. 콘텐츠가 축적되면서 소통의 폭도 넓어진다.

새 고객과의 만남은 긴장과 설렘을 가져다준다. 상대에게 나의 가장 좋은 모습을 선보이려 노력하고, 상대가 무엇을 원하는지 알아내기 위해 오감을 동원한다. '나 홍보'에서도 똑같은 마음가짐이 필요하다. 내 인생 최고의 고객, '나'에 대한 의미 깊은 여정을 시작하자. 출발!

일 잘하는 사람은 학습일기를 쓴다

《A플레이어: 하는 일마다 성과를 내는 프로페셔널 직장인》의 저자 박태현은 일에서 성과를 내고 역량을 키워가는 효과적 방법의 하나로 학습일기(Learning Journal) 쓰기를 제안한다. 단순히 일상과 소회를 기록하는 것이 아니라, 역량개발이라는 분명하고 확고한 목적을 가지고 관련 사항을 기록하는 일기이다.

첫째 무엇을 경험했는가? 그날의 직접경험과 간접경험을 객관적으로 간략히 기록하기. 간접경험은 다른 사람과의 대화, 교육, 독서 등을 통해 얻은 것을 말한다. 인상적인 간접경험은 빠른 시간 내에 행동으로 옮겨 직접 경험화하는 것이 좋다.

둘째, 무엇을 느꼈는가? 느낌은 경험한 것이나 배운 것을 오랫동안 기억하게 해준다. 느낌의 좋고 나쁨보다 강도가 중요하다. 자신의 오감을 활용해 모든 느낌을 생생하고 구체적으로 묘사한다. 나중에 그 부분을 보면 영화의 한 장면처럼 상황과 감정 등이 확 떠오른다.

셋째, 무엇을 배웠는가? 앞으로 가장 많이 반복해서 읽어야 할 중요한 부분이므로 가능한 자세하게 쓴다. 경험하고 느낀 것을 그대로 적는 앞 질문들보다 자신이 뭘 배웠는지 의식적으로 찾아 기술해야 해서 좀 어려울 수 있다. 이 부분을 쓰다 보면 머리로 아는 것과 글로 옮기는 것이 완전히 다름을 깨닫곤 한다. 배운 것을 정확하게 글로 표현할 수 있을 때 그것이 자신의 지식으로 체화될 수 있다. 분명 의미 있는 작업이다.

넷째, 무엇을 더 배워야 하는가? 일하면서 무언가를 추가로 더 배워야 한다고 느꼈다면 그것을 기록한다. 궁금하거나 불완전하게 알고 있는 것들을 중심으로 추가 학습이 필요한 사항들을 정리한다.

자랑하지 말고 '홍보'하라

"아침에 일어나자마자 스마트폰으로 회사 SNS에 남겨진 댓글이 있는지 체크해요. 출근해서 이메일 확인하고, 거래처 두 곳에 전화해서 진행 상황을 점검했죠. 예전 직장동료였던 선배와 안부 통화도 했습니다. 우리 업계 협회에서 지난달부터 요청해온 회원 업데이트용 소개 자료를 작성해서 보내고 다음 달 진행할 온라인 프로모션 문구도 확정해서 디자인팀에 넘겼어요. 점심 식사하러 나가는 길에 옆 사무실 스타트업 대표를 엘리베이터에서 만났어요. 그가 스타트업 서너 곳이 협동으로 크라우드 펀딩을 하는데 조인하겠냐고 해서 내일 미팅하기로 했고요. 오후에는 고객사에 업무 현황을 브리핑하고 회사로 돌아와 동료들과 후속 작업을 논의했습니다. 저녁에는 오전에 전화 통화했던 선배 초대로 명상모임에 나갔어요. 간단히 자기소개하고 명함을 돌린 뒤 첫 수업을 듣고 돌아왔습니다."

하루에도 수없이 만나게 되는 '나 홍보'의 순간들

고객관리 전산 프로그램을 개발하는 스타트업 대표의 하루이다. 이메일, 전화, 대면회의, 온라인매체, 보고서 작성 등 글과 말, 직간접적인 만남으로 가득한 우리들의 일터 모습이기도 하다. 이 안에 얼마나 많은 '나 홍보' 순간들이 있는지 눈치챘는가? 우리는 하루에도 수없이 많은 '나 홍보' 순간을 만난다.

온라인매체에 글을 올리고 댓글을 주고받는 일, 다른 사람을 만나 통성명하는 것, 이력서, 회사/상품 소개서, 업무상 처음 만났을 때 주고받는 명함, 업무 진행을 위한 전화통화와 대면회의, 화상회의, 네트워킹을 위한 다양한 모임에서 하는 자기소개 등이 모두 '나 홍보'의 순간이다. 크게 보면 '말하고' '쓰고' '공감하기'이다. 다양한 형태의 소통을 통해 나를 알리고, 목적영업, 사교, 요청, 궁금증 해소 등을 달성하는 일련의 행위가 보통의 홍보마케팅과 다르지 않다.

"작은 회사를 홍보하는 방안 중 효과적인 것이 바로 대표 스스로 '나 홍보'를 하는 것이다"라고 말하면 보통 두 가지 반응이 나온다. "나로 말할 것 같으면~"으로 시작하는 자랑형과 "전 나서는 거 정말 싫습니다, 안 할래요"라고 손사래부터 치는 은둔형이다. 홍보마케팅 관점에서 보면 두 유형 모두 바람직하지 않다. 일방적으로 자기 이야기를 쏟아놓는 식의 자랑은 공감은커녕 반감을 사기 쉽다. 은둔형 역시 적절한 태도는 아니다.

홍보마케팅에서는 가시성visibility확보, 즉 내가 남에게 보여야 함을 기본으로 한다. 보여야 다른 사람이 알아주고, 좋아해줄 수 있다. 일방적 자랑이 아닌 적재적소에 내 강점을 잘 드러내 보임으로써 다른 이의 공감을 얻어 호감과 사랑을 받는 '나' 브랜드를 만드는 것, 이것이 '나 홍보'이다. '나 홍보'에서 꼭 기억할 문구는 바로 이것이다.

"자랑하지 마세요, 숨지도 마세요. 홍보하세요."

나 홍보는 말하고 쓰고 공감하기!

커뮤니케이션의 상당 부분은 '말'로 이뤄진다. 보고나 PT, 연설, 강연 등 공식적으로 다중을 향해 말을 하는 빅토크는 물론 전화통화, 회의, 사무실에서 가볍게 나누는 수다, 우연히 만난 지인과 나누는 인사 등 일상 속 대화인 스몰토크를 하며 소통한다. '나 홍보'에서도 말이 차지하는 부분이 상당히 크다.

'나 홍보'를 잘하는 사람은 스몰토크에서 탁월성을 드러낸다. 무심코 흘러가듯 말하는 순간에도 스스로를 적절히 드러낼 줄 안다. 무턱대고 자랑하기나 무조건적 자기 낮추기 식 겸손이 아니다. 상대가 알고 싶어 하는 부분을 정해진 시간 안에 잘 말하는 것, 그것이 '나 홍보'에서 말 잘하는 사람이 되는 방법이다.

말하기, '엘리베이터 안 2분 브리핑'으로 단련하기

앞서 자신의 하루를 소개했던 스타트업 CEO는 엘리베이터 안에서 우연히 다른 회사 대표를 만나 짧은 대화를 나눈다. 겉으로는 근황에 대한 간단한 인사말 같아 보이지만 내용을 들여다보면 '협업 프로젝트를 하려는데 당신도 그 자격이 되는지 알아보는' 작은 시험이기도 하다. 참여를 원한다면 우리 회사의 역량과 참여 의지 등을 효과적으로 피력해서 상대를 설득해야 한다. 엘리베이터 안에서의 2분여 남짓한 짧은 시간 안에 말이다!

이 같은 '엘리베이터 2분 브리핑'의 순간은 우리에게 자주 일어난다. 회사원이라면 복도, 엘리베이터에서 상사나 회사 대표를 만날 때를 가정해보자.

"오랜만일세. 일은 잘되고 있나?"
"아, 안녕하십니까. 네, 그게… 잘하고, 열심히 하고 있습니다."

이렇게밖에 대답하지 못했다면 안타깝게도 '나 홍보'에서는 그리 좋은 성적을 얻을 수 없다. 질문자는 정말로 당신이 일을 잘하고 있는지, 지난번 지시한 일은 잘 진행되고 있는지 궁금했을 수 있다. 당신이 현재 무슨 일을 하고 있고, 어느 정도 진행되었는지 조리 있게 전달했다면 어땠을까? 긍정적인 인상을 남겼을 게 분명하다. 영업 활동이나 제안서 브리핑을 하러 다른 회사 담당자와 만났을 때 꼭 회의장에서뿐 아니라 회의장으로 걸어가는 순간, 짧은 티타임을 갖는 그 순간에도 당신과 당신의 업무를 간략히 설명할 수 있도록 '늘' 준비가 되어 있어야 하는 이유이다.

"어떻게 매일 내가 할 말을 다 준비해?"라며 포기부터 하지 말고 자기 일과 생각, 크고 작은 화젯거리를 스스로 정리해보기를 습관화하자. 주어진 상황에서 특정 주제를 조리 있게 말하려면 평소 체계적이고 논리적으로 생각하는 습관을 몸에 익혀야 한다. 실제로 소리 내어 말해보는 것도 큰 도움이 된다. 많이 쓰지 않으면 잘 쓰지 못하는 것처럼, 많이 말하지 않으면 잘 말하지 못한다. 생각의 정리는 정돈된 말을 가능하게 하고 이것은 글쓰기에도 큰 도움이 된다.

'나 홍보'의 필살기, 글쓰기

디지털 시대에 웬 글쓰기냐, 혹은 요즘 누가 긴 글을 보느냐고 생각할 수 있다. 디지털 시대를 이끌어가는 밀레니얼 세대, Z세대들은 긴 호흡의 글쓰기에 거부감이 크다고들 한다. 단타형 카카오톡 소통에 익숙해서 문자도 귀찮아할 정도이니 완결형의 문장으로 기승전결에 따라야 하는 글쓰기를 어렵게 느낀다.

아이러니하게도, 그런 이유로 글쓰기의 중요성이 다시 강조된다. 온라인매체가 중요한 홍보 채널이 되고, 직접 대면보다 간접 접촉이 많아지는 요즘에야말로 글이 중요한 시대인 것. 웹상에서의 글쓰기를 통해 자신의 의견을 표현하고 공유할 일도 많아졌다. 온라인매체가 기존 미디어를 대체할 만큼 활용도와 파급력이 높아진 점을 생각하면, 온라인 글쓰기의 중요성이 그 어느 때보다 크다.

글쓰기는 사업자나 예비창업자에게 꼭 필요한 필살기인데 지식이나 아이디어를 구체화해 서비스 혹은 제품화하는 데 최상의 도구이기 때문이다. 비즈니스 세계에서는 보고서, 기획서, 제안서, 회의록, 이메일 등의 형식으로 수없이 많은 '글'을 생산하고 공유해야 한다. 나를 알리고 소개하는 이력서, 자기소개서도 결국 글로 표현하는 것이지 않은가. 사진, 영상 등을 구현할 때도 글로 된 기획서나 스크립트가 기반이 된다. 평소에 꾸준히 글쓰기를 연습하고 단련해서 익숙해지도록 하는 것이 일 잘하는 사람, 탁월하게 두드러지는 사람으로 인정받는 '나 홍보'에서 중요한 역량이 된다.

나다운 콘텐츠를 꾸준히 키워가기

내가 브랜드가 된다는 것은 무엇을 의미할까? 명성을 얻는다거나 아주 뛰어난 사람이 되어야만 가능한 일일까? '나 홍보'는 다른 사람과 구분되는 것을 기본으로 한다. 그 구분이 무조건 최고가 되어야 한다는 의미는 아니다. 최고가 아닌 '나다움', 즉 차별화되는 가치를 가질 때 '나 홍보'는 성공적이다.

지속해서 구별되고 가치를 갖기 위해서는 일관성을 유지해야 한다. 즉 나라는 사람을 생각할 때 떠오르는 이미지, 문구, 느낌 등이 일관되게 간판처럼 연상되어야 하는 것. 남과 차별화되는 브랜드가 되기 위해서는 스스로 인생을 걸고 투자하며 단련해갈 가치에 대해 나 자신이 진정으로 납득해야 한다. 단순히 현재 하는 사업에 도움이 된다고 나를 확 바꿀 수는 없다. 그렇게 해서는 지속이 안 된다.

스스로에게 질문하기

'나 홍보'에서 중요한 것은 '홍보거리', 즉 콘텐츠이다. 언론홍보에 무슨 내용으로 보도 제안을 할지 홍보거리가 중요한 것처럼 말이다. 내가 어떤 사람으로 외부에 알려지고 성장하기를 원하는지, 스스로 확신과 소망이 있어야 한다.

그럼 나만의 콘텐츠는 어떻게 '만들까?' 아니, 이 질문부터 바꿔야 한다. 나만의 콘텐츠는 만들어지기보다 '발견된다'가 더 적절하다. 요즘 유행하는 트렌드를 쫓아 억지로 만들거나, 지금 당장 프로젝트를 수행하는 데 필요한 역량이나 기술이 아니라, 정말 내 안에서 오랫동안 쌓이고 진정 좋아서 하는 무엇이어야 한다. 고민이 밖에서가 아닌 '나 살펴보기'에서 시작해야 하는 이유이다. 내가 원하는 삶은 무엇인지, 나는 어떤 것을 좋아하고 잘하는지, 이 일이 다른 사람과 사회에 도움이 되는지 묻고 관찰하기를 게을리하지 않아야 한다. '나 홍보'는 억지로 자신의 모습을 꾸미고 과장해서 자랑하는 것이 아니다. 나의 축적된 역량과 미래 비전을 다른 사람들과 나눔으로써 내 가치를 올리는 것이 바로 '나 홍보'의 목적이자 방법이다.

나는 무엇으로 차별화할 수 있는가? '일'에서 답을 찾다

나만의 콘텐츠를 찾는 여정은 현재 내가 하는 일부터 차분히 들여다보는 것으로 시작해볼 수 있다. 설령 현재 하는 일을 좋아하지 않는다 해도 말이다. 자신의 일에 100% 만족하는 사람은 없다. 그러나 싫든 좋든, 오랫동안 해왔든 그렇지 않든, 내가 해온 일은 분명 나의 귀중한 자산이다. 늘 해오던 일이고, 특별할 것 없이 평범해 보이는 일이라 해도 분명 다른 사람에게는 귀한 정보가 되는 내용이 있기 마련이다.

'취미' '놀이' '덕질' 다시 보기

자신이 좋아하는 취미, 적성, 수집 등이 '나 홍보'의 킬러 콘텐츠가 되는 일도 종종 있다. '살림의 여왕'으로 불린 마사 스튜어트는 살림이 얼마나 무궁무진한 콘텐츠가 될 수 있는지 보여주었다. 마사 스튜어트가 성공할 수 있었던 것은 살림, 요리, 집안 인테리어 등을 가볍게 보지 않고 시간을 두고 오랫동안 단련하고 계발해서 전문화해왔기 때문이다. 셀프 인테리어 블로거로 유명했던 '칼슘두유'는 자신의 집을 셀프 인테리어하는 과정을 블로그에 꾸준히 올리고 이를 모아 책으로 출간했다. 그의 책《인테리어 원북》은 셀프 인테리어 바람을 타고 베스트셀러가 되었고 이후 방송국 PD였던 직업을 버리고 인테리어 회사 CEO가 되었다.

유튜브에는 취미나 놀이가 킬러 콘텐츠가 된 사례가 넘쳐난다. 장난감 채널을 운영하는 꾹TV의 주인장은 장난감 모으기가 취미였고, 뷰티 크리에이터 씬님은 화장을 좋아하는 평범한 대학생이었다. 투박한 손으로 뚝딱 만들어내는 엄마표 레시피의 요리 유튜버 '심방골주부' 조성자는 그야말로 살림만 해온 우리들의 보통 엄마이다. 파란색 아이섀도, 진분홍 립스틱으로 아줌마 화장을 즐기던 칠순 할머니의 화장법이 유튜브에서 화제가 되면서 대한민국 콘텐츠 대상까지 받은 Korea grandma 채널의 박막례 할머니는 구글 본사에 초청 받아 갈 정도로 글로벌 유명인사가 되었다. 방송국 PD가 꿈이었지만 취업에 실패한 취준생이 취미로 시작한 영화 리뷰 채널이 유명해져서 아예 직업이 유튜버가 된 '백수골방'도 있다. '유튜브 연봉킹' '유튜브의 유재석'으로 불리는 게임방송 크리에이터 '대도서관'은 e러닝 교육업체에서 아르바이트하며 동영상 제작을 배웠던 경험과, 게임을 좋아하고 이야기 만들기에 능했던 취미를 엮어 '게임 해설 크리에이터'라는 새로운 콘텐츠 영역을 활짝 열었다. 현재는 엉클대도 법인을 만들어 10여 명의 직원을 두고 1인미디어 기획, 콘텐츠 개발, 외부 광고기획과 제작 등으로까지 활동 영역을 확장했다.

이처럼 자신의 콘텐츠를 일이나 취미, 놀이에서 찾을 수 있는데 여기에 전문성과 재미를 더하면 큰 시너지가 생긴다. 재미가 있어야 오랫동안 지속할 수 있다. 일관된 주제로 꾸준히 콘텐츠를 만들기란 쉬운 일이 아니다. 그래서 덕후가 유리하다. 취향과 관심사가 뚜렷하고, 관련 정보도 많을뿐더러 자발적으로 즐거워서 활동하는 '덕질'이야말로 일관된 주제의 콘텐츠를 꾸준히 생산할 수 있는 원동력이 된다.

베스트가 아니라 유니크하게

1등 콘텐츠를 만들기란 쉬운 일이 아니다. 어떤 분야에 정통한 전문가라 해도 마찬가지다. 그렇지만 그 분야를 내 시각과 철학을 담아 유니크하게 만들 수는 있다. 더구나 블로그, 카페, 유튜브 등 요즘 대세인 온라인 플랫폼은 스펙보다 콘텐츠에 주목한다. 박사 학위자가 쓰는 논문 수준의 전문지식이 아니라 진정성 있고 재미있는 콘텐츠를 나만의 시각을 담아 꾸준히 올리는 사람에게 더 몰린다.

이처럼 '나 홍보'에 필요한 콘텐츠를 확립해가는 데 전문성은 물론 필요하지만, 그 전문성이 꼭 '1등' '유일무이' '학위' 등일 필요는 없다. 마치 무대 위에 핀 조명을 딱 켜듯이, 내가 가진 역량이나 취미 중 진정으로 관심 있고 좋아하며 다른 이에게도 도움을 줄 수 있는 아이템으로 좁혀서 그 분야에서만은 전문성을 갖도록 단련해간다. 그 방면만은 최신 동향, 정보, 흐름을 잘 알고 있고 한 시간, 반나절 이상 이야기할 수 있는 정도가 되어야 한다. 아주 사소한 것이어도 괜찮다. 그 사소하지만 깊이 있게 파고든 경험과 지식을 필요로 하는 사람이 생각보다 많다.

긴 호흡으로 생각하라 – 화살표 생각법

앞서 나만의 콘텐츠를 발견하기 위해서는 '나 들여다보기'가 필요하다고 했다. 즉 내 일, 내 취미 등 일상을 이루는 것들부터 말이다. 내면으로 향한 눈은 동시에 멀리 볼 수도 있어야 한다. 이를 '화살표로 생각하기'라고 명명해볼까 한다.

화살표는 한 지점에서 시작해서 앞으로 향하는데 그 끝은 내가 줄을 긋기에 따라 얼마든지 확장된다. 지금 내가 발견한 이 콘텐츠를 화살표로 가지고 와서 한번 생각해보자. 궁극적으로 내가 지향하는 가치와 목표를 화살표상의 끝에 둔다면, 지금 이 콘텐츠는 어느 지점에 있는지 가늠해본다. 시작 단계일 수도 있고, 아니면 조금은 진행된 지점에 있을 수도 있다. 이런 화살표식 사고는 현재 내가 하는 일이 일회적으로 끝나는 것이 아니라 다음 단계 혹은 최종 목표를 이뤄가는 데 있어 '과정'임을 알게 해준다. 동시에 별 의미 없어 보이던 현재 상황에 의미를 부여할 수 있다. 내 마음속에 화살표가 그어지면, 지금 하는 일 중 그 어떤 것도 무의미할 수 없다. 그리고 단기적 이익과 편리함을 위해 화살표에 그을 수 없는 헛된 일로 시간을 허비할 수도 없다.

'나 홍보'의 콘텐츠는 즉흥적으로 혹은 지금 유행하는 아이템을 좇아 만드는 것이 아니라 이렇게 내 마음속 화살표에 한 점을 찍을 수 있는 것으로 긴 호흡을 가지고 계발해가야 한다.

꾸준하게 만드는 나만의 콘텐츠

'나 홍보'에서도 지속성, 꾸준함이 중요하다. 내가 관심 있는 일, 좋아하는 일을 콘텐츠로 만들어 디지털 플랫폼에 차곡차곡 쌓아간다. 유튜브 크리에이터로 왕성하게 활동하는 사람들은 최소한 일주일에 2~3회씩 1~2년간 자신의 콘텐츠를 꾸준히 업로드했다. 그 정도 지구력은 있어야 한다. 흔히 홍보마케팅에서 '내 스토리/상품/서비스를 이용해주는 팬클럽 1,000명 확보하기'가 가장 중요하면서도 어려운 일이라고 한다. 그 1,000명이 단골이 되고, 그 단골이 새로운 고객을 데려오는 식으로 확장해갈 수 있다. 디지털 플랫폼에서 활동할 때도 구독자 1,000명 확보가 중요한 관문이다.

이 1,000명을 어떻게 확보할 수 있을까? 대박 콘텐츠만 노릴 게 아니라 양질의 콘텐츠를 꾸준히 생산하는 것만이 정답이다. '나 홍보'의 기본 덕목은 성실함이다.

선의로 장착하기

모든 콘텐츠의 기본은 진정성, 착한 콘텐츠인지 여부이다. '이 내용이 누군가에게 도움이 될 수 있는가'에 '그렇다'라는 대답이 나오는지 들여다볼 것. 좋은 콘텐츠는 문제나 불편을 해소하고 다른 사람에게 도움을 줌으로써 상대의 성장을 돕는다. 거창하고 어려운 것이 아니어도 된다. 작은 생각과 실천으로도 다른 사람에게 큰 도움을 줄 수 있다. 스스로 "다른 사람에게 도움을 준다"는 신념을 가질 때 꾸준히 콘텐츠를 만들고 계발해갈 힘을 얻을 수 있다.

이제는 '착함'이 전략이 되는 시대이다. 진정성 있는 콘텐츠에 대한 호응이 큰 만큼 나쁜 콘텐츠에 대한 응징과 외면도 가차 없다. 멀리 가기 위해서는 같이 가야 한다. 같이 가는 데는 착함, 진정성이 좋은 나침반이 되어준다.

나 홍보 성공 사례

미국 미주리에 퀼트 왕국을 건설한 제니 도안

"천 조각을 잇는 방법을 알려준 것뿐인데 누군가에게 행복을 전해주었다니 놀랍지 않나요?" 2008년 경제위기로 어렵게 마련한 은퇴연금이 사라질 지경에 처하자 아들과 딸은 어머니 제니가 평소 취미 삼아 즐겨 하던 퀼트를 통해 용돈이라도 벌기를 바라는 마음에서 약간의 돈을 대출 받아 퀼트 기계를 구매해주었다. 가내수공업처럼 시작한 사업이 처음에는 영 시원찮았다. 이때 아들이 퀼팅을 가르치는 튜토리얼 영상을 찍어 유튜브에 올리자고 제안했다. 제니는 유튜브가 뭔지도 모른 채 재미 삼아 아들과 영상 제작을 시작했다. 그런데 영상을 찍을수록 제니의 소탈하고 따뜻한 성품과 퀼트에 대한 지식이 돋보이며 구독자가 늘어갔다. 매출은 꾸준히 늘었고 먼 나라에서 팬들이 찾아오기도 했다. 인간적이고 감성적인 소통법이 국적, 세대를 아우르며 강한 유대감을 형성시킨 것. 금융위기 이후 해밀턴시는 침체를 겪으며 시내에는 폐허가 된 건물이 즐비했는데 제니 일가가 이 건물들을 매입해 퀼트타운으로 조성했다. 인구 1,800명의 마을에서 미주리스타퀼트(Missouri Star Quilt Company)에 다니는 직원만 400명이다. 할머니의 구닥다리 취미도 브랜딩에 성공하면 눈부신 비즈니스 모델이 될 수 있음을 보여준다.

유튜브 '누나IT' 이성원 강사(고연령 IT 유저 대상 동영상 강의)

온라인에 넘쳐나는 IT, SNS 관련 강의와 콘텐츠 중 이성원 강사는 'IT 왕초보를 위한 짧은 강의 영상'으로 차별화하여 성공했다. '카카오톡 사진 그룹으로 보내기' '아이패드 파일 관리법' '갤럭시 노트 사용법' 등 "이렇게 쉬운 것도 강의를 해?"라는 생각이 드는 내용을 알려줘 '고연령 IT 유저'시장을 선점했다. 또 무료로 유튜브에서 해온 '3분 파워포인트' '3분 엑셀 강의'도 크게 히트하면서 유료 강의로 전환했다. 그는 자신이 해온 일을 조금 다른 관점을 가지고 특정 계층을 공략하는 콘텐츠로 재가공함으로써 킬러 콘텐츠를 가지게 되었다.

사람 속으로 들어가라
인맥 쌓기

나는 얼마나 많은 사람들과 연결되어 있는가? 이에 대한 척도 중 하나가 인맥이다. '나 홍보'의 궁극적 목표는 다른 사람이 나를 알게 하는 것이다. 그렇다면 나와 연결된 사람들 간의 유대관계가 어떤지 알아보고 그 관계망을 넓고 단단하게 만드는 것이 중요하다. 다음 페이지의 체크리스트로 우선 나의 인맥력이 어느 정도 되는지 점검해보자.

점검 결과가 긍정적이지 않거나 참담하게 나왔더라도 실망스런 마음에 책을 탁 덮어버리지 않기 바란다. 우선 내 상황이 어떤지 자각하는 것만으로도 문제의 반은 해결되는 것이다. 점수만 보지 말고, 각 항목을 다시 한 번 살펴보자. 어떤 항목에서 내가 취약한지 알면 어떻게 인맥을 넓혀가야 할지 방법도 보일 것이다.

"드러내야 보이지!" 사람들이 나를 알게 하는 방법

이불 밖으로 나가기

남이 나를 알아봐 주길 바란다면 우선 스스로 드러내야 한다. 밖으로 나가야 하는 것. 내가 속한 업계나 잠재고객들이 많은 곳을 찾아가야 한다. 동종업계 커뮤니티나 오프라인 모임, 강의나 세미나 등을 알아보고 목록화해본다. 우리 제품이나 서비스가 겨냥하는 고객들이 많이 모이는 커뮤니티도 중요하다. 처음부터 오프라인 행사에 참석하기 힘들면 우선 온라인상에서 관찰한 뒤 조금씩 참여폭을 넓혀간다.

내가 원하는 것 확실히 알기

인맥을 만들기 위해서는 무엇을 원하는지, 누구와 함께하고 싶은지 본인이 확실하게 알아야 한다. 인맥을 쌓기 위해 노력하는 것은 막연히 '많은 사람을 알고 싶다'가 아니라 내게 필요한 적재적소의 네트워킹을 효율적으로 하기 위함이다. 본인이 무엇을 원하는지 분명히 알지 못하면, 당신이 만나려고 하는 사람도 당신이 무엇을 원하는지 알 수 없어서 도움을 줄 수 없다. 본격적인 인맥 쌓기에 앞서 다음의 질문을 생각하고 정리해보는 시간이 필요하다.

> "인맥 만들기를 통해 내가 얻고 싶은 것은 무엇인가?"
> "인맥을 만들고 싶은 사람들은 누구인가?"
> "이를 위해 더 많은 시간을 투자해야 하는가?"
> "지금까지 어떤 사람들과 관계를 맺어왔으며, 이들은 내게 어떤 의미인가?"

인맥 쌓기 액션 플랜

- '원하는 것'을 글로 적어보기: 성공, 성취, 업적, 관계 개선, 수주 성공 등, 내가 원하는 목표를 1~2페이지로 적기
- 지인 중에서 나를 도와줄 사람들의 목록 만들기
- 앞으로 만나고 싶은 사람들과 이미 알고 있는 사람 중에 이를 위해 도움을 줄 수 있는 사람들의 목록 작성
- 액션 플랜을 정기적으로 업데이트하기(인맥 쌓기는 장기전이다)

주변 관계부터 다시 돌보기, 소중한 '씨앗관계'

홍보마케팅에서 새 고객을 유치하기 위해서는 기존고객 관리의 열 배에 달하는 비용이나 노력이 든다. 이는 우리가 이미 보유하고 있는 인적 · 물적 자산의 소중함을 말해준다. 인맥에서도 이는 똑같이 적용된다. 책상 서랍 속 가득 쌓인 명함이나 휴대전화 연락처에 저장된 그러나 한동안 연락하지 않은 이름들을 정리하고 안부 이메일이나 문자, 혹은 간단한 전화통화를 해보자. 우리 제품이나 서비스를 구매했던 고객에게는 그 후 사용에 불편은 없었는지 물어보면서 자연스럽게 최근 다시 출시한 새 상품을 소개해도 된다.

물론 안부 인사는 안부로 끝내야 한다. 오랜만에 연락하면서 무턱대고 광고나 영업을 해서는 안 된다. 조바심을 버리고, 오랜만에 지인에게 전화한다는 마음으로 여유 있게 인사를 건네본다. 담당자가 바뀌었다면 다시 연락처를 받아둘 수 있고, 이전 담당자가 다른 회사로 옮겼다면 새로운 거래처가 생기는 것이기도 하다. 이렇게 오랜만에 연락하다 보면 분명 연락해보길 잘했다는' 생각이 들 것이다.

묻혀 있던 기존 관계들이 소중한 씨앗관계가 되어 인맥을 넓히는 데 큰 도움이 된다.

부탁하지 마라, 먼저 베풀어라

인맥 고수는 내가 아닌 상대에게 먼저 주목한다. 상대가 무엇을 필요로 하는지, 내가 어떻게 도울 수 있는지를 고민하는 것. 제품을 팔거나 서비스를 제공하기 위해 부탁하기보다 상대가 필요로 하는 가치를 먼저 제공하는 사고방식으로 전환해야 한다. 먼저 베풀면 당신의 도움을 받은 이가 어떤 식으로든 보답을 할 것이다. 즉각적으로 성과가 오지 않더라도 장기적으로 보답 받게 된다. 크게 보고, 길게 보는 것이 중요하다. 즉 '나 홍보'에 있어 갖춰야 할 나만의 좋은 콘텐츠는 '다른 사람들의 문제를 어떻게 해결할 것인가'에 대한 해답이 되어야 한다. 당신이 종사하는 분야에서 가치 있는 사람이 된다면, 다른 사람이 먼저 당신과 인맥을 맺고 싶어 할 것이다. 하나의 관계는 다른 관계를 낳으며 확장된다. 관계를 맺은 사람들에게 도움을 주어라. 그들도 기꺼이 도울 것이다.

'진정성'은 늘 옳다

일하며 쌓는 인맥은 가족이나 학창시절을 함께한 친구와는 분명 다르다. 명확한 이해관계가 있으며 감성보다는 이성을 앞세우게 된다. 하지만 이 또한 인간관계이다. 때에 따라 큰돈이 오가는 사이인 만큼 신뢰가 우선되어야 함은 당연하다. 우정과 비즈니스는 딱 구분되는 것이 아니라 오히려 그 둘이 적절히 균형을 이룰 때 평생을 함께 상생하는 진정한 파트너십이 구축된다.

한 · 중 양국의 내로라하는 젊은 차세대 기업 대표가 모여 활동하는 '한 · 중 차세대 리더 포럼'은 2014년 창립되었는데 이 포럼의 모토는 'Friendship first, Business later'이다. 창립 초기 회원들은 가족 동반으로 서로의 집을 방문해서 시간을 보냈다고 한다. 즉 상호 충분히 우정이 쌓이고 인간적 신뢰가 생겨야 비즈니스도 할 수 있다는 것으로 평생 지속할 수 있는 좋은 파트너를 찾기 위해 귀한 시간과 비용을 쓰는 고도의 비즈니스 전략이다. 비즈니스는 물론이고 나를 알리는 홍보마케팅에서는 진정성이 큰 무기가 된다. 합리적이고 공정하며 상대를 배려하는 진정성 어린 태도는 비즈니스 현장이나 사교의 장 어디에서도 당신을 빛나게 해줄 귀한 능력이다.

주변 인맥이 사업 수단이 된 사례, 세계적 레스토랑 정보지 〈자갓 서베이〉

프랑스 〈미슐랭 가이드(Michelin Guide)〉와 함께 권위를 인정 받는 미국의 대표적인 레스토랑 안내서 〈자갓 서베이(Zagat Survey)〉는 팀 자갓과 니나 자갓 부부가 친구들과 함께 뉴욕의 음식점에 점수를 매기면서 시작되었다. 인맥이 그대로 사업 수단이 된 사례로 유명하다.

예일대 캠퍼스 커플인 자갓 부부는 결혼 후 파리에서 2년 살았던 때를 제외하고는 한 번도 뉴욕 맨해튼 센트럴파크 곁을 떠난 적이 없었다. 이들은 와인과 음식에 관심이 깊어 친구들과 뉴욕의 레스토랑을 순례하듯 다녔다. 어느 날 식사 모임을 하던 중 한 친구가 불평을 늘어놓았다.

"〈뉴욕 타임스〉에 소개되는 레스토랑 중 마음에 드는 곳이 한 곳도 없어."

이 말에 동의한 자갓 부부는 친구들에게 이렇게 제의했다.

"그럼 우리가 한번 추천해보는 것은 어때?"

그곳에 모인 사람들 각자가 음식에 조예가 깊다고 생각하는 지인 10명씩을 추천해서 자신들이 좋아하는 레스토랑, 바 등을 소개해 정보를 모으기로 했다. 그 자리에서 당장 200명의 이름이 모였다. 매년 한 번씩 그 자료들을 프린트해서 사람들끼리 돌려보곤 했는데 입소문이 나면서 이 정보지를 보내달라는 사람이 늘어 3년째 되는 해 발행부수가 10만 부로 늘었다고 한다. 몇 년 후 이 일은 본격적인 사업으로 성장했다. 현재는 음식점을 비롯하여 세계 100여 개국의 호텔, 스파, 영화관, 골프장도 평가 대상이며, 약 375만 명이 평가에 참여한다.

이 자갓 서베이의 전설적인 성공 키워드는 바로 네트워킹의 힘! 자신들의 인맥을 최대한 활용해 투자자본 없이 사업을 일궈낸 것이다. 또 하나 시사하는 것은 네트워킹의 시작은 멀리 있는 것이 아니라 내 옆에 오랫동안 있는 가족, 친구, 동료부터라는 것이다. 지금 바로 내 주변의 사람들에게 관심을 기울이고 안부를 물어볼 가치가 충분하지 않은가?

세일즈맨, 작가, 비즈니스 코치 제프리 지토머가 제시하는 인맥 체크리스트

당신의 현재 성취 정도를 나타내는 숫자에 체크하기

(1=전혀 그렇지 않다 2=그렇지 않다 3=보통이다 4=그렇다 5=매우 그렇다)

1. 사람들은 나를 좋아한다

 1☐ 2☐ 3☐ 4☐ 5☐

2. 계속해서 새로운 사람들을 만나고 있다

 1☐ 2☐ 3☐ 4☐ 5☐

3. 새로운 사람과 만나서 쉽게 어울린다

 1☐ 2☐ 3☐ 4☐ 5☐

4. 나를 멋지게 소개할 멘트를 준비해두고 있다

 1☐ 2☐ 3☐ 4☐ 5☐

5. 정기적으로 다른 사람들을 돕고 있다

 1☐ 2☐ 3☐ 4☐ 5☐

6. 나는 항상 사람들과 인맥을 만들고자 한다

 1☐ 2☐ 3☐ 4☐ 5☐

7. 일주일에 최소 10시간 정도는 인맥을 만드는 데 쓴다

 1☐ 2☐ 3☐ 4☐ 5☐

8. 개인 홈페이지나 블로그를 통해 유용한 정보를 제공한다

 1☐ 2☐ 3☐ 4☐ 5☐

9. 내가 아는 모든 사람들에게 내가 만든 이메일 매거진을 발송한다

 1☐ 2☐ 3☐ 4☐ 5☐

10. 정기적으로 글을 기고하고 있다

 1☐ 2☐ 3☐ 4☐ 5☐

11. 나는 각종 행사에서 강연을 하고 있다

1☐ 2☐ 3☐ 4☐ 5☐

12. 내가 사는 지역사회의 유력인사들을 알고 있다

1☐ 2☐ 3☐ 4☐ 5☐

13. 내가 사는 지역사회의 유력인사들이 나를 알고 있다

1☐ 2☐ 3☐ 4☐ 5☐

14. 내가 종사하는 업계의 유력인사들을 알고 있다

1☐ 2☐ 3☐ 4☐ 5☐

15. 내가 종사하는 업계의 유력인사들이 나를 알고 있다

1☐ 2☐ 3☐ 4☐ 5☐

16. 사람들이 인맥을 맺고자 할 때 내게 도움을 청한다

1☐ 2☐ 3☐ 4☐ 5☐

테스트 점수 계산해보기

80: 당신의 인맥은 완벽하다.

70~79: 훌륭한 점수이다. 게다가 점점 인맥을 넓혀가고 있다.

60~69: 본인은 괜찮은 인맥을 가지고 있다고 생각하지만, 현실은 그렇지 않다. 당신의 노력을 배가시킬 수 있는 전략을 세워야 한다.

50~59: 당신은 어디에서 누구와 인맥을 만들어야 하는지도 알지 못한다.

40~49: 당신은 인맥 형성에 많이 뒤처져 있다.

30~39: 당신에게는 전면적인 변화가 필요하다.

나를 공적으로 드러내기
온라인, 이메일 매거진, 언론, 강연, 연설 등

우리는 '나 홍보'를 통해 내가 속한 분야에서 전문가로 자리 잡고자 한다. 전문가, 즉 '공적인 나'는 특정 분야를 잘 알고 유용한 정보를 많이 공유해줄 수 있는 스페셜리스트이다. 내 이름이 언론에 나오고, 공식석상에서 강연이나 특강을 하고, 전문지에 기고하는 모습은 상상만으로도 흐뭇하다. 이를 위해서는 일대일 관계 맺기에서 한발 나아가 공적인 기회를 많이 만들어서 효율적으로 나를 알려야 한다. 공적으로 나를 드러내는 방법에는 어떤 것이 있을까?

시작은 '온라인 채널' 갖기

'나 홍보를 시작하겠다'고 마음먹었다면 가장 먼저 자신의 콘텐츠를 담을 홍보 매체를 가져보자. 블로그, 유튜브 혹은 이메일 매거진 등이 보편적인데 자신의 콘텐츠에 맞고 스스로 활용하기 익숙한 것을 선택하자. 중요한 것은 매체가 아니라 어떤 내용을 주제로 해서 얼마만큼 지속적으로 잘 운영하느냐이다.

블로그

전문가들이 가장 널리 이용하고 관리가 쉬운 매체가 블로그이다. 주제는 다른 사람에게 도움이 되는 것, 구체적으로 어떤 문제에 대한 솔루션이 되는 것이 좋다. 전문가로 포지셔닝을 목적으로 했다면 일상이나 취미 등에서 벗어나 자신의 업과 관련된 주제에 집중한다. 일상이나 취미 블로그라 해도 다른 사람들과 차별화되고 전문가적 식견을 담도록 노력하자. 무조건 자신을 광고하는 것이 아니라, 특정 분야에 대한 지속적인 정보, 팁 등을 공유하고 경험, 사례, 실패담, 의견 등을 폭넓고 진실되게 담는다. 흥미 있게 본 기사는 그대로 링크하기보다 다시 자신의 언어로 정리하고 의견을 간단히 달아 새로운 콘텐츠로 만들어 올린다.

이런 과정을 통해 가장 큰 혜택을 보는 것은 우리 자신이다. 스스로 업계에 대한 정보 업데이트와 공부가 되고, 글 쓰는 실력도 늘어남을 체감할 수 있다. 공적으로 나 드러내기에 있어 글쓰기는 강력한 무기이다. 블로그에 꾸준히 글을 쓰는 것은 나중에 칼럼을 게재하거나, 강연 원고를 쓰는 데 큰 도움이 된다. 혹은 이런 콘텐츠를 모아 책을 출간해 저자로 이름을 올릴 수도 있다.

유튜브

자신의 콘텐츠가 영상에 적합하고, 영상 제작에 도전해볼 의지가 있다면 유튜브 채널 운영을 강력히 제안한다. 어떤 주제를 가지고 운영할지 계획을 세우는 것은 블로그 운영과 유사하다. 자신이 잘 알고 현재 하는 일과 연관되어 있으며 다른 사람과 공유해서 도움을 줄 수 있는 주제를 선택한다. 어떤 내용을 영상으로 만들지 목차나 간단한 스크립트를 구성해보자. 최소한 20개 정도의 콘텐츠거리를 나열할 수 있다면 충분히 시작해볼 나만의 주제가 된다.

메일 매거진

메일 매거진Mail Magazine은 전자우편을 통해 받아보는 잡지로, 메일진Mailzine 혹은 E-Mag라고도 한다. 특정 분야에 관심이 있는 사용자들이 전자우편을 통해 주고받는 메일링 리스트 개념이 확장된 형태. 인터넷 잡지, 웹진에 이어 등장한 신개념 잡지로 발행인은 자신이 알리고자 하는 정보를 간단히 수많은 사용자에게 전달할 수 있다. 다양한 기사를 제공하며 사진, 기타 첨부 파일 등도 올릴 수 있어서 회사나 개인의 홍보에 효과적이다. 주로 회원제로 운영되지만, 구독 신청과 해지가 자유로우며 구독료는 무료이다.

강연, 연설 기회 잡기

업계 사람들과 고객이 모인 곳에서 강연이나 연설할 기회를 얻는 것은 나 홍보에서 아주 효과적인 방법이자 개인적으로 큰 성취감을 느끼는 계기가 된다. 사람들의 눈길이 모두 나에게 집중되고, 행사 리플릿에는 강연자로 내 이름이 올라간다. 행사 사진이나 영상에 내 모습이 실리고, 이후 소식지에도 내 이름이 계속 거론되니 이 얼마나 좋은 홍보의 기회인가?

하지만 내가 어떤 좋은 콘텐츠를 가지고 있다 해도 먼저 강연이나 연설 요청을 받기란 쉬운 일이 아니다. 그들에게 내가 먼저 다가가서 알림으로써 기회를 만들어가야 한다. 자신의 전문 분야, 주요 고객이 참석하는 이벤트, 해당 산업과 관련된 회의, 행사 등을 알아본다. 공식 행사가 아니어도 소모임이 있는지 살펴보고 관계자에게 자신을 소개하는 자료를 보내는 것으로 첫발을 뗄 수 있다. 처음부터 강연자가 되기는 어렵지만 이런 행사에 꾸준히 참석하면서 얼굴을 알릴 수 있고, 선배 연설자들의 모습을 보면서 벤치마킹하는 것도 큰 공부가 된다.

기존 모임이나 강연장에 서는 기회를 잡기가 힘들다면 본인이 직접 만드는 것도 방법이다. 무료로 특강을 제안하거나 온라인매체에서 내 글을 구독하는 독자들을 대상으로 오프라인 모임을 가져볼 수 있다. 작은 카페나 스터디 공간에서 소규모 청중을 대상으로 첫 강연을 해보는 것도 의미 있다. 시작은 소박하지만, 그 시작이 당신을 큰 무대로 이끌어줄 것이다.

언론에 전문가로 코멘터리할 기회 잡기

기자들은 늘 전문가를 찾고 있다. 그 분야의 최고 권위자나 높은 자리에 있는 사람만이 대상이 되는 것이 아니다. 기사는 여러 분야, 다양한 각도로 작성되는 만큼 다양한 관계자의 의견 청취가 필요하다. 당신도 언론이 찾는 관계자가 될 수 있다는 말이다. 기자들은 보통 취재를 통해 친분을 쌓은 사람 중에서 골라 연락을 하거나, 혹은 다른 기사나 자료에서 본 사람을 수소문해 연락을 취해온다. 일단 언론에 나오는 것이 중요한데, 한번 노출되면 이것이 전문가 멘트, 취재, 인터뷰 등으로 꼬리를 물며 확장될 가능성이 커진다.

어떻게 기자들의 레이더망에 포착될 수 있을까? 찾아주기를 마냥 기다릴 수는 없다. 그 레이더망 안으로 들어가야 한다. 아는 기자가 있거나 소개받을 수 있으면 적극적으로 시도해본다. 처음부터 큰 매체만 겨냥하다 실망하지 말고, 업계 전문지나 협회 발행 매체 등 상대적으로 접근 가능한 작은 매체부터 시작하자. 업계 기사를 꾸준히 구독하면서 내 전문분야와 닿아 있는 기사들을 찾아 매체와 기자를 목록화한다. 기사 하단에 적힌 기자 이메일로 기사에 대한 의견이나 본인 소개 내용을 적어 보내는 적극적인 태도도 좋다. 그 기자가 작성한 기사와 연관된 후속 기삿거리를 제안하거나 업계 소식을 전하는 것도 기자의 후속 취재를 끌어내는 방법이다. 자신의 전문분야를 현재 사회적으로 이슈가 되고 있는 아이템, 분야 등과 연계해서 소개하면 기사화하는 데 효과적이다.

기고하기

신문의 오피니언면은 누구에게나 개방된 지면이다. 남녀노소 관계없이 자유롭게 일상생활에서 일어나는 현상이나 잘못된 일에 대한 지적, 충고, 의견 등을 기고할 수 있다. 물론 기고문을 보낸 후 게재되기까지는 일정한 검증을 거친다. 신문사 편집국의 '여론독자부' '여론매체부' '독자서비스팀' 문을 두드려 본다. 일간지가 아니더라도 업계 간행물, 전문지부터 도전해보자.

'공적인 나', 정제된 언행과 선의로 드러내기

온라인상에서 자신의 이름을 걸고 콘텐츠를 만들어 공유할 때, 혹은 오프라인 모임에 참석할 때는 늘 그에 걸맞은 정제된 언행을 하도록 노력한다. 앞에 사람이 없다고 거친 언행을 쓰거나 확인되지 않은 정보를 유포하는 등 적절치 못한 행동을 해서는 안 된다. 전문가로서의 '나 홍보'를 결심했다면 온라인과 오프라인 어디에서나 자신의 모습에 신경 쓰고 세심하게 평판 관리를 해나가야 한다.

이와 함께 '공적인 나'가 말하는 조언과 기여가 다른 사람들에게 도움이 되는지 늘 스스로 돌아본다. 당장 눈앞의 이익을 좇기보다 내 전문성이 다른 사람과 사회에 도움이 되도록 크고 넓게 보자. 이것이 곧 나 브랜드를 튼튼하고 건전하게 구축하는 전략이다. 다른 사람을 도움으로써 내가 성장하고, 내 사업도 번창하는 선순환의 궤도에 올라타는 즐거움을 기대하면서 말이다.

나를 공적으로 드러내기

온라인 마케팅과 회사 소식을 이메일 매거진으로 배포하는 밸러스트아이앤씨

콘텐츠 마케팅회사인 밸러스트아이앤씨는 격주로 마케팅 관련 기사를 작성해서 배포한다. 광고가 아니라 정보 제공의 성격이 강해서 받는 사람이 거부감 없이 구독 신청을 하는데 양질의 콘텐츠를 무료로 받아볼 수 있다는 점에서 그 회사에 대한 호감과 신뢰도가 높아지는 효과가 있다. 자사의 대표 마케터를 소개하고 자사 직원의 전문적 역량까지 겸해 알릴 수 있어 효율적인 회사 소개 방법이다. 글로 소통하는 것인 만큼 친밀감과 호감도도 높일 수 있다. 실제로 이런 형식의 소식 공유는 추후 영업으로도 이어지게 된다.

1인기업 노무사의 노무 관련 소식지

1인기업가인 송재호 노무사는 창업 후 꾸준히 메일 매거진을 발행해오고 있다. 주요 노무 관련 소식, 판례, 법률 개정 등을 내용으로 한다. 이 매거진은 기존고객들에게 노무사의 전문성과 함께 '이 노무사가 지속해서 우리 회사를 케어해주고 있구나'라는 느낌을 받게 해 만족도가 높다고 한다. 또 새로운 고객 창출에도 효자 노릇을 한다.

예비 강연자 소개 자료 만들기(경력, 강연 주제 소개)

이 분야에서 내가 어떤 경력과 경험을 가졌는지, 즉 전문가임을 설명하는 자료이다. 강연할 수 있는 주제를 세 가지 정도로 정리해서 제목, 개요, 실제 강연에 쓰일 PT의 특징 등을 함께 적어둔다. 강연 주제는 자신의 전문 분야와 함께 현재 사회적으로 이슈가 되는 사항과 연계하여 잡으면 호기심을 일으켜 채택에 유리하다. 블로그나 유튜브 채널, 메일 매거진 등을 가지고 있다면 꼭 기재해서 상대가 좀 더 많은 정보를 볼 수 있게 한다.

내 평판을 관리하라

"좋은 평판을 쌓는 데는 20년이 걸리지만, 이 평판을 망가뜨리는 데는 5분이면 충분하다." – 워렌 버핏

전 국민을 분노하게 만들었던 한진그룹 3세 자매의 '땅콩 회항' '물벼락 갑질', 몽고간장 명예회장의 운전기사 폭행, 미스터피자 회장의 폭행 등은 SNS에서 촉발된 고발이 일파만파 퍼져 당사자는 물론 회사 전체의 명성과 경영 상태에 큰 영향을 주었다. 유망한 스타트업 기업 대표도 퇴사 직원이 자신의 페이스북에 폭행당했던 사실을 올리면서 사회적으로 큰 충격을 주었고 결국 사퇴했다. 마카롱 맛집으로 유명세를 얻었던 소상공인도 손님과 SNS상에서 마찰을 벌이다 매장 페이스북 페이지에 악플이 넘쳐나면서 영업을 중단했다.

CEO의 이미지, 평판은 회사의 명성과 불가분의 관계다. 전문가들은 기업 이미지의 70~80%를 CEO가 좌우한다고 한다. 외부 평판은 어느 선까지는 관리, 기획될 수 있지만 한계가 있다. 억지로 만들어지는 것이 아니라 그 사람의 철학과 인품 정도가 어떤 방식으로든 드러나서 평판이 되기 때문이다. 중소기업, 스타트업, 소상공인, 1인기업 등은 대표 자신에 대한 홍보가 곧 회사 홍보로, 이를 뒤집어 말하면 대표의 위기가 회사 위기로 직결된다는 의미다.

평판 관리의 시작은 내부에서부터

평판 관리는 내부에서부터 시작되어야 한다. 즉 직원을 내부 고객으로 생각해야 한다. 직원으로부터 나온 회사 소식이나 대표자 평가가 다양한 채널을 통해 밖으로 전파된다. 직원의 소속, 직급과 구분 없이 대표는 직원들과 심리적 거리감을 줄이고 적극적인 소통으로 소속감을 높여가야 한다.

회사 대표가 아니어도 우리 모두에게 내부 평판은 중요하게 작용한다. 승진이나 이직 때 내부 평판에 의해 결과가 좌지우지된다. 기업들은 입사 지원자를 잘 알기 위해서 평판 조회를 하는데, 보통 인사팀이 지원자의 전 직장동료나 학교 동창들을 통해 체크한다. 특히 외국계 기업에서는 60% 정도가 반드시 평판 조회를 하고, 외국계 기업이 아니더라도 고위직으로 갈수록 평판 조회를 거치게 된다. 외부의 유료 평판 조회 업체를 이용하는 경우도 느는 추세이다.

"검색된다, 고로 나는 존재한다" SNS 시대에 더욱 중요해진 외부 평판

11세기 세계 무역을 주도했던 아프리카 북서부 일대 마그레브 상인들이 안정적으로 상거래를 할 수 있었던 것은 '상인연합조직' 덕분이었다. 커뮤니티 구성원인 무역상과 중개상 가운데 평판이 나쁜 사람은 해당 시장에서 활동할 수 없도록 조치했는데 이것이 제대로 상법 체계나 통신 기반을 갖추지 못한 당시 안정성을 지켜간 해법이었다. 즉 외부 평판이 일종의 비즈니스 허가서가 되었던 것.

이는 지금도 그리 다르지 않다. 현대 시장 경제의 룰은 법적 규제가 전부가 아니다. 소비자나 참여자들의 평판이 더 강력한 규제가 된다. 공유경제의 선두주자 에어비앤비와 우버가 힐튼그룹과 BMW의 기업 가치를 뛰어넘을 만큼 성장하는 데 기여한 실질적인 규제는 참여자들의 평판이었다. 사용자 후기가 그 어떤 정부 규제보다 강력한 사업의 룰을 만들었던 것.

SNS 시대는 나에 대해 보이지 않는 감시자와 평가자를 너무도 쉽게, 대량으로 만들어낸다. 그야말로 "검색된다, 고로 나는 존재한다"의 시대이다. 개인에 대한 온라인 정보가 넘쳐나고 이에 따라 형성되는 사이버 평판이 중요해졌다. 한국기업평판연구소 구창환 소장은 "부정적인 평판일수록 퍼지는 속도와 크기가 더욱 빠르고 광범위하며, 평판은 하나의 콘텐츠가 되어 소비자에게 영향을 준다"라고 설명한다.

기업들의 SNS 평판위험관리는 눈물겨울 정도. 전담팀이나 부서를 두고 모니터링, 콘텐츠 생산과 배포, 팬 늘리기 등으로 부정적 여론은 잠재우고 긍정적 이미지를 만들려 노력한다. 하지만 SNS의 평판 위험을 '관리'한다는 것은 근본적으로 불가능하다. 평판 관리의 핵심은 애초에 평판을 떨어뜨릴 일을 하지 않는 것이다. 디지털 평판 관리의 기본은 다음과 같다.

해서는 안 될 말은 아예 하지 않기

SNS에 글을 올리기 전에 해서는 안 될 말을 먼저 생각하고 회사와 관련된 내용이라면 더욱 주의한다. 내부 기밀정보, 고객 비방 언사, 욕설, 인종차별, 성차별, 엽기 음란물적 성격을 가진 내용은 아예 게재하지 않는다. '이 정도는 농담으로 받아들여지겠지?'라는 안이한 생각은 금물이다.

공과 사는 뚜렷이 구분하기

SNS를 개인적으로 활용하고 싶으면 반드시 개인 계정과 회사 계정을 따로 나누어 관리한다. 그러나 본인이 회사의 대표이거나 주요 업무 담당자일 때는 사실상 모든 SNS를 '공적'으로 생각하는 것이 안전하다. 개인 SNS라 해도 사회적 소통의 공간인 만큼 어느 정도 정제되고 성숙하게 운영한다.

주기적으로 모니터링하기

정기적으로 검색을 해서 부정적이거나 사실과 다른 내용이 올라오지 않는지 모니터링한다. 부정적인 콘텐츠가 노출되는 경우 해당 사항에 신속하게 대응한다.

잘못한 경우 진정성 있는 빠른 대처하기

본인의 실수나 잘못으로 부정적 여론이 형성되었을 때는 이를 인정하고 빠르게 사과하는 것이 답이다. 용서를 구하는 사과의 기본적인 3단계는 잘못된 부분에 대한 인식과 인정, 사과, 그리고 재발 방지 약속이다. 어정쩡한 변명은 문제를 더 크게 만든다.

외부로부터 악의적 내용이 게재되었을 때는 적극적으로 대응하기

최소한 나에게 도움이 되지 않을 SNS 내용을 방치하는 것은 문제를 계속 키우는 태도이다. 사태가 심각할 때는 온라인 평판 관리업체의 도움을 받는 것도 방법이다.

평판은 하루아침에 형성되지 않으며 평판을 올리는 지름길이나 왕도도 없다. 스스로 매일 좋은 평판을 쌓으려고 노력하고 주의를 기울이는 길밖에 없다. 그것이 내가 성장하고 성숙해지는 과정이다. 즉 평판 관리는 외부의 눈을 피하고자 하는 수동적인 행위가 아니라 내면의 잣대에 부끄럽지 않도록 자신을 성찰하는 적극적인 자아돌봄이다.

경력직 채용 시 평판 조회, 누구에게 무엇을 물을까?

잡코리아가 2018년 기업의 인사 담당자 378명을 대상으로 벌인 경력직 평판 조회 결과에 따르면 기업의 40%는 경력직원 채용 시 평판 조회를 하는 것으로 나타났다(대기업 51.6%, 중소기업 38%, 공기업 26.9%, 외국계 기업 58.6%). 그리고 인사 담당자의 64.9%가 채용을 결정하지 못한 상태에서 평판 조회 결과 때문에 합격시킨 지원자가 있다고 응답했다. 또한 채용이 거의 확정된 상태에서 평판 조회 결과 때문에 입사를 보류시켰다는 응답도 45.7%에 달했다.

평판 조회 방법

▲전 직장 직속상사에게 문의(43%)

▲전 직장 인사 담당자에게 문의(37.7%)

▲개인 SNS 방문(27.2%)

▲전 직장 동료에게 문의(21.2%)

평판 조회로 확인하려는 부분

▲업무 능력(58.9%)

▲대인관계, 조직 적응력(43.7%)

▲경력 사실 확인(34.4%)

▲인성, 성격 등 신뢰감 확인(31.1%)

▲전 직장 퇴사 사유(25.8%)

평판 조회 결과 후 채용하지 않은 이유

▲전 직장 동료들과의 불화나 조직 분위기를 와해하는 평가가 있어서(65.2%)

▲전 직장에서의 업무성과 과대 포장(55.1%)

▲이력서 기재 내용 위조(21.7%)

▲개인 SNS에 불평불만, 험담 등 부정적인 내용이 가득한 경우(17.4%)

평판 조회 결과 후 채용한 이유

▲전 직장의 성과가 이력서상의 내용보다 좋아서(57.1%)

▲직장 상사, 동료들과 친화력이 좋아서(51%)

▲전 직장 상사와 동료들이 평가하는 평판이 좋아서(46.9%)

최고의 '나 홍보법'
책 쓰기

'나 홍보'의 가장 효과적인 방법을 한 가지만 꼽으라고 한다면, 필자는 망설임 없이 이렇게 말하겠다. 바로 책 쓰기! '나'라는 브랜드를 만드는 콘텐츠가 무엇인지 찾아내고 그것을일, 관심사, 취미, 이색 경험 등 꾸준히 계발하는 일련의 과정은 책 쓰기라는 작업을 통해 성과물로 정리된다. 일하면서 책 쓰기는 결코 쉬운 일이 아니다. 기획도 좋아야 하지만 그것을 책이라는 묶음글로 써 내려가는 데는 '엉덩이 힘'도 만만치 않게 드는 힘든 노동이다. 그럼에도 내 이름이 박힌 책을 손에 쥐는 기분이란 말할 수 없이 큰 성취감을 준다.

책 쓰기의 진짜 묘미는 바로 그다음부터이다. 책을 통해 당신은 '나 홍보'의 새로운 문을 열게 된다. 그 문 안에 무엇이 있는지 들여다보고 싶지 않은가?

책 쓰기는 전문가로 입증받는 면허증

우리는 일을 하며 많은 것을 배운다. 일하며 쌓은 노하우는 최고의 자산이다. 나에게는 일상적인 업무이고 평범해 보이는 것도 다른 사람에게는 벤치마킹하고 싶은 역량일 수 있다. 이 전문성을 가시적이고 공식적인 방법으로 입증하는 것이 바로 책 쓰기이다. 현업의 노하우와 전문성, 경험을 담은 책 쓰기만큼 자기 브랜드를 선명하게 드러내는 작업이 없다.

"내가 전문가라고 나설 정도일까?"

"나보다 잘하는 사람이 넘칠 텐데 책을 썼다가 망신이라도 당하면 어쩌지."

이런 걱정이 드는 것은 당연하다. 이렇게 생각해보는 것은 어떨까? "전문가라서 쓰는 것이 아니라 전문가가 되기 위해 공부하면서 쓴다"고. 책을 쓴다는 말의 동의어는 '공부한다'이다. 일단 글을 쓰자고 마음먹고 실천하기 시작했다면 '공부'하지 않을 수 없기 때문이다. 일기 같은 아주 사적인 글쓰기를 제외하면 가만히 앉아서 머릿속에 고이는 생각만으로는 많은 분량을 쓰기 어렵다. A4 용지 한두 장의 원고를 쓰기 위해서는 그보다 훨씬 많은 책이나 자료를 찾아보아야 한다. 생각의 양은 자료의 양보다 훨씬 많다. 그렇게 힘든 과정을 어떻게 할까 하고 걱정하기보다 그렇기에 '전문가가 아니어도 해볼 수 있는' 것이 아닐까라고 엄두를 내어볼 수 있다.

다산 정약용은 많은 저술을 남긴 대학자로 '조선시대 르네상스맨'으로 일컬어진다. 유배생활이라는 어려움 속에서도 좌절하지 않고 500여 권의 저서를 집필했다. 유배지에 있는 다산에게 아들이 편지로 "요즘 닭을 키우고 있다"라고 소식을 전하면 그는 "가축 키우는 과정을 엮어 책으로 내면 좋겠다"라고 답할 정도로 정리와 저술에 몰두했다. 책을 읽는 것에서 그치지 않고 그 내용을 정리하고 자신의 경험과 의견을 덧붙여 책으로 엮어내는 것이 지식을 체화하는 가장 좋은 방법임을 강조한 것. 이것이 그를 대학자로 만든 '다산식 공부법'이다.

책을 쓰는 과정은 지식과 정보, 경험이 정리되고 체계화되는 기회이다. 컴퓨터와 내 머릿속에 산발적으로 흩어져 있던 지식과 노하우를 다시 살피고, 비어 있는 부분은 공부하며 채워가는 것이 책 쓰기이다. 구슬이 서 말이어도 꿰어야 보배라 했던가. 구슬이 보배로 꿰어지는 과정이 바로 책 쓰기이다.

새로운 기회 창출의 문

대기업 인재개발팀 차장이었던 유경철 씨는 마흔이 되던 해 회사를 그만두고 프리랜서 강사의 길로 뛰어들었다. 그가 안정적인 직장생활을 그만두고 1인 기업가로 나설 용기를 낸 데는 한 권의 책이 있었다.

그동안 진행했던 직원교육 경험과 꾸준히 업무와 관련해 공부해온 것을 엮은 첫 책《피터 드러커의 인재경영 현실로 리트윗하다》로 전문성을 입증한 뒤 꾸준히 강의 기회를 넓혀 독립한 지 3년 만에 우수 강사상을 받고 국내 유수 기업을 대상으로 연간 1,000시간 이상의 교육을 하며 업계에서 기업교육 강사로서는 최고로 평가받는다. 그는 이후에도《문제 해결자》,《완벽한 소통법》등을 더 펴냈다.

"책을 쓰고 출판할 때마다 제 커리어가 한 단계씩 업그레이드되었습니다. 첫 책을 내면서 직장인에서 프리랜서 강사로 전환했고 이후 두 번째 책이 성공하면서 1인기업가로 자리를 잡았죠. 인사부문의 교육이라는 것이 늘 새롭게 업그레이드해야 하는 분야인 만큼 스스로 공부를 게을리할 수 없는데, 이 과정을 책 쓰는 것과 연계하는 것이 전략이었습니다. 이것이 저에게는 가장 강력한 홍보수단입니다. 그 어떤 약력이나 명함보다 책을 내미는 것이 신뢰를 얻는 데 효과적이니까요." – 유경철, 소통과공감 대표

책 쓰기는 자영업 소상공인들에게도 참 유용한 홍보수단이다. 서점에 나가 보면 작은 가게 사장님들이 쓴 책들이 많다. 장사 노하우, 창업 과정, 경험담, 혹은 그 과정에서 얻은 통찰력을 소박하게 풀어낸 것들로, 가게 사장님들의 피땀 어린 전략이 동료들에게 큰 도움을 주고 있다.

《작은 가게 성공 매뉴얼: 월급 3배 버는 작은 가게, 세 가지 매뉴얼이면 가

능하다》의 저자 조성민은 카페 아르바이트생 출신으로 벌써 두 권의 책을 펴냈다. 이제 그는 '지식경영 바리스타'로 불리며 작은 가게 경영 전문가로 강연, 저술 활동을 이어가고 있다. 경력단절 여성이 10년 만에 회사 현장 코칭 마스터와 사내 강사가 된 과정을 적은 책 《65㎖의 기적》. 저자 김지안은 '아줌마'들에게 희망과 용기를 주고 싶어 책을 썼다고 한다. 마케터 스티븐 브라운은 《포스트모던 마케팅》에서 "책 쓰기는 마케팅을 증폭시키는 또 하나의 훌륭한 방법"이라고 했다. 책 쓰기는 자기 홍보의 도구이자 나에게 전문가 타이틀을 주는 최고의 학위증이다.

소소한 일상으로 저자가 된 사람들

책 쓰기 앞에서 주눅 드는 사람들이 하는 말이 있다. "나는 너무 평범해서 글로 쓸 만큼 대단한 경험이나 생활이 없다"는 것. 쓸 만한 가치가 있는 것이 정해져 있지는 않다. '아무리 사소한 것이라도 기록을 하면 역사가 된다'는 말이 있지 않은가. 소소한 일상이 힘을 가지려면, 새로운 관점에서 보고 기록해가는 꾸준함이 필요하다. 그 일상의 기록이 종종 우리를 새로운 커리어의 세계로, 새 사업의 시작으로 이끌어준다.

《1년의 아침 – 3191마일 떨어져서》라는 포토에세이 책은 소소한 일상이 어떻게 좋은 콘텐츠가 되는지 보여주는 사례. 미국 동부 메인주의 포틀랜드에 사는 마리아와 정반대쪽인 서부 오리건주 포틀랜드에 사는 스테파니라는 두 여성 블로거가 서로 전혀 모르는 사이인데도 각자 블로그에 올린 사진에 호감을 느끼고 공동 블로그를 만들어 그곳에 자신의 아침 풍경 사진을 올리기로 했다. 그렇게 시작된 프로젝트 '1년의 아침 – 3191마일 떨어져서'각자 사는 곳의 거리가 3,191마일는 많은 블로거의 사랑을 받으며 책으로 출간되고 우리나라뿐 아니라 세계 여러 나라에서 번역되었다. 평범한 일상도 독특한 시선으로 바라보고 기록해가면 이렇게 좋은 문화콘텐츠가 된다.

이외에도 일상을 소재로 한 보통사람들의 책을 다수 만날 수 있다. 반찬가게 사장님의 시집 《사랑의 길을 걷는 그대에게》이연재에는 소소한 일상 이야기와 늘 곁에서 힘이 되어주는 가족 이야기가 담백한 반찬들처럼 소박하게 담겨져 있다. 28년차 치과의사 유상훈은 전남 여수에서 병원을 운영하며 만난 이웃과 동네 이야기를 담아 《어머니와 스타벅스》라는 시집을 냈다. 스타트업 '허스토리'는 '내가 만드는 엄마의 자서전'을 모토로 우리의 보통 어머니, 할머니의 인생사를 구술 정리해서 자서전으로 만든다. 그들은 모두의 인생은 기록될 가치가 있다고 주장한다. 이처럼 우리는 책의 저자가 될 수도, 책의 주인공이 될 수도 있다.

책 쓰기 시작 – 업무일지, 매뉴얼북, 블로그, 일기 등 '글 내공' 쌓기

처음부터 책 쓰기에 들어가는 것은 사실 막막한 일이다. 무엇을 어떻게 써야 할지, 주제를 정했다 해도 한 편의 완성된 글로 써 내려가는 것이 쉽지 않다. 책 쓰기가 엄두가 안 날 때는 실행 가능한 것부터 차근차근 시작해볼 수 있다. 우선 하고 있는 업무 내용의 정리부터 해보자. 최근 끝낸 프로젝트가 있다면 관련 자료를 한 파일로 묶어본다. 처음 기획안부터 진행하면서 정리한 문서, 다른 기관들과 주고받은 공문, 참고자료로 찾아보았던 자료, 결과 리포트, 사진 영상 등을 모두 한 파일함에 모아두고 가능하면 프린트해서 한 권으로 제본한다. 이것이 나만의 업무 도서관, 라이브러리가 된다. 서랍장 한곳에 잘 정리해두면 찾아 꺼내보기도 좋다. 라이브러리에 정리 자료가 많아질수록 물성적으로 만족감을 줘서 동기부여에도 꽤 효과적이다.

이런 자료들이 모이면 그 업무에 대해 매뉴얼북을 만들어보는 것도 좋다. 다른 직원이나 후임에게 일을 넘겨야 한다면 어떤 내용을 알려줄지 스스로 자문하면서 말이다. 자신의 지식이나 경험을 정리하고, 부족한 부분은 공부하고 조사해서 채워넣자. 그렇게 하면 나중에 책 쓰기의 귀한 자료가 된다. 물론 그 자체로 책이 될 수도 있다.

온라인 채널에 글을 쓰는 것은 여러모로 유용하다. 글을 올리고 공유하기 좋은 채널은 블로그나 카페로, 네이버 블로그나 다음daum의 브런치가 대표적이다. 블로그에 올린 글이 출판사 눈에 띄어 출판으로도 이어진다. 책을 냈거나 낼 계획이 있을 때 홍보 목적으로 블로그를 먼저, 혹은 동시에 하는 경우도 많다. 쓰고 싶은 주제로 블로그나 카페를 만들어 글을 올려보자. 책을 기획하거나 실제로 쓰는 동안 참고자료, 꼭지글 등을 꾸준히 올리면 나에게도 좋은 기록의 장이 되고, 미래 독자도 확보해가는 일석이조의 효과가 있다. 좀 더 가볍게 글쓰기를 시작하고 싶을 때는 일기나 여행기, 독후감, 영화 감상문 등 좋아하는 것으로 시작하자. 글쓰기 내공은 일단 많이 써봐야 축적된다.

책 쓰기, 나를 성장케 하는 인생 숙제

책 쓰기의 미덕은 결과만큼 그 과정에도 있다. 업무 정리나 매뉴얼북만 만들어봐도 알 수 있다. 내가 어떤 일을 했고, 어떤 부분에서 실패했는지, 앞으로 더 보완해가야 하는 부분은 무엇인지 업무와 관련한 나의 현재와 내일을 정확하게 볼 수 있다. 일단 알고 나면 그다음은 쉬워진다.

《일하면서 책 쓰기》를 쓴 탁정언, 전미옥 작가는 "책 쓰기는 '현재의 나'를 뛰어넘기 위해 꼭 한번 도전해봐야 할 '인생 숙제'다. 책을 쓰는 데 특별한 재능은 필요 없다. 문제는 문장력이 아니라 추진력이다"라고 했다. 소설 《결혼은, 미친 짓이다》의 작가 이만교는 글쓰기에 관한 책 《나를 바꾸는 글쓰기 공작소》에서 책을 쓰고 싶다는 생각을 하는 사람은 많지만 정작 책을 써낸 사람은 극히 드문 이유를 이렇게 꼬집었다.

"당신은 정말 글을 쓰고 싶은가? 아니면 글을 한번 '써보고 싶은' 사람인가? 정말 작가가 되고 싶은지, 아니면 작가를 꿈꾼다면서 동호회 활동으로 만족하는 사람으로 꿈꾸는 것은 아닌지…."

즉 책 쓰기에 성공하느냐 실패하느냐는 절실함과 의지의 문제이다.

'나 홍보'의 궁극적인 방법은 스스로 납득이 되고 자랑스럽게 여길 역량을 갖는 것이다. 그것이 굳이 드러내지 않아도 상대에게 보이는 탁월함이 될 것이다. 그 탁월함을 만드는 방법 중 효과적인 것이 책 쓰기이다. 쉽지 않고 시간도 많이 소요되는 작업이지만 말이다. 내가 가진 콘텐츠가 무엇이고, 이 글이 어떤 사람에게 도움이 될지, 글 쓰는 시간을 어떻게 확보해나갈지 지금 고민하고 있는가? 그렇다면 이미 당신은 작가이다.

EPILOGUE

당신은 스스로 생각하는 것보다
훨씬 더 멋진 이야기를 가지고 있다

홍보마케팅 일을 해오다 보니 나름의 직업병이 생겼다. 사람들을 만날 때면 뭐가 홍보거리가 될지, 어떤 방법으로 하면 그 홍보거리가 잘 퍼져나갈지를 자동적으로 생각하게 된다. 오지랖도 넓어서 이런 궁리 저런 궁리를 해보고 얘기해주곤 한다.

특히 중소기업, 소상공인, 스타트업, 1인기업, 비영리재단, 예술문화단체, 예술가 등을 만날 때면 더 그 병이 도진다. 그 누구보다 좋은 홍보거리, 즉 콘텐츠를 가지고 있기 때문이다. 잘 발굴한다면 일과 그 사람을 성장시킬 좋은 홍보마케팅 전략이 나오니 관심이 가지 않을 수 없다. 잘 세공되어 값비싼 보석상 진열장에 있는 장식물보다 질 좋은 원석이 가득한 광산을 볼 때 더 흥분되는 마음에서인가 보다. 그리고 원석의 간절한 마음을 알아서다. '나도 이 세상을 밝히는, 빛나고 주목받는 존재가 되고 싶다'는 그 마음 말이다.

이 책을 쓴 우리 두 사람도 그런 바람을 품고 있는 이 세상의 수많은 원석 중 하나이다. 20여 년간 조직 속에서 일해오다 창업을 하고 세상에 나오니, 우리에게 닥친 가장 큰 문제가 바로 '우리를 어떻게 알릴 것인가'라는 홍보마케팅이었다. 맙소사, 홍보마케팅 회사도 자신들의 홍보가 가장 시급하고 어려운 일이라니!

우리는 스스로를 중요한 '고객님'으로 생각하고 자신과의 미팅을 진지하게 시작했다. 우리가 어떤 사람이고, 어떤 일을 잘하며, 또 어떤 꿈을 가지고 있는지, 지금의 우리를 만든 유의미한 경험과 에피소드들을 찬찬히 들여다보았다. 우리의 강점과 약점, 기회와 위협사항을 살펴보고, 우리 업을 둘러싼 주위 환경도 돌아보았다. 그리고 우리 일의 핵심인 '홍보마케팅이란 무엇인가'라는 근본적인 질문에도 끈질기게 매달렸다.

이 시간을 건너오며 우리는 홍보마케팅의 현장에서 많은 사람들과 사례를 만났다. 다양한 산업군의 기업, 단체, 개인, 문화예술 현장에서 홍보마케팅을 직접 실행하기도 했다. 홍보마케팅 이론이 현장에서 잘 적용되기도 했지만 그보다 더 많은 경우 이론과 현실이 전혀 달라 당황하기도 했다. 취미삼아 좋아서 한 일인데 마케팅적으로 의외의 성공을 거둘 때도 있었다. 이런 크고 작은 경험은 우리만의 귀한 노하우로 쌓여갔다.

일련의 과정을 거치며 우리는 홍보마케팅이 무엇인가라는 질문에 좀 더 가까이 갈 수 있었다. 우리가 얻은 해답은 다음 두 가지이다.

'모든 존재는 자신만의 콘텐츠를 가지고 있다. 홍보마케팅은 이 '100인 100색 100이야깃거리를 찾아내는 것'

'최고의 홍보마케팅 전략은 바로 진정성'

이 책은 '우리 각자에게 최적의' 홍보마케팅을 찾아가는, 소박하지만 진지한 오디세이이다. 우리 안의 영웅을 깨워 모험길에 나서기를 청해본다. '내가 하는 일이 시장과 사회에서 볼 때 시시하고 하찮은 건 아닐까?' '마케팅을 한들 세상이 나의 존재를 알아나 줄까?' '꿈과 현실은 다르다는데 새로운 일에 도전하지 말고 그냥 늘 하던 대로 하는 게 나을까?'라는 나약한 마음에 작은 돌멩이 하나를 던지고 싶었다.

당신은 스스로 생각하는 것보다 훨씬 더 멋진 이야기를 가지고 있다! 당신을 가장 잘 아는 사람은 바로 자신이니, 스스로 매력적인 홍보거리를 만들어낼 수 있어야 한다. 자영업자, 기업가, 창업가, 소상공인, 활동가, 예술가로 통칭되는 직업으로서가 아니라 자신의 일을 통해 사회에 기여하고 스스로의 가치를 높여가는 가치 창조자로의 성장 방법 중 하나가 홍보마케팅이다.

이 책이 그 가치를 찾는 데 도움이 되는 나침반, 지도 혹은 셰르파의 역할을 하기를 희망한다. 무엇이 가치 있는 스토리인지, 그 스토리를 담아 나를 수 있는 방법은 무엇인지 찾아갈 수 있는 '홍보 마인드 갖추기'에 초점을 맞춰 쓰고자 한 것도 그런 이유이다. 급변하는 미디어 환경 속에서 방법과 기술의 형태는 계속 바뀌는 만큼 기본이 되는 원천 기술을 공유하고자, 즉 물고기를 주는 게 아닌 물고기 잡는 방법에 치중했다.

책을 쓰는 과정은 참으로 지난했다. '우리가 알고 있고, 현재 하고 있는 일을 정리하는 것이니 쉽게 될 것이다'라며 겁 없이 시작했던 스스로를 얼마나 자책했는지 모른다. 책을 써 나갈수록 부족함을 절감하게 되어 위축되고 좌절했다. 게다가 홍보마케팅이라는 것이 늘 변화하고 예측이 어렵다는 속성을 가진데다 책을 쓰는 중간에도 끊임없이 새로운 사례와 이론이 쏟아져 나와 책 쓰는 일을 더욱 더디게 만들었다.

그럴 때마다 책 쓰기를 결심했던 초심, 바로 '내가 제일 잘할 수 있는 일로 다른 사람에게 도움이 되자'는 바람을 떠올렸다. 다른 이의 이야기 듣기를 좋아하고 그 이야기 속에서 뭔가 홍보거리를 찾아내는 것이 우리의 즐거움이자 장점이지 않은가. 홍보마케팅이라는 것이 단순히 광고물을 만들고 SNS 채널을 운영하는 것이 전부가 아니라, 스스로에 대해 규명하고 비전을 다듬어가는 자기 탐구의 멋진 시간임을 공유하고 싶었다.

책은 출판되어 서점에 나오는 것으로 끝나는 것이 아니다. 오히려 생명력 있는 책은 이때부터 시작을 알리는 깃발을 올리게 된다. 이 책을 통해 홍보마케팅에 대한 정보와 인사이트를 나누고 서로 돕고자 하는 사람들이 모일 수 있으면 좋겠다. 100인 100색의 서로 다른 스토리와 비전을 교류하고 홍보전략을 모색하며 필요시 서로 협업하는 네트워킹의 장을 만들어서 서로가 서로에게 시장, 고객, 리뷰어가 되고 멘토와 멘티가 되어주는 그런 관계를 꿈꾼다.

이를 위한 첫걸음으로 우리는 실전 홍보마케팅 소식을 담아 이메일 뉴스레터를 발송해오고 있다. 회사 홈페이지와 블로그에도 다양한 홍보마케팅 정보를 올려 공유하고 있다. 작은 기업과 비영리단체, 프리랜서, 예술가들이 홍보마케팅을 계획하거나 실행할 때 궁금한 점을 찾아보고 궁금한 물어볼 수 있도록 문을 열어두었다. 온라인뿐 아니라 오프라인에서도 많은 사람과 사례를 만나고 싶다. 얼마 전 퍼스널브랜딩의 주제로 오프라인 특강을 개최하였는데 예상을 뛰어넘는 관심과 참여를 확인했다.

이처럼 우리는 온오프라인의 경계를 넘어 많은 이들과 만나려 한다. 다양한 산업군의 기업, 단체, 개인의 스토리를 모으고, 홍보마케팅 전략을 컨설팅하여 현장감 넘치는 데이터와 솔루션을 축적하는 플랫폼을 만들어가고자 한다. 즉 일하는 사람, '워크맨을 위한 네트워킹'의 토대를 만들어가는 것이 이 책의 사명이다.

고백하자면, 우리는 아직도 홍보마케팅이 어렵다. 앞으로도 계속 그럴 것 같다. '100인 100색 100가지 홍보'는 우리에게 즐거운 도전이자 동시에 늘 어려운 시험문제이다. 매번 다른 계획 수립과 리서치, 실행과 성과 측정이 요구되기 때문이다. 그런데 그 점이 우리를 앞으로 나가게 하는 힘이 된다. 성공이든 실패이든 모든 경험과 정보는 유용한 자산이 되어 다음 기획에서 더 나은 결과물이 나오도록 해준다. 우리는 성장해갈 것이라는 믿음이 있는 한, 현재의 어려움은 견딜 만해진다. 아, 이렇게 우리는 일에서 인생을 배운다.

참고한 책들

Bruce H. Joffe 《Personal PR》, Xlibris, 2008
Leonard Saffir 《PR on a Budget》, KAPLAN, 2007
가지와라 후미오, 이바 다카시 《기획은 패턴이다》, 김영주 옮김, 북스톤, 2018
곽준식 《브랜드, 행동경제학을 만나다》, 갈매나무, 2012
김규민 《100만 좋아요를 부르는 카드뉴스 만들기》, 비즈북스, 2017
김근배 《끌리는 컨셉의 법칙》, 중앙북스, 2014
김대영 《평판이 전부다》, 매일경제신문사, 2016
김영문 《성공 창업을 위한 홍보와 광고전략》, 집현재, 2015
김정태 《스토리가 스펙을 이긴다》, 갤리온, 2010
김주호 《PR의 힘》, 커뮤니케이션북스, 2010
김태욱 《똑똑한 홍보팀을 만드는 실전 홍보 세미나》, 커뮤니케이션북스, 2008
김태욱 《전략홍보 워크북》 커뮤니케이션북스, 2010
김호, 정재승 《쿨하게 사과하라》, 어크로스, 2011
나심 니콜라스 탈레브 《안티프래질》, 안세민 옮김, 와이즈베리, 2013
남충희 《7가지 보고의 원칙》,황금사자, 2011
대니얼 카너먼 《생각에 관한 생각》, 이진원 옮김, 김영사, 2016
대도서관 《유튜브의 신》, 비즈니스북스, 2018
레이 갤러거, 《에어비앤비 스토리》, 유정식 옮김, 다산북스, 2017
로버트 킨슬, 마니 페이반 《유튜브 레볼루션》, 신솔잎 옮김, 더퀘스트, 2018
리처드 탈러 《똑똑한 사람들의 멍청한 선택》, 리더스북, 2018
리처드 탈러, 캐스 선스타인 《넛지》, 리더스북, 2009
마이클 레빈 《게릴라 PR》, 굿모닝미디어, 2002
바라트 아난드 《콘텐츠의 미래》, 김인수 옮김, 리더스북, 2018
박기철 《PR, 전략을 넘어 철학으로》 커뮤니케이션북스, 2011
박미애 《블로그 마케팅》, 정보문화사, 2013
박준기, 김도욱, 박용범 《지식창업자》, 쌤앤파커스, 2016
박태현 《A플레이어》, 웅진윙스, 2010
배성환 《SNS 파워마케팅》, 명진출판, 2011
석보라 《창업자 · 중소기업을 위한 마케팅 PR 공식》, 인터미디어, 2007
세스 고딘 《이것이 마케팅이다》, 김태훈 옮김, 쌤앤파커스, 2019
송숙희 《당신의 책을 가져라》, 국일미디어, 2007
송해룡, 김원제 외 《해외 성공 사례에서 배우는 리스크 커뮤니케이션 전략》, 커뮤니케이션북스, 2015

신동광, 전정아 외 《홍보의 신》, 초록물고기, 2014
신호창 《사내 커뮤니케이션》, 커뮤니케이션북스, 2013
안희곤 《온라인 생존 마케팅》, 리텍콘텐츠, 2018
앨런 가넷 《생각이 돈이 되는 순간》, 이경남 옮김, RHK, 2018
양춘미 《출판사 에디터가 알려주는 책 쓰기 기술》, 카시오페아, 2018
오종현 《네이버 마케팅 트렌드》, 비즈북스, 2018
오컴 《스타트업 코리아 틈새와 기회를 발견하다》, 미래의 창, 2016
유경철 《완벽한 소통법》, 천그루숲, 2018
유세환 《결론부터 써라》, 미래의 창, 2015
이광성 《매출 100배 바이럴마케팅》, 생각비행, 2015
이무신 《마케팅하지 않는 마케터》, 라온북, 2018
이영균 《세상을 움직이는 힘, 홍보》, 컬처룩, 2016
장순옥 《홍보도 전략이다》, 책이있는마을, 2005
잭 트라우트, 알 리스 《포지셔닝》, 안진환 옮김, 을유문화사, 2003
정용민 《기업위기 시스템으로 이겨라》, 프리뷰, 2012
정인석 《광고매체 전략, 돈 안 드는 방법》, 커뮤니케이션북스, 2012
정진수 《SNS 마케팅 한방에 따라잡기》, 비즈니스맵스, 2018
정철 《카피책》, 허밍버드, 2016
조승연 《피리 부는 마케터》, 21세기북스, 2012
조연심 《나는 브랜드다》, 미다스북스, 2011
조용석 외 《광고 · 홍보 실무 특강》, 커뮤니케이션북스, 2008
조원선 《SNS로 새로운 스펙을 쌓다》, 황금부엉이, 2012
존 로스만 《아마존 웨이》 김정혜 옮김, 와이즈맵, 2018
㈜프레인 《아무도 가르쳐주지 않는 프로들의 홍보노트》, 청년정신, 2005
최재혁 《온라인채널 마케팅》, 라온북, 2017
최준혁 《실행이 탄탄해지는 PR기획》, 청년정신, 2008
칩 히스, 댄 히스 《순간의 힘》, 박슬라 옮김, 웅진지식하우스, 2018
탁정언, 전미옥 《일하면서 책 쓰기》, 살림, 2006
티머시 쿰스 《위기관리 DNA》, 김영욱 · 김희라 옮김, 커뮤니케이션북스, 2010
피터 디아만디스, 스티븐 코틀러 《볼드》, 이지연 옮김, 비즈니스북스, 2016
피터 틸 《제로 투 원》, 이지연 옮김, 한국경제신문, 2019
필립 코틀러, 어빙 레인 《퍼스널 마케팅》, 방영호 옮김, 위너스북, 2010
홍성태, 조수용 《나음보다 다름》, 북스톤, 2017